上海教育丛书

识史明道

——中学历史教学教研的探索与实践

吴 坚　於以传　李 峻 /等著

上海教育出版社
SHANGHAI EDUCATIONAL
PUBLISHING HOUSE

总　序

　　建设一流城市,需要一流教育。办好教育,最根本的是要建设好教师队伍和学校管理干部队伍。

　　在长期的教育实践中,上海市涌现了一大批长期耕耘在教育第一线呕心沥血、努力探索,积累了丰富经验的优秀教师;涌现了一批领导学校卓有成效,有思想、有作为的优秀教育管理工作者。广大优秀教育工作者教育教学和管理工作的经验,凝聚着他们辛勤劳动的心血乃至毕生精力。为了帮助他们在立业、立德的基础上立言,确立他们的学术地位,使他们的经验能成为社会的共同财富,1994年上海市领导决定,委托教育部门负责整理这些经验。为此,上海市教育局、上海市中小学幼儿教师奖励基金会组织成立《上海教育丛书》编辑委员会,并由吕型伟同志任主编,自当年起出版《上海教育丛书》(以下称《丛书》)。1995年上海市教育委员会成立后,要求继续做好《丛书》的编辑出版工作。2008年初,经上海市教育委员会领导同意,调整和充实了《丛书》编委会,并确定夏秀蓉同志任执行主编,协助主编工作。2014年底,经上海市教育委员会领导同意,调整和充实了《丛书》编委会,确定尹后庆同志担任主编。《丛书》的内容涵盖了基础教育和中等职业教育的各个方面,包含有较高理论水平和学术价值的著作,涉及中小学教育、学前教育、师范教育、职业教育、校外教育和特殊教育,以及学校的领导管理与团队工作,还有弘扬祖国优秀文化、促进国际教育交流等方面的著作,体现了上海市中小学教育改革与发展的轨迹,体现了上海市中小学教育办学的水平与质量,体现了优秀教师和教育工作者的先进教育思想与丰富的实践经验。《丛书》出版后,受到广大教师、教育工作者及社会的欢迎。

　　为进一步搞好《丛书》的出版、宣传和推广工作,对今后继续出版的《丛书》,

我们将结合上海教育进入优质均衡、转型发展新时期的特点,更加注重反映教育改革前沿的生动实践,更加注重典型性、实用性和可读性。希望《丛书》反映的教育思想、理念和观点能起到抛砖引玉的作用,引发大家的思考、议论和争鸣;更希望在超前理念、先进思想的统领下创造出的扎实行动和鲜活经验,能引领当前的教育教学改革工作,使《丛书》成为记录上海教育改革历程和成果的历史篇章,成为广大教师和教育工作者的良师益友。限于我们的认识和水平,《丛书》难免会有疏漏和不尽如人意之处,诚恳地希望广大读者提出宝贵意见,帮助我们共同把《丛书》编好。

《上海教育丛书》编委会

序

　　落实立德树人根本任务,培养德智体美劳全面发展的社会主义建设者和接班人,这是党和国家的需要。作为教育部基础教育综合改革实验区,上海自1988年起已经开展了两轮具有深远影响的课程改革。复旦附中被誉为"最像大学的中学",是国家课程改革的积极参与者和开拓者。学校秉持"践行博雅教育,成就人的发展"办学理念,带领全体教师开展以探究和创新为特色的课程改革实践,致力于实现"素质教育的示范者"目标。全体教师以育人为本,行动为重,反思为要,积极响应并落实国家课改要求和行动,近年来取得了一系列成绩。其中,历史教研组在学科课改与实践中形成了具有特色的教学成果,不仅在上海市乃至全国产生了相当大的学科影响力,还培养了一批上海市学科名师和学科带头人。现将教研组在国家基础教育课程改革过程中的思考和做法提炼如下。

一、遵循国家课改方向,传承发展既有经验

　　国家基础教育课程改革经历了从"全面提高学生素质"到"以学生发展为本"再到"学科核心素养的培养"的过程,教学理念也从"学科本位"走向"知识—素养"的转变。普通高中历史课程标准强调,教师应引导学生"进一步拓宽历史视野,发展历史思维,提高历史学科核心素养"。我们深刻理解发展历史思维不仅是历史学科的本质要求,也是贯彻国家课程改革精神、落实上海课程改革要求的重要环节。尤其是进入"二期课改"以来,上海的中学历史教学在"必须重视思维能力的培养""历史是基于史料证据和视角视野的解释"等理念的指引

下,经历了三个阶段的探索:彰显史学思想方法,把握课程内容主旨,完善历史学习方式。在探索过程中,上海的历史教师逐渐认识到:以集证辨据和诠释评价为两大支柱的史学思想方法,不仅是历史思维的核心和学科特点,也是把握课程内容主旨和完善历史学习方式之间的桥梁。特别是在把学科核心素养进行目标化分解,通过分类、分层和分配后,史学思想方法的意义更为突出,而它背后的集证辨据和诠释评价这两大支柱实质上是对历史思维的具体实践。可以说,核心素养的目标化分解使史学思想方法的落地更具操作性,历史思维也更具象化,为发展历史思维提供了明确的实践路径。

二、坚持目标导向和问题导向相结合,推进校本课程改革

在国家基础教育课程改革的实践中,我们坚持目标导向和问题导向相结合的策略。针对素养教学落地难、素养评价难呈现等教学难题,我们采取了"问题导向—课题探究—建模设计—课堂教学—实证分析—行动反思—提炼成果"的教研路径,逐步形成了具有特色的主题式教学模式,旨在创设"为求通而学,为思维而教"的学科场域。

首先,教研组以判断力培养为核心,探索主题式跨单元教学模式。针对当前学生面临的碎片化阅读和"信息茧房"现象,我们强调在学史过程中要重点关注学生获取、判断和处理信息的能力,并培养他们"敢于批判质疑,探索解决问题"的精神。基于学科课程标准和学科核心素养培养的目标,我们建立了指向判断力培养的教学模型,并将历史思维培养作为教学高品质的体现和教学评价的重要观测点。我们创造性地提出了主题式跨单元教学的六步流程,即"确定大概念—筛选大主题—重组单元内容—形成问题链—探究真问题—设计评估方案",并在学业质量评估中完善了作业设计的类型,比如将作业分为新课作业、复习课作业,短时段作业、长时段作业,个人独立完成作业、小组合作集体作业等,同时开发了过程性的多元评价方式,在评价主体、评价量规等方面设计了具有可操作性的评价体系和评价策略。

其次,教研组以阅读与写作为核心,开展主题式历史阅读写作教学。历史在人文社会学科中占据着重要位置。在探索过程中,我们发现判断力的提升离不开人的观点和思维方式,需要综合运用知识结构,并通过高阶思维进行判

断和决策。高品质的阅读和表达素养是提升判断力的重要基础。因此,我们围绕阅读与写作,开展了主题式历史阅读写作教学。我们以一个主题为中心,整合不同类型的课程资源,选择多样化的文本材料,在"基于文本阅读—围绕文本阅读—超越文本阅读"的教学策略下,通过"课题＋课堂""线下＋线上""中学＋大学""上海＋国际"的研学路径,引导学生从证据和逻辑出发,在读、议、写的学习过程中,以读史心得、调查报告、小论文、专题展示、演讲与辩论等学史形式,深入思考"我们怎么知道,我们如何认识,我们如何表达",使思维、探究、表达成为可见的成果。此外,学校发起"菁英培养计划",让学生走出上海、走向全国,在江西、福建、安徽、山东等地进行同伴研学活动,通过行走课堂,在教师的指导下探究综合性的社会问题,有意识地引导学生在遇到人、人与社会及其相关问题时有历史的觉察,学会从证据和逻辑出发去思考历史和现实问题,提升学生多元视角思考、辨析、判断、解决问题的能力,并在研习过程中丰富学生学习历史的方式。

从 2015 年至 2019 年,来自湖南、山东、四川、广东、广西等全国近 3000 人次的师生参与了附中和复旦大学历史学系主办的"博学杯"历史人文素养展示活动。每次活动都围绕一个时代主题,推荐学生阅读相关历史经典著作,通过小论文写作、舞台剧表演、视频剪辑、口述史撰写等方式,助推学有余力的中学生更广泛地阅读和思考,更自信地表达和演绎。出版的两部优秀学生论文集,展现了学生高品质的历史思维与语言表达能力,体现了学生的综合素养,为完善学生的历史学习方式提供了新思路、新路径。本活动的部分研究成果被纳入教育部基础教育课程教材发展中心的深度学习教学改进项目,为培养优秀学生进入国家"强基计划"提供了可行的方案。

再次,教研组以大概念为核心,进一步探索概念教学和深度学习。在完善学生历史学习方式的过程中,我们发现学生对源自生活和社会的问题最感兴趣,也最愿意投入精力去解决。尤其是 2022 年《义务教育课程方案》首次提出"设立跨学科主题学习活动,加强学科间相互关联,带动课程综合化实施,强化实践性要求",要求教师在进行学科实践之前先理解为何要"跨",如何"跨","跨"了之后如何体现学习成效。而首先要理解的是跨学科之间的联结点在哪里。经过探究实践,我们认为不同学科围绕一个主题进行跨学科学习的联结点是大概念。每个学科都有学科大概念,找到学科大概念之间的贯通,是开展跨学科主题学习活动的必要前提。由于历史学科自带跨学科特色,我们在推进学生学习方式变革时,重点关注学生产生精彩观念的过程,重点创设跨学科的学术情境、生活情境、学习情境、社会情境,引导学生运用习得的史学思想方法的思维路径、模式去解决问题,综合学科知识结构对自己的观点作出修正、发展和完善。因此,我们鼓励学生将学科知识视为理解世界的概念视角,通过综合概念视角和综合思维方式来理解世界,解决现实问题。这是基于历史思维发展的跨学科综合思维培养,也是对学生学以致用能力的锻炼,更是育人方式变革的学科探索,体现了学以致用的学科价值。在"双新"课改目标下,我们联合市区两级名师培养基地的教师,积极探索概念教学和深度学习的新路径,以"跨学科视角下的历史大概念教学""基于大概念的历史跨学科主题学习设计与实施的探究"为课题,继续开展教学探索,努力培养学生具有创造性解决复杂问题的能力,为全国"双新"课改提供复旦附中的智慧和方案。

自上海"二期课改"实施以来,我们取得了一系列显著的教学成果:"以判断力为抓手,指向历史自信培养的高中历史教学实践探索"荣获国家级教学成果一等奖和上海市特等奖,"历史学科教学模式转换:以阅读与写作为中心的建构"和"高中历史主题式教学的实践研究"分别获得上海市教学成果一等奖和二等奖,"核心素养视域下高中生判断力培养的实践研究"获得上海市教育科研成果一等奖。同时,我们培养了一批具有课程领导力的研究型教师,他们在学科行动的实践中,不仅专业能力大大提升,学科科研能力也飞速发展。在教学科研的道路上,我们总结出三点经验:其一,坚持课改方向,遵循课改理念,传承课改经验,坚持目标导向和问题导向相结合,确立行之有效的实践原则;其二,秉持"让学习真实发生"和"以学生发展为本"的教育理念,始终聚焦学科性质和价值,致力于学以致用;其三,培养一支具有课程领导力的学科团队,实现科研和教学的互相促进。课程改革成效的关键在于教师,除了教师的行动,更重要的是教师育人理念的与时俱进。

复旦附中作为上海素质教育的一张名片,在全国基础教育界起着引领和示范作用。在构建学习共同体这一科研理念的指导下,复旦附中的历史教师走出上海,走向全国,充分发挥了引领示范和辐射带动作用。他们中涌现出了上海市中学历史德育实训基地主持人、上海市第四期"双名工程"攻关计划主持人、上海市中小(幼)中青年骨干教师团队发展计划领衔人、杨浦区"登峰计划"历史名师研习基地主持人、杨浦区名师工作室主持人、杨浦区中青年骨干教师发展计划主持人等领军人物。教研组指导、带教的本市及国家民族地区学校教师多达百余人,也在学科领域持续发挥着广泛的辐射作用。教研组的实践成果被视为课程改革中"上海经验"的重要组成部分,体现了上海中学历史教师在教育改革中的创新精神。可以说,通史明理,博通雅正,不仅是复旦附中历史教师勤学笃行、求是创新的行动体现,也是他们践行教育家精神的现实反映。感谢张敏霞、刘先维、叶朝良、王雯、栾思源、肖斐、陈蔚琳等老师参与本书的撰写。

在此,我们也要特别感谢上海市中学历史德育实训基地、上海市第四期"双名工程"攻关计划、上海市中小(幼)中青年骨干教师团队发展计划的团队成员们,他们不仅积极参与复旦附中的市区级课题研究,还通过公开课、主题论坛等形式展示学科实践,助力复旦附中历史教研组深化课程改革并取得丰硕的成果。同时,非常感谢上海市历史教育教学研究基地以开展合作科研项目的形式支持、指导复旦附中历史学科教师团队进行学科实践。还要感谢上海市教师教育学院(上海市教育委员会教学研究室)、复旦大学历史系、华东师范大学历史系、上海师范大学历史系、上海市学生德育发展中心、复旦大学出版社、上海教育出版社等对历史教研组的全方位支持和帮助,让复旦附中的历史教学始终保持高品质发展,并激励教师勇立潮头,实现人生价值。

复旦附中的全体教师将继续坚守为党育人、为国育才的初心,以教育家精神引领学科探索,识史明道,不负历史使命,为推动我国教育事业的发展贡献力量。这既是时代的要求,也是我们每位教师的历史使命和责任。

李峻

2024 年 5 月于复旦附中

目录

绪　论

历史是最好的老师，它忠实地记录下每一个国家走过的足迹，并为它们未来的发展提供启示。无疑，中学历史课程承载着史学的教育功能。对我们而言，其最基本和最重要的教育理念，就是全面贯彻党的教育方针，落实立德树人根本任务。坚持育人为本，德育为先，使历史教育成为培育和践行社会主义核心价值观的重要途径，使学生能够通过历史学习形成历史思维，树立历史意识，培育核心素养，从而关心国家的命运，关注世界的发展，成为德智体美劳全面发展的社会主义建设者和接班人。

近三十年来，上海市中学历史学科始终秉承这样的观念，聚焦历史和中学历史课程两大本体认识，从回答"历史到底是什么"和"中学阶段开设历史课程的最终目的是什么"这两个问题入手，锐意进取，与时俱进，走过了一段探索与实践的历程。从立足历史哲学的视角提出"历史是基于史料证据和视角视野的解释"，到基于"生活即学问，学问即生活"的原则，逐渐认识到基础教育阶段开设历史课程的目的是"不断提升学生当下及未来社会生活的品位与品质"。实践证明，只有从学科和课程两大本体挖掘改革的元素，遵循并顺应课程教材整体改革的大方向，学科的课程改革才会切实有效，因为观念的改变是课程改革理念、原则和实践成效得以实现的前提。

其间，上海市中学历史学科围绕历史思维能力的内涵与外延，提出了"彰显史学思想方法"的改革要求，在构建起史学思想方法两大支柱——集证辨据和诠释评价的基础上，依次采用基于学理的分类、基于学情的分层、基于内容载体的分配三种方式，完成了对两大支柱的目标化分解，从而使单元、课时教学目标的确定和叙写有了基本依据，并有效推进了学校教研组（备课组）对历史单元教学设计的整体规划和分步落实，同时推动了"史由证来，证史一致；史论结合，论从史出"的观念成为中学历史教师的共识；围绕教学有中心、史学有神韵、观念有灵魂，提出了"把握课程内容主旨"的改革要求，通过大量实证规整出"单元—课文"整体架构法、破题法、寻新法、史学方法统整法、综合法五种把握内容主旨的基本途径与方法，为进一步提升课堂教学的有效性、提高教师的专业素养提供了可操作、可迁移的路径；围绕课程内容主旨和史学思想方法两者的内在逻辑与贯彻落实,提出了"完善历史学习方式"的改革要求,从结构化、序列化、情境化、过程化四个方面细化操作规范,提供实践策略,为进一步提升教师的教学能力、丰富并完善学生的学史经历和学史方式指明了方向。

正是在这三十年里,复旦大学附属中学(以下简称"复旦附中")历史教研组投身课改洪流,到中流击水,在学习、贯彻、落实课改方向与要求的基础上,既立足本位,聚焦校情学情,量体裁衣,又放眼大局,着力于将自身的认识与实践探索转化为普适性经验,谋求区域教学教研水平的整体提升。在教学实践的过程中,教师们的思想观念得到了进一步提升,不再满足于和大多数学校保持一致的改革方案和推进策略,从而汇聚了不少心得,在一定程度上拓宽了改革的视野,丰富了成果的积累,形成了自身的特点与亮点。先行先试,勇于探索,反思完善,具化路径,持之以恒,螺旋上升,是复旦附中历史教师史学素养和教学本领整体跃升的重要经验,值得推广与辐射。

历史判断力的提出,可以说是复旦附中深入思考核心素养后的产物。上海市中学历史课程改革关注核心素养的目标化分解,重视目标的细化,意在使广大基层教师在借助单元、课时的日常教学培育核心素养时,有更为下位、清晰而明确的指引,从而避免陷入简单说教、素养不落地的误区。然而,从核心素养的整体考量与教学目标的叙写方式来看,我们对核心素养中唯物史观、时空观念、史料实证、历史解释和家国情怀这五个方面的把握就不可过于条分缕析,应该理解它们之间的逻辑关系。鉴于此,以历史的事实判断和价值判断为内核,整合核心素养中关键能力的整体把握及表达是合理的。换言之,复旦附中历史教研组已经认识到,目标的分解不是最终目的,但分解是必由之路,分解是为了更好地整合。既然市级教研已经在一定程度上完成了目标分解的研究,复旦附中就应该基于自身的校情学情,开展以历史判断力整合目标的探索。这样的校级教研探索不仅具有前瞻性,更具有指引意义。借助对历史判断力的研究与探索,复旦附中拓展了深度学习的认识视域,赋予了"深度"学科化的内涵诠释,并以大概念教学突破单元立意,建立了课程化、项目化的主题学习范式。同时,在测量评价中提供相应的支持与保障,使历史判断力的实践形成一个系统,确保其在教学中的常态运作与持续推进。

在历史判断力的研究过程中,复旦附中还意识到历史阅读与历史写作的内在关系，以及两者在教学中助推核心素养达成的重要价值。从某种意义上来说，历史阅读与历史写作可谓一个硬币的两面，基于历史判断力的思维方式是这个硬币两面的黏合剂。历史阅读倡导的"围绕文本"（主要聚焦文本出处所折射的时代特征、作者意图等）、"文本自身"（侧重以文本的遣词造句、结构序列等窥破结论与证据间的内在逻辑）、"超越文本"（侧重文本所反映的社会效应、民众心态和读者自身的选择判断）的解读方式与策略，与历史写作的文本要求本质上是相通的。因此，借助历史材料（包括史学专著）的阅读与分析，穿透作者的情感、态度与价值观，贯通文本内在的逻辑关联与结构，揭示文本与时代之间的联系，成为历史判断力作用于这一目标的实践指向，而基于这种实践所建立的思维模型，又能在历史写作的过程中被模仿，乃至迁移。至此，历史判断力成为穿透历史阅读与历史写作目标的一条红线，历史判断力对于求真的价值追求也成为历史阅读与历史写作的价值诉求。另外，借助历史阅读形成的思维方式、思想方法将成为到达历史写作这个彼岸的桥梁，在历史发展过程的叙述中隐含历史认识的过程。以终为始，这种叙述技巧与能力会在一定程度上成为历史写作的一种新境界，成为衡量与提升历史阅读品质的一种新尺度。

基于上述认识，复旦附中从以往开设校本选修拓展型课程和研究型课程，尤其是高中历史课程标准规定开设的选择性必修课程中得到启发，开始尝试对跨学科学习进行探索。首先梳理课程整体和局部的辩证关系，然后提出跨学科学习的价值，拓宽对大概念的认识，从哲学视角提出概念流变对跨学科学习的意义。认识的基点逐渐从历史课程拓展到所有与历史相关的课程，认识的深度逐渐从各学科知识结构的关联延伸到各学科思想方法的融通，关注的焦点逐渐从学校转向社会，也就是对周遭社会生活问题的感知、解决与反思，更深层次地促使学生体悟到生活与学问之间的关系，从而为践行与达成基础教育终极目标积累实证，育人的视角也逐渐聚焦到提升应对社会现实问题的综合素养，学以致用，活学活用。我们常说的"要善于通过历史看现实、透过现象看本质"在跨学科学习中得到了很好的体现。课程观念及实践的更新，一方面再次证明了历史作为一门综合性学科的价值与意义，另一方面也为从中学历史课程到跨学科社会课程所承载的教育功能提供了更广阔的视野和更深刻的理解。总之，历史的路有多长、有多宽，历史教育的路也就有多长、有多宽，立德树人也是如此。

第 一 编

溯源：三只鸭子的启示

图 1-1　三只鸭子的故事

　　如图 1-1 所示，三只鸭子排成一列从树林里走过。最前头的鸭子说："我后面有两只鸭子。"中间的鸭子说："我前面有一只鸭子，后面也有一只鸭子。"最后头的鸭子说："我前面没有鸭子，后面也没有鸭子。"

　　请问最后头的鸭子为什么要这样说？

　　这个问题与脑筋急转弯无关，大家也无须从生物学、地理学、物理学等领域作过度解读，如鸭子脖子扭了、眼睛瞎了、地势不平、平行宇宙、钟慢尺缩，鸭子不会说话等更不在讨论之列。本书探讨的是中学历史教学，与史学、心理学或教育学应当有些关系。而这个例子侧重讨论的是史学，确切地说，也可以指历史哲学，涉及历史的本体认识。

　　答案是：最后头的鸭子说谎！当我们借助历史当事者的叙述来了解过往时，常常会被这种真假难辨的叙述所困扰。请注意，最后头的鸭子说了两个分句，其中"后面也没有鸭子"从画面来看是正确的，问题出在前半句"我前面没有鸭子"。因为从画面中可以清楚地看到，它的前面明明有两只鸭子，这说明最后头这只鸭子说的后半句话是一个彻头彻尾的谎言。当事者可能会因记忆偏差、表达能力欠缺而在无意中说谎，也可能因为个人的情感、态度与价值观而有意歪曲事实。如果你认同最后头的鸭子说谎这一说法，即哪怕是历史当事者的叙述也未必完全是客观、可靠的，那么对于历史的客观性和主观性以及历史是什么，你是否有了新的认识呢？

　　再看画面中另外两只鸭子说的话。最前头的鸭子说"我后面有两只鸭子"，从画面看没问题；中间的鸭子说"我前面有一只鸭子，后面也有一只鸭子"，从画面看也正确。同样作为当事者，他们对同一历史场景的叙述并不一致，得出的结论自然也不相同，但两种说法都站得住脚。这是否让我们在借助当事者的叙述来了解和认识历史时，对"历史到底是什么"这一问题有了更深入的思考呢？

　　如果大家愿意往深处想，我们可以来看图 1-2。

图 1-2　目睹这一场景的动物们

　　三只鸭子排成一列从树林里走过，目睹这一场景的动物们会如何描述呢？你可以把那些飞在天上的、躲在草丛里的、趴在树干上的、游荡在树林外的看作历史学家或考古学家，他们又会如何描述这一事件呢？你认为他们对这一场景的叙述会完全一致吗？俯视、仰视、平视、远视的视角和立场本身就有很大差异。尽管他们可能都声称自己的叙述是客观的，但你真的认为他们的表述完全不掺杂个人的情感、态度与价值观吗？他们的叙述真的能够做到完全客观，以至于看不出立场和观点吗？

　　三只鸭子带给我们的以上启示，是本书探讨中学历史教学这一话题的起点。也就是说，中学历史教学不仅仅局限于教学本身，而应该追溯到更深层次的史学，以及历史的本体认识，从回答"历史到底是什么"开始。或许只有这样，我们才能找到开启中学历史教学教研这扇大门的钥匙。

Ⅰ 从史学到教学：历史本体与课程本体

如果说"历史到底是什么"的问题涉及历史的本体认识，那么"中学阶段开设历史课程的最终目的是什么"就涉及中学历史课程的本体认识。历史的本体认识在一定程度上决定了中学历史课程的本体认识。至少在中学历史"学什么""怎样学""学了又怎样"以及"学了有什么用"这些问题上，虽然不同的时代可能会提出不同的观点，但总体而言，这些观点都与历史的本体认识紧密相关。

听到、看见和说出的是同一回事吗？

在很长一段时间里，我们一说到历史，多半会马上联想到"事实""真相""客观""不容置疑"这些词。历史通常被视作过去的事实或经历，具体指自然界和社会的发展进程。因此，人们很容易认为历史是不以人的意志为转移的、发生在过往的客观存在。这种对历史客观性的强调，往往导致人们把历史当作不容置疑的定论（体系），把历史当事者听到、看见和说出的内容等同于一回事，把历史研究者的研究成果，尤其是对历史过程的研究结论，视作颠扑不破的真理。

当事者的经历对于还原历史的本来面目固然是重要且宝贵的。与旁观者和转述者相比，他们可能对历史场景（事件）有更真切的感受与感知，或许能更深入地了解、体会历史场景（事件）的来龙去脉，因为他们听到了旁观者、转述者可能听不到的话语，看见了旁观者、转述者可能看不见的场面。然而，当事者能否全面、客观地说出他们听到和看见的内容，是一个值得探讨的问题。他们是否使用了合适的字词（无论是褒义、贬义还是中性的，词汇本身已蕴含表达者的情感与立场），是否明晰了叙述的前后次序（先说与后说可能隐含因果等逻辑关系的暗示），是否意识到叙述过程中会有意无意地加入自身的理解、想象、推测、评价等？从这个意义上来说，听到、看见和说出的未必是一回事，换句话说，听到、看见的经过头脑的过滤和语言的加工，最后说出的可能不是完全客观的再现。

当事者尚且如此，更何况旁观者、转述者。大家都知道有一个游戏叫作"拷贝不走样"，规则是第一个人对第二个人悄悄说一句话，第二个人再悄悄传给第三个人，如此口耳相传，直至数十人，令人费解的是最后一个人说出的话往往与第一个人的原话不太一样，甚至完全不同。简言之，每个人在传话时都会根据自己的理解进行加工，从而导致言语的拷贝逐渐走样，最后甚至与事实大相径庭。这就是旁观者和转述者在叙述时容易陷入的误区。其实，如果旁观者和转述者不盲目跟从，而是倾听、观察每个当事者的话语与表现，结合各方证据努力还原历史场景，他们完全有可能得出比当事者更准确、全面的认识。所谓"兼听则明，偏信则暗"也可以从这个角度去理解，不过这就属于历史学家、考古学家的工作了。但无论是当事者、旁观者还是转述者，一旦他们的说辞被认为有作伪的嫌疑，或者他们使用的证据链断裂，抑或有新的证据出现，他们——包括历史学家和考古学家——原先的结论都可能被推翻。

当事者的叙述夹杂着个人的情感、态度与价值观，这类事例并不鲜见。比如，袁世凯的儿子袁克文曾写下"绝怜高处多风雨，莫到琼楼最上层"的诗句，以此表达反对其父称帝的态度。然而1920年，他在上海《晶报》连载《辛丙秘苑》，回忆起袁世凯称帝前后的情况时却处处为其父辩护，称袁世凯之所以称帝，主要是受手下政客的怂恿，是被蒙蔽的结果。更为荒唐的是，他在《三十年闻见行录》中竟说戊戌政变前谭嗣同私下会见袁世凯时挟枪恫吓云云，简直成了小说家言。再如，段祺瑞的女儿段式巽曾在《上海文史》创刊号发文，称1926年的三一八惨案并非其父一手造成。据她描述，段祺瑞曾下令不许向学生开枪，但其部下贾德耀置之不理，擅自下令开枪，最终造成惨案，段祺瑞从此长斋礼佛，以示忏悔。然而，军中将领又非在外作战，就在长官身边还公然违抗命令，这种行为实在令人难以置信。至于吃斋念佛，民国年间不少下台军阀都有类似举动，大抵也是故作姿态而已。这类当事者的叙述实在问题多多，要让人信服委实困难。有一段时间，口述史颇为兴盛。在不少口述史的开篇，作者常常会说："这件事是我和张三、李四共同经历的，现在张三、李四已先后作古，我如果再不把这事写下来，后人就永远无法了解历史的真相。"这种说法往往让人将信将疑，甚至哭笑不得。三人共同经历的事,张三和李四在世时,作者不写,等到他们去世了,才开始动笔,并且一口咬定自己写下的就是真相。在缺少旁证的情况下,这类作为孤证的口述史,怎么可能让人完全相信呢?

历史研究者受生活时代、掌握史料,以及个人理解、认识所限,对历史作出错误的判断和解释是常有的事。当年,钱穆作《先秦诸子系年考辨》,认定孙子、孙武、孙膑实为一人,这一观点曾为不少人所接受。直到 1972 年,山东临沂银雀山汉墓出土了大批竹简,考古专家整理后梳理出《孙子兵法》(即孙武的兵法)、《孙膑兵法》两部不同的兵法著作,才证明孙武和孙膑并非同一人。虽说史家阅读文献史料,进而以调查研究等方法获取实物、口传史料,看见、听到的不可谓少,但一旦落笔"说出"又难免出现前后不一致或缺乏相互印证的情况。以司马迁的《史记》为例,缇萦救父的故事在《孝文本纪》和《扁鹊仓公列传》中被两次提及,所记载的时间却不一致,前文作文帝十三年,后文作文帝四年,究竟是哪一年,后世史家多有讨论。史学研究讲求严谨,即便是这类时间上的错误,也不能简单地说是小事一桩。

其实,不同时期的中学历史教科书对同一历史人物、历史事件或历史现象的表述、评价也多有不同,这反映了史学研究在不断发展变化。比如,20 世纪 80 年代的中学历史教科书提及李鸿章,多作"卖国贼"论。到了 90 年代,除了提到他组建淮军镇压太平天国、签订丧权辱国的不平等条约外,在谈及洋务派及洋务运动时也开始认同其对中国近代化所作的贡献,可见在这个问题上李鸿章也算有了一点正面评价,与过去那种"一棍子打死"的态度有所不同。同样,20世纪 80 年代的中学历史教科书对于抗日战争的基本观点为"中国共产党领导的八路军、新四军是抗日战场的中流砥柱,国民党反动派消极抗战,积极反共"。到了 90 年代,教科书虽然仍提及汪精卫集团的投敌、国民党顽固派制造的皖南事变、豫湘桂战役的大溃败等,但同时也增加了对卢沟桥抗战、淞沪会战、台儿庄战役、武汉会战、枣宜会战、远征军入缅作战等国民党正面战场抗战事迹的描述。今天,我们可以看到,"八年抗战"的说法已被"十四年抗战"所取代。就此而论,你还认为历史的基础知识和基本认识不会变吗?你还认为历史是封闭的、不容置疑的定论体系吗?你还认为历史是不以人的意志为转移的、发生在过往的客观存在吗?

如果说历史在客观层面之外还有主观认识的一面，还有在听到、看见后，通过理解、分析、比较、综合说出的一面，那么这种说出的原则乃至标准又是什么？不能简单地认为，因为最终的说出带有个人的情感、态度与价值观，历史就真的变成"任人打扮的小姑娘"，随便怎么说都可以了。如果大家最终得出这样的结论，那么历史还有存在的意义吗？

🔧💡 我们所说的历史到底是什么？

从历史哲学的角度看，一方面，历史是发生在过往的、不以人的意志为转移的客观存在，另一方面，无论是历史的当事者还是历史学家、考古学家等历史研究工作者，对于过往，即对于这种"客观存在"的表达，他们都不可避免地带有主观色彩，这种主观其实是对客观历史的一种解释，是基于历史哲学视角对客观历史的一种认识。因此，今天当我们看《普通高中历史课程标准（2017 年版2020 年修订）》或《义务教育历史课程标准（2022 年版）》时可以发现，它们在提到历史解释这一核心素养时都指出"所有历史叙述本质上都是对历史的解释，即便是对基本事实的陈述也包含了陈述者的主观认识"[1]。这意味着，当客观历史被叙述出来时，无论叙述者如何标榜自己的客观，叙述总是带有主观性的。

中文词汇丰富，有学者提出"历史"和"史学"是两个不同的词，认为历史强调客观性，史学则强调主观性。也就是说，他们试图通过"历史"和"史学"这两个概念把历史的客观性与主观性泾渭分明地表达出来，这听起来似乎很有道理。但问题是今天的中学历史课程与教材，无论是课程标准还是教科书，都统一使用"历史"一词，我们总不能说，中学历史课程与历史教科书中的历史都是绝对客观的，对历史的叙述及表达完全不夹杂编撰者的情感、态度与价值观吧？所以，这个说法恐怕不能成立。

历史的叙述及表达是具有主观性的，但这并不意味着可以随心所欲地对历史进行主观解释。它必须遵循史学的基本规范，诸如讲证据、重逻辑、见理性

---

① 　中华人民共和国教育部.普通高中历史课程标准（2017 年版 2020 年修订）［M］.北京：人民教育出版社，2020：5.中华人民共和国教育部.义务教育历史课程标准（2022 年版）［M］.北京：北京师范大学出版社，2022：5.

等,尽可能地逼近(无限接近)历史的客观性。用马克思、恩格斯的话来说,必须追求"逻辑与历史的一致",即认识历史的逻辑必须与(客观)历史的发展进程相一致,这才是历史认识在逻辑上求真、求通的本质所在。从这个意义上来说,我们认为历史是基于史料证据和视角视野的解释。历史认识的视角与视野是连接史料证据和历史结论从而构成逻辑认识的桥梁,视角求其精深,视野求其广博,方能把握好历史认识的全面、深刻和独到,尽可能地接近客观历史的本来面目。

尽管形式逻辑是历史认识及解释的一种重要方法,但叙述和表达历史过程及结论时通常不表现为一因一果的形式逻辑。历史的逻辑更多地以一因多果、多因一果、多因多果、互为因果等面目呈现。例如,教科书中春秋时期的历史内容被冠以"动荡的春秋时期"这一标题,但正文开篇却是"春秋时期,社会经济有很大的发展"。"社会动荡"与"社会经济有很大的发展"之间的关系,并不是用简单的线性逻辑就能解释的。同样,两宋与周边少数民族政权的关系,也不仅仅是教科书标题中的"并立"或"对峙"。如果我们看不到这一时期两宋与周边少数民族时战时和的历史表象下经济、文化等层面的深度交融与进一步发展,那么我们就没有真正理解这段历史进程及其时代特征的本质。在某种意义上,历史认识几乎处处蕴含、体现着这种类似的逻辑。

所以,对历史的认识绝非"天外飞仙",不能变成脱离史实和史料证据的推测或推演。应该说,历史来自证据,证据来自史料,对历史的诸般认识都要建立在史料证据之上。史学界强调的"有一分证据讲一分话""孤证不立""二重(多重)证据法"等,都是历史认识中史料证据价值及其运用的基本原则或方法。史料分为多种类型,不同类型史料的证据价值不尽相同。比如,考古发现的实物史料具有很高的价值,能够在很大程度上弥补传世文献记载的不足,甚至与文献相互印证,形成证据链。但实物史料也有缺陷,即往往是"只见物,不见人",要想从遗"物"中窥见当时人的活动,就需要其他史料的佐证,有时甚至需要借助历史的想象。当然,这种想象必须基于现有史料进行合理且令人信服的逻辑推演。至于口述史料,重要性与危险性并存,将其作为证据时,我们务必慎之又慎。

不管怎样,历史总是要讲证据的,所谓"言而有据,言必有据"是历史认识的基础，而历史结论也是建立在史料证据之上逻辑论证的结果。对于历史上某一天发生某事，只要有可靠的文献记载、当事者可信的回忆以及复合证据的支持，基本上都能确定下来，争议较小，但对于历史事件、现象、人物活动的背景、条件、原因、性质、作用、影响和意义的解释，以及对历史发展过程相对全面的揭示，由于掌握的材料、解释方式和看待问题的视角不同，往往会得出不同的结论。同一事件有不同的史料，同一史料有不同的解释，不同的解释导致不同的结论，其实是常有之事。一个历史事件如果存在两个或两个以上不同的说法或结论，并不意味着只有一个是正确的，其他都是错误的。如果这些说法或结论都有可信可靠的证据支持，并且在逻辑论证上没有纰漏瑕疵，从理论上来说它们都是可以成立的。进一步分析，可能需要考虑证据之间是否存在矛盾，以及下结论者在情感、立场和价值取向上是否存在原则性的冲突等。

二三十年前，上海有一道高考试题要求学生对明治维新的性质作出判断解释。试题内容如下：

学术界一般认为，日本"明治维新"是一次资产阶级性质的改革。但是，在最近一次国际学术研讨会上，有些学者主张"明治维新"应理解为一次"明治革命"，而另一些学者则提出"明治中兴"的解释。(1)你认为其中哪一种观点更合理？为什么？(2)请说明另外两种观点的可以理解之处。

这道题不仅考查学生对"维新""革命""中兴"等历史概念的认识与理解，还要求他们结合史实对自己的观点（本质上是对这些概念的界定）作出合乎逻辑的论证。当然，第二问"说明另外两种观点的可以理解之处"也隐含着学术上的兼容观念。在这个过程中，以史料证据支撑的史实自然成为逻辑方法和兼容观念的前提，历史讲求证据的重要性不言而喻。

也正是从这个意义上来说，我们并不认同后现代史学把历史等同于文学的说法。认为历史结论与文学艺术的想象创作无异，这相当于拆除了历史认识的基础和凭据，也就自然放弃了对历史求真本质的追求，从而使求通沦为空中楼阁。因此，尽管后现代史学在方法论上并非全无可借鉴之处，但抛弃求真本意的历史研究终究走不了太远。

进一步探讨史料、证据与历史的关系，我们可以这样说：历史既然因证据而来，当然也完全可因证据的变化而被修改；历史因视角和视野而来，当然也完全可因视角和视野的变化而被修改。每当有新的史料被发现,或者从新的视角和视野来审视,就可能得出与以往不同的结论。证据变了,角度换了,历史结论也会改写。所以,历史不是封闭的、不容置疑的定论体系,而是开放的、可以讨论并不断更新拓展的领域。

既然历史结论并非斩钉截铁,历史知识也在不断变化,那么历史教学拿什么来育人,又如何育人呢?中学历史课程的育人价值究竟体现在哪些方面呢?

中学历史课程能育出怎样的人?

在以往较长一段时期,我们是拿狭义的历史知识来育人的。也就是说,我们认为借助狭义的历史知识就能实现历史教育(通常是育德)的目标,或者说把历史知识直接作为历史教育的载体就能达成育德育人的目的。比如,顽皮的孩子砍掉了树,最终他承认了错误,我们会告诉学生:一个人犯了错不要紧,诚实而有担当、勇于改正错误的品质更重要。再如,牛顿从苹果树下经过时被果实砸中了脑袋,后来他由苹果落地获得启发,努力探索,持续研究,提出了力学的三大定理,我们会教育学生:一个人只要善于发现与观察,勤于思考与探索,坚韧不拔,持之以恒,一定会获得成功。牛顿临终前说:"我不知道别人是怎么看我的,但我自认为我不过像是一个在海边玩耍的孩童,为不时发现比寻常更为光滑的一块卵石或比寻常更为美丽的一片贝壳而沾沾自喜,而对于展现在我面前的真理的海洋,却全然没有发现。"几乎每位老师讲到这里,都会禁不住问学生:"大家可以从牛顿身上学到哪些优良品质?"当学生异口同声地回答"谦虚谨慎,不骄不躁"时,老师就认为育德的目标达成了,至少学生有这种认识了。

由历史知识直通价值观培养的教育观念和方法,曾经确实发挥过其应有的作用,这里我们暂且不讨论知识理解与行为内化、身体力行之间的关系。我们只是想指出,当这些所谓的历史知识经史家研究被证明是错误的时候,建立在这些知识之上的育德育人品质和经验就会面临重大挑战,甚至有可能轰然倒塌,这对于诸如诚实、刻苦、坚韧、谦逊等良好品行的认识,乃至人们传统上倡导的求真、求善、求美的教育诉求而言,大概算得上地动山摇了吧。今天,历史学家告诉我们:华盛顿的家乡因土壤地质和气候等因素,实际上是无法种植樱桃树的,所以华盛顿砍倒樱桃树这个知识并不成立;至于牛顿被苹果砸中脑袋的故事,只有牛顿的传记作家一个人提到,与牛顿同时代且熟悉他的人,甚至牛顿本人,几乎从未提过此事,所以这个故事顶多只能算作孤证;而牛顿临终前所说的那段话,实际上是他面对宗教神职人员的"临终忏悔",反映了牛顿晚年的宗教情结,从某种意义上来说,他这种谦辞是针对所谓的"上帝"而发的。

由此可见,由历史知识直通价值观培养的教育观念和方法效果甚微,且存在风险。这种教育观念和方法之所以成为历史教育的一种惯用方式,究其原因,可能是因为它在对历史本体的认识中过于强调历史客观性。那么,秉承"历史是基于史料证据和视角视野的解释"这一本体认识,我们又该如何看待与界定中学历史课程的育人价值呢?换言之,我们可以从历史的本体认识出发来回答第二个本体问题:中学开设历史课程的目的是什么?

笼统地说目的是立德树人并无多大意义,至少没有体现出历史学科的独特价值。如果我们从历史学科的特点、中学生的年龄特征与认知特点,以及中学历史课程改革的方向和要求来界定这一目的,大致可以从以下几方面作审视。

首先,不可否认的是,历史知识是能够育人的,历史知识应当是包括历史思维能力与方法、历史情感态度和价值观等在内的核心素养培养的载体。因此,知道和理解史学上达成共识的,对中学生的认知、智慧、品德等人格养成最具教育意义的历史事实及其过程,是实现中学历史课程育人价值的前提。具体来说,它可以包括:

(1) 重要的中外历史人物及其主要的作为;

(2) 重大的中外历史事件及其主要的特征;

(3) 优秀的中外文明成果及其主要的贡献;

(4) 诸上史实之间的横向联系和纵向变化。[①]

请注意上述前三条表述中的"重要""重大""优秀""主要"等词,它们实际上

---

① 上海市教育委员会教学研究室.上海市高级中学历史学科教学基本要求[M].上海:华东师范大学出版社,2010:3-4.文字上略有调整。

反映了这样一种认识,即这些人物的作为、事件的特征、成果的贡献是经过精心挑选的,并且经过史学和教育工作者的审慎判断,认为它们适合作为育德育人的载体,这是其一。其二是在这些被挑选出来的知识背后,已经隐含了史学思想方法的价值导向,即所谓的"重要""重大""优秀""主要"等是基于一定的标准的,这种标准所蕴含的价值导向与立场观点本身就是史学思想方法的重要内容。所以,第四条表述中的"横向联系和纵向变化"不是一般意义上的简单历史知识,而是对历史知识结构化的认识。

既然如此,我们可以进一步说,能够产生育人实效的历史知识本身就蕴含着认识历史的思想方法。毫无疑问,历史学习的能力与方法自然也成为育人的重要载体。从某种程度上来说,比起历史知识,历史学习的能力与方法在育人上的价值可能更大。因为关注证据、逻辑等学史能力与方法,有助于解释历史知识变化发展的原因及路径。这种方法论层面的广义历史知识"活化"了狭义的知识结论,包括练习和获得史学上有共识的,用背景和条件、原因和动机(或目的)、性质和特征、结果和作用、影响和意义等术语把握史实及其过程、联系的能力,具体表现为:

(1)能区分作者对史实及其过程的客观描述和含有主观认识的表述、解释或评价;

(2)能把所学整体表述的史实分解为具有内在联系的部分或方面;

(3)能把所学分散表述的史实组合为具有内在联系的整体;

(4)能归纳和比较所学史实,指出其主要的相同或不同点;

(5)能透过作者对所学史实的表述、解释和评价,知晓其情感、态度与价值取向。[①]

与学史能力相似,在学史方法上我们可以借助信息学理论模型,从输入、加工、输出三个方面来概括历史育德育人的具体表现,包括:

(1)观察和体验从少到多、由点及面收集历史信息的过程,学习从史料中汲取、鉴别、整理和归纳信息的方法;

---

① 上海市教育委员会教学研究室.上海市高级中学历史学科教学基本要求[M].上海:华东师范大学出版社,2010:4.

（2）观察和体验逻辑与历史相一致地运用历史信息探索真相的过程,学习在新情境中,借助史料观察、思考和解决历史及其相关问题的方法;

（3）观察和练习以口头、书面、信息技术等表达方式,运用"读史心得""调查报告""小论文""专题展示""演讲与辩论"等方法,在小组、班级等场合表达和交流学习过程、成果和感受。①

历史知识和学史能力与方法共同凝聚成的情感、态度与价值观更是可以育人的。具体来说,就是在思考和解决历史及其相关问题时,有较稳定的基于理性认识、人文关怀的兴趣、情感和人生观、世界观。基于唯物史观的立场,这种价值取向包括:

（1）以人为本。人的生命、权利和人民的利益、愿望是衡量一切行为的起点和归宿。自由、平等、博爱、民主、法治是人类追求和创造的文明成果,有历史的特点。

（2）解放思想,使思想和实际相符合,按客观规律办事。思想的变革是社会变革的先导,一经人们掌握就会变成巨大的现实力量。

（3）实践是检验真理的唯一标准。判断个人、团体、政党,或政策、制度,不仅要看其声明或主观愿望,更重要的是看其行为及其客观后果。

（4）人民群众是历史的创造者,杰出人物有卓越的作用和影响。个人的价值取决于他的智慧、意志和社会贡献。历史是许多单个意志相互作用的结果,无数互相交错的力量和力的平行四边形决定其演变和发展。阶级对立产生以来,恶劣的情欲——贪婪和权势欲成了历史发展的杠杆。

（5）自然环境造就人,人也改变自然环境,并在此过程中创新自己。人与自然的和谐发展是人类文明的重要经验。

（6）生产力是生产发展中最活跃、最革命的决定因素,是社会发展的最终决定力量。人是生产力诸要素中主导的决定要素。科学技术是生产力,是在历史上起推动作用的、革命的力量。

（7）生产关系是生产过程中人们的相互关系。生产力发展到一定阶段,便

---

① 上海市教育委员会教学研究室.上海市高级中学历史学科教学基本要求[M].上海:华东师范大学出版社,2010:4-5.文字上略有调整。

同现存的生产关系发生矛盾,生产关系通过改革适应并推进生产力的发展。当渐变的改革不能适应时,这些关系便成为生产力发展的桎梏,就需要革命,是质的变化。生产工具是生产力发展的测量器,也是生产关系的指示器。

(8) 社会意识是社会存在的反映。政治、法律、哲学、宗教、文学、艺术等的发展是以经济发展为基础的。但是它们又都互相作用并对经济基础产生重大影响。

(9) 家庭、家族、部落、阶层、阶级、政党等是一定历史阶段的产物,在特定的历史时期起着重要的作用,并随着人类文明的发展而更替或消亡。

(10) 为了维持社会安全、稳定和发展,调解社会矛盾而产生的公共权力组织和国家,可以加速或延缓社会变化和发展。"苛政猛于虎",在阶级社会里,阶级斗争是社会发展的动力。政治革命是阶级和社会矛盾激化的产物。

(11) 爱国主义是对祖国的一种最深厚的感情,表现为一切为祖国作出的思想和实际的贡献。"国"是历史的概念,近代以来,指民族国家。

(12) 民族交流与交融是人类文明发展的趋势。弘扬民族精神,种族、民族平等是人类文明的进步。压迫其他民族的民族是不能获得解放的。野蛮民族的征服阻碍文明的发展,但征服者在绝大多数情况下,都不得不适应征服后存在的比较高的文明。

(13) 宗教是那些还没有获得自己或丧失自己的人的自我意识和感觉。宗教里的苦难既是现实苦难的表现,又是对这种苦难的抗议,是被压迫生灵的叹息,是无情世界的感情。

(14) 人口、资源、经济发展不平衡的冲突,文化、宗教、政治差异的矛盾激化,掠夺、扩张、殖民和称霸是历史上部落、民族、种族和国际战争的原因。坚持求同存异、和平共处,通过对话、交流、合作谋求和谐发展是缓和、解决这些矛盾与争端的历史经验和必由之路。

(15) 1840 年以来,一切有利于中华民族生存、发展,有利于抵御国内外敌人的贡献或斗争,都是中国人民争取民族独立和自由幸福的组成部分。在中国共产党领导和各民主党派、爱国进步力量的努力下,中国人民实现了民族独立和解放,探索中国特色社会主义,推进民族复兴、国家富强和人民幸福。

(16) 和平与发展是当今世界主题。求和平、谋发展、促合作已成为不可阻挡的时代潮流,共同分享发展机遇,应对各种挑战,推进人类和平事关各国人民的根本利益。①

　　一旦育德育人的价值取向内容具体化,它对历史教育就更具实践操作的指导价值。当然,这些价值取向的内容与历史知识一样,绝不是以说教的方式来达成,而是建立在对历史知识、能力与方法的整合运用之上。也就是说,如果仅仅以狭义的历史知识作为育人的内容,很容易被批评为教条,因为历史知识是变化发展的;如果仅仅以历史价值取向来育人,也很容易被指责为说教,因为离开了知识载体的育人如同空中楼阁;如果由狭义历史知识直通历史价值取向的教育,又有可能陷入因知识改变而带来的教育"崩坍"困境。基于此,我们应该在历史知识和历史价值观之间架起一座桥梁,这座桥梁可以被称为史学思想方法,也就是认识历史的观念与方法,包含历史学习的能力与方法。只有这座桥梁支撑起的历史证据和历史逻辑,才能进一步夯实历史育德育人的根基。

　　同样,这座桥梁支撑起的历史证据和历史逻辑,最终将作用于人的思想意识。它使学生在遇到人、人与社会及其相关问题时能够具有历史的觉察,即从社会演变与发展及其经验的角度出发,应当倾向从哪个方向去思考、探索和努力,这应该是长期学习历史课程后获得的悟性和可持续发展的潜能。从这个意义上来说,我们可以从以下六个方面来回答中学开设历史课程的目的,那就是培养学生:

　　(1)"今天是过去的变化和发展,历史中蕴含着人类过去的经历、智慧和经验,学史是人生存和发展的溯源、修养与超越"的人格意识。

　　(2)"鉴证识史、论从史出和把一切人与社会问题置于其所处的历史范围内,具体问题具体分析"的求真意识。

　　(3)"已知的历史是人们对客观历史的认识,随着新的发现和探究逐渐接近客观历史,应当尊重和理解不同的探索与思考"的包容意识。

　　(4)"历史是人类文明传承和创新不可或缺的组成部分,传承人类文明、保护文化遗产是每个公民的权利和义务"的责任意识。

① 上海市教育委员会教学研究室.上海市高级中学历史学科教学基本要求[M].上海:华东师范大学出版社,2010:5-6.文字上略有调整。

（5）"中华文明有着悠久辉煌、砥砺曲折的历史。继承优秀传统，弘扬民族精神，振兴祖国大业是每个中国人应有的觉悟与责任"的国家意识。

（6）"人类文明是世界各民族交融冲突、共同创造的过程，多样性、阶段性和普遍联系是其最基本特征"的全球意识。①

综上所述，中学开设历史课程的目的是借由历史知识、能力与方法、情感态度与价值观这三个层面的相互支撑与依托，通过史学思想方法这座桥梁，实现具有历史特点的人格意识、求真意识、包容意识、责任意识、国家意识和全球意识的全面培养。在某些情况下，意识的形成或许比知识的掌握、能力与方法的习得等更为重要。在当今基础教育日益强调其终极目标不是培养某某学家的背景下——置于中学历史课程教学的语境，就是不以培养历史学家为目的——中学开设历史课程的目的也许还包含另一层面的诉求：帮助学生更好地认识历史与生活的关系。正所谓"生活即学问，学问即生活"，历史无处不在，生活中处处有历史。既然如此，我们是否应该引导学生尽可能地运用他们学到的历史知识、习得的历史能力与方法、内化的历史情感态度与价值观，及其塑造出的学科综合素养，来体验、感悟、享受生活的乐趣，从而提升生活的品位与品质呢？

Ⅱ　从抽象到具象：历史思维与思想方法

历史思维不是一个抽象的概念，思想方法也绝非遥不可及的象牙塔。作为历史思维的一种具化，史学思想方法在历史本体认识和历史认识逻辑上展现出更为缜密的特性。由"我们如何知道""我们如何认识"引申出的集证辨据、诠释评价的思想方法，支撑起中学历史课程能力与方法培养的两大支柱。基于学理的分类、基于学情的分层、基于内容载体的分配这三条分解具化史学思想方法的路径，为贯彻落实核心素养精准到单元、课的目标设定与达成提供了支架，确立了保障。

---

① 上海市教育委员会教学研究室.上海市高级中学历史学科教学基本要求［M］.上海：华东师范大学出版社，2010：3.文字上略有调整。

🔅 史学思想方法为什么可作为历史思维的核心?

恩格斯曾说:"历史从哪里开始,思想进程也应当从哪里开始,而思想进程的进一步发展不过是历史进程在抽象的、理论上前后一贯的形式上的反映。"这句话说明了历史逻辑与思维逻辑的一致性。这种一致性使人们可以通过了解历史演进的过程、历史事件因果关系的分析、历史规律的抽象概括等(也就是通过历史教育)培养历史思维能力。当然,不同时代对历史思维的认识也并不完全相同。

改革开放初期的中学历史教学比较重视知识的传授,这是可以理解的。在经历了"文化大革命"十年浩劫,青少年对历史普遍无知的背景下,我们迫切需要补上历史知识这一堂大课。到了 20 世纪 80 年代中期,我们开始更加重视中学历史教学中思维能力的培养,因为随着时代的发展和社会的进步,历史教育的思维价值变得越来越重要。当时的学者曾引用著名教育史家康纳尔在《二十世纪世界教育史》一书中的话,普遍认为"历史课……开始被看作为智力训练的源泉"。智力的核心是思维能力,而历史发展又充满辩证法,因此历史教育为发展学生的辩证思维提供了广阔的空间。当时的中学历史课程内容体系迫切希望学生能够通过历史思维的训练回答这样一些历史问题:为什么奴隶社会奴隶主残酷剥削奴隶,但它又比原始社会进步? 为什么既肯定元统一中国的作用,又肯定文天祥抗元的斗争精神? 为什么既批判欧洲探险家扩张领土的行为,又肯定他们探索新航路的功绩? 等等。

除了辩证思维,中学历史教育工作者也考虑到历史的多样性特点,希望历史教育能促进学生思维的全面拓展,引领他们发现新知识、形成新见解,以此推动发散性思维的发展。同时,一些从事历史教学研究的学者已经认识到,历史有助于创新思维的培养,因为历史本身就是作为历史主体的人能动地求生存、求发展的创造过程和结果。历史上每一次重大社会变革的实现,每一种思想意识形态的诞生,每一项科学技术成就的发明或发现,都体现了人的创新精神和创造能力。历史认识是创新的,人们立足当下,以史料为证据,采用既符合史学规范又顺应时代潮流的视角与视野,回首过往,展望未来,对历史提出符合历史发展规律或理路的认识。新材料、新视角与新视野,或推翻已有的历史结论,或完善尚未逻辑自洽的历史解释，或建立新的历史认识的思想方法模型，创新在历史认识中的价值不言而喻。据此，我们可以认为中学历史教育也应该是创新的，因为教育理念的发展、史学的进步以及历史本身的内涵，决定了中学历史教育教学的目标、内容、评价，尤其是以培养思维能力为核心的教育教学方式方法必然是创新的。所谓"在经济发展、政治变革、科技文化创造上，后一代总比前人提供更多的新东西，这些都为学生设置创造情境，指示创造方向，激发创造动机，培养创造热情，诱发创造灵感，为培养富有创造能力的人才发挥作用"[①]，说的就是这个意思。

就这样，能力立意下的历史思维培养终于走到了中学历史教育教学的前台。然而，关于如何为历史思维能力正名，以及如何进一步诠释其内涵与外延等问题，我们在认识上是有一个逐渐发展的过程的。当时，并没有一个关于历史思维能力的权威定义。也就是说，在 20 世纪八九十年代，虽然中学历史教育界扛起了历史思维能力的大旗，但对于历史思维能力到底包含哪些内容，大家还在不断摸索，并未达成共识。尽管如此，无论是高校还是中学历史教学一线，对历史思维的研究及其实践转化从未间断过。仔细分析这些不断涌现的成果，我们可以发现，史学思想方法正逐渐被广泛接受，并被认为是历史思维能力的核心。

最初，有学者把历史思维能力简单地定义为历史的分析、综合、归纳、比较、评价等，但始终不得要领。后来，有学者提出历史思维是"以唯物史观为依据，从具体史实出发，认识、释解历史问题，发现历史规律的思维活动过程"[②]，这个说法仍然较为简略，但基本指出了历史思维的本质特征，大方向是正确的，只是过于强调历史的诠释评价能力，似乎还不够全面。

接着，有人提出历史思维是基于历史事实和过程进行推理和分析，从而形成建立在历史事实和现象之上的全面理解与评价的能力，它不仅指向历史知识及其识记，还包括对历史背景、原因、影响等方面的思考和分析。显然这个说法开始关注历史的诠释评价是建立在历史事实和过程的推理分析之上，同时考虑到历史是怎么来的，相对而言更为全面。

① 林丙义，郭景扬.中学历史课程教材改革评介[M].北京:高等教育出版社,1994:24.
② 王雄.历史的理解与理解历史——历史教学培养学生历史思维能力试探[J].中学历史教学参考,1995(9):14-15.

还有人引用美国历史国家标准的界定，说历史思维"使学生能够评价证据，发展比较的、因果的分析能力，解释历史的记录，并根据历史对当代生活中的决定提出正确的论据和看法"，这个说法既重视史料的价值，也关注对历史的诠释评价，是一种相对全面的观点，但在当时并未引起足够的重视，究其原因，可能是对历史的本体认识过于强调历史的客观性，在历史思维能力中倡导证据之类的还没有被广泛接受。

白月桥先生在《历史教学问题探讨》一书中提出，历史思维"是在历史唯物主义和辩证唯物主义指导下的，由形式思维和辩证思维、具体形象思维和抽象理论思维相结合的，以时间和地点为主线的，通过史料中介逐步认识历史客体发展规律、不断揭示历史本质、朝着认识终极目标永无休止前进的特种思维"。简言之，历史思维是一般思维活动与历史学科特有的思维活动的融合，是实现由对历史感知上升为理性认识，并揭示历史本质和历史规律的思维过程，它散见于历史学科的各种能力之中，如历史材料的搜集应用能力、历史事实的理解阐述能力、历史现象的再现再认能力、历史问题的分析评价能力、历史知识的应用迁移能力等。这一理解站在历史哲学的立场上，基于历史的本体认识，对历史思维进行了比较全面的界定，而且不难看出，这个界定是基于认识历史的思想观念和方法导向而提出的。

至此，我们可以这样说，秉承"历史是基于史料证据和视角视野的解释"这一历史哲学的观点，从史料证据、视角视野出发，构架起认识历史的思想方法，即史学思想方法的两大支柱，在一定程度上为历史思维（包括其内涵与外延）的界定提供了初步的共识。换言之，史学思想方法成为历史思维的核心，这是基于历史的本体认识所作出的决定。

集证辨据、诠释评价如何成为史学思想方法两大支柱的学名？

从历史的本体认识出发，史学思想方法成为具化历史思维的一种工具。如果认定"历史是基于史料证据和视角视野的解释"，史料证据本质上指的是"我们如何知道（过往）"，视角视野本质上指的是"我们如何认识（历史）"。"我们如何知道（过往）"和"我们如何认识（历史）"构成了史学思想方法的两大支柱，是支撑起整个史学思想方法体系的关键。在审视上海市中学历史课程改革的过程中,我们必须明确认识到,这种认识并非一开始就存在,而是经过持续的实践研究与深入探索逐渐形成与完善的。更不用说采用"集证辨据"和"诠释评价"这样精确的学名来命名史学思想方法的两大支柱了。

作为国家基础教育综合改革实验区,上海在 1999 年"二期课改"之初,针对中学历史学科的教育改革,提出"必须重视思维能力的培养……学习历史的关键并不仅仅在于记得了多少历史知识,更重要的意义在于要使学生学会认识历史的方法""培养学生初步的历史学习方法——包括使用图书和收集资料的方法等;培养学生初步的历史思考能力——包括分析、推证、综合和判读史料的能力等。这样有利于激发学生独立思考和创新的意识,有利于让学生感受、理解知识产生和发展的过程"①。可见,对于历史思维能力,我们已经意识到包括历史学习方法、历史思考能力在内的认识历史的方法应有的价值在于"感受、理解知识产生和发展的过程",进而激发"独立思考和创新的意识"。"判读史料""使用图书和收集资料的方法"与"分析、推证、综合和判读史料的能力"这样的表述也大体对应了史学思想方法的两大支柱,只是结构上还不太清晰,掺杂了信息学理论模型的痕迹。在一定程度上,这也为前文"历史思维是一般思维活动与历史学科特有的思维活动的融合"这一观点作了注脚。

基于这样的认识,上海市教育委员会教学研究室在 2003 年提出了"彰显史学思想方法"的中学历史课程改革方向,2005 年就史学思想方法的分类提出了征求意见稿②。征求意见稿开宗明义强调,史学思想方法的"理论依据是马克思主义的唯物史观,包括'史由证来,证史一致''史论结合,论从史出'的史学基本思想和方法",主要分为"形成史料证据意识的方法""形成史实逻辑意识的方法"和"形成史观科学意识的方法"三部分。第一部分侧重"我们如何知道(过往)"的目标分解,包括掌握获取历史信息的基本途径,从文字、图表、图像材料中提取、整理历史信息,判断不同历史材料的价值;后两部分指向"我们如何认

---

① 上海中小学课程教材改革委员会办公室,上海市教育委员会教学研究室.面向 21 世纪上海市中学历史学科教育改革行动纲领(2000—2010 年)[M].上海:上海教育出版社,1999:5.

② 於以传.关于改进中学历史学科教学辅导的建议[J].现代教学,2009(7-8):14-15.征求意见稿创作于 2005 年,但未正式发表,直到 2009 年才置于《关于改进中学历史学科教学辅导的建议》正式发表。

识(历史)"的目标分解,包括唯物史观的基本原理,唯物辩证法的基本思想,评价历史事件、历史人物的基本方法等,其中第二部分特别提出了形式逻辑与辩证逻辑、论证与推论等。征求意见稿的出台,标志着上海中学历史教学中的史学思想方法从最初的基于历史本体的理论认识转变为在教学实践中可以操作的具体行为,并逐步渗透到课堂教学及其评价等课程各领域。换言之,课程改革的理念找到了落地实践的抓手。尽管该文本在结构逻辑上还存在不少问题,一些表述的指向也不够清晰、准确、完备,但史学思想方法的教学实践已开始步入正轨,并与过往提及的中学历史课程的性质、终极目标,以及今后历史思维能力的进一步分解及其教学探索等在认识和实践逻辑上保持一致。

2009年,上海市教育委员会教学研究室在广泛听取各方意见后,对征求意见稿进行了修改①。主要对目标的表述进行了细化并赋予其在教学实践中的具体操作意义,同时扩充了"判断不同历史材料的价值""治史的一般方法"和"新史学方法"等内容。修改后的文本在部分表述上较之前更为细致,但在对史学方法论的认识和架构上仍存在一些不足。总体来说,这次修改向外界较为系统地介绍了上海市中学历史教育界对史学思想方法的认识,并较为明确地提出了上海"二期课改"历史学科倡导史学思想方法的努力方向,引起了较大的反响。

2010年推出的《上海市高中历史学科教学基本要求》汇集多方智慧,在课程目标的"过程与方法"部分,对之前的思考进行了统整与完善,提出了汲取、鉴别、整理和归纳历史信息,借助史料观察、思考和解决历史及其相关问题,观察和练习历史表达与交流三方面16条具体目标,表述追求严谨,内容力求规准。前两个方面在结构上更为清晰地指向史学思想方法的两大支柱"史料证据""视角视野",第三方面的"表达与交流"则涵盖了对两大支柱的综合应用。今天看来,"历史表达"部分实际上已经包含了对历史叙述价值意义的初步思考。

2011年,上海市教育委员会要求对2004年版《中学历史课程标准》进行全面修订,修订工作历时约三年,以史学思想方法为内核的"过程与方法"目标被修订得更为细致。正是在这次修订过程中,我们提出了初步运用唯物史观的立场、观点和方法,积极而谨慎地观察和思考历史问题是中学历史课程的核心能

① 於以传.中学历史课程"史学方法目标"初探[J].历史教学问题,2009(5):92-94.

力。它也可以称作释史求通,主要包括集证辨据和诠释评价两大部分。集证辨据指懂得简单的收集、辨别史料并汲取信息的过程,指向史料效度与信度,即史料在证史运用中的有效性与可靠性。用通俗的话来说,这类思想方法力求解决的是"凭什么说过往(历史)是这样而不是那样的? 有哪些史料(证据)可以支撑结论? 这些史料(证据)可信可靠吗?"等,它偏重事实的认定。诠释评价指学会基础的诠释、评价历史和自我反思的方法,指向历史认识的视野与视角,视野讲求宽广和综合,视角讲求独到和深邃。用通俗的话来说,这类思想方法力求解决的是"如果凭借现有的史料(证据)、基于一定的视角认为历史是这样的,那么为什么会这样? 这种'这样'产生的原因与条件是什么? 其结果对以后的历史发展进程又产生了什么样的作用及影响? 这种'这样'的性质是什么? 如何客观、准确地评价它?"等,它偏重事实成因、结果及作用、影响的解释和价值的判断。

尽管修订后的《中学历史课程标准》因多种原因未能正式出版,但"集证辨据"和"诠释评价"这两个词因精准、鲜明地指向史学思想方法中的"史料证据"和"视角视野"逐渐传播开来,慢慢取代了"我们如何知道(过往)"和"我们如何认识(历史)"这种大白话式的说法,成为上海市中学历史教育界普遍接受的史学思想方法两大支柱的正式学名。

基于这两个学名,上海对史学思想方法的具体内容进行了进一步的梳理与分解,分别界定了初、高中历史课程互为关联又循序渐进的思想方法目标。与发达国家或地区的中学历史课程标准相比,该目标的细致程度和可操作性亦不遑多让。

🔧💡 分解史学思想方法目标的主要目的和基本路径是什么?

空泛地说史学思想方法,就如同笼统地说历史思维一样,是没有意义的。同样地,空泛地说史学思想方法包括集证辨据和诠释评价,对中学历史教学实践而言也是不够的。如果史学思想方法不能转化为课程目标和教学目标,不能在日常的教学实践中从历史哲学的视角出发,基于历史的本体认识,提出中学历史教学中要彰显的集证辨据、诠释评价的具体内容和要求,那么这些讨论仍然是空洞的。

观念上的突破固然不易,但更难的是化理念为实践,也就是进一步分解史学思想方法目标,提炼出可供参考的分解模型,在实际的教学实践中灵活运用。

史学思想方法的目标化分解,原则上应遵循分类、分层和分配三个步骤。无论是集证辨据还是诠释评价,都能通过这三个步骤实现目标化分解。

目标的分类细化可避免对史学思想方法的泛泛而谈,是对集证辨据、诠释评价内涵与外延的进一步梳理,也是后续进行分层和分配的前提。分类的基本思路有两种:一是从学者关于史学思想方法的专著中遴选出符合中学历史教学实际的内容,并以目标化的方式进行表述;二是从近年来优秀的课堂教学案例或设计、权威的试卷试题中有意识地提取与史学思想方法相关的目标,然后对照学者专著中的表述,用较为严谨的结构和语言进行梳理、表达。我们倾向于采用第二种思路,因为它以实践为基础,即已经在操作层面上论证过了。当然,从总体上看,无论是哪种思路,分类的主要依据还是学理。

据此,我们对集证辨据和诠释评价的史学思想方法进行了基于学理的分类。集证辨据一般可以分为以下四类,并且每一类都可进一步细化,作出更下位的指引性说明。

1. 获取史料的途径

(1)懂得史料是史学的最基本依据;

(2)懂得文本、口述、实物等资料的检索和调查访问是获得史料的基本途径。

2. 判断史料的性质

(1)懂得区分原始资料与非原始资料、一手资料与转手资料、有意史料与无意史料,能汲取和整理其中的表面和深层信息;

(2)懂得因对象和问题不同,史料的有效性与可靠性会发生变化。

3. 史料证史的路径

(1)懂得包括文学艺术作品在内的不同类型史料的证史价值;

(2)能从时代风貌、作者观念、社会反响等路径汲取和整理其中的信息。

4. 史料的比对归纳

(1)通过归纳和比较,发现史实间重大或主要特征的异同点;

(2)知晓证据链对于认识历史的作用。

诠释评价一般可以分为以下六类,每一类也可作出更细致的说明。

1. 区分表述与评价

(1) 区分历史文本中史实的表述和有价值评判的解释；

(2) 知晓历史著作、教材是作者的认识；

(3) 知晓历史真相的揭示是不断清晰、深入的探究过程。

2. 评人的主要视角

(1) 能初步从社会、家庭、友人、经历、职业、思想、个性等视角，了解已学的历史人物；

(2) 能初步从具体处境、条件与行为以及社会作用等视角，简要评价已学的历史人物；

(3) 能综合上述视角，知晓和评价其他重要历史人物。

3. 评事的主要视角

(1) 能初步从经济状况、政治格局、文化传统、社会风俗、思想潮流或当时形势等视角，了解已学的历史事件；

(2) 能初步从主要当事人、直接有关者等视角，简要评价已学的历史事件；

(3) 能综合上述视角，知晓与简评其他重要历史事件。

4. 评文明成果视角

(1) 能初步从创新特征、主要贡献等方面了解已学的优秀文明成果；

(2) 能初步从基本特征、社会影响等方面简要评价已学的优秀文明成果；

(3) 能综合上述视角，知晓与简评其他重要的优秀文明成果。

5. 质疑他人的结论

(1) 能根据一定的史实、史料或视角，质疑有明显错误的历史叙述，简要说明理由；

(2) 能根据一定的史实、史料或视角，质疑有明显错误的历史解释，简要说明理由；

(3) 能根据一定的史实、史料或视角，质疑有明显错误的历史评价，简要说明理由。

6. 反思的基本路径

(1) 对比较浅显的既定问题或论题，从材料、视角、方法等角度提出大致的解决思路；

（2）对比较浅显的既定问题或论题,从问题分解、过程设计、成果表达等方面构建解决问题的大致实施路径;

（3）通过查证史料的有效性、可靠性,检验思维逻辑的合理性,反思自己认识与解决问题过程的正确和准确程度。①

分类只是史学思想方法分解的第一步。考虑到目标本身所蕴含的达成进阶要求及学情,分类后的目标还需要进一步分层,这样做既符合实事求是、循序渐进的原则,又使目标的落实具有一定的灵活性和梯度性。对于经过分类的集证辨据和诠释评价的史学思想方法,我们一般通过添加不同要求的行为动词来分层。但是,针对目标化分类的方法及结果,分层又可梳理出以下三条路径。

首先,目标经过二次分类,已初步具备分层特征的,基本上可以直接引用。例如,上述关于诠释评价中评人、评事、评文明成果的二次分类,最后一项关于"综合"的要求是相对于前两项而言的,第一项与第二项的表述不仅在视角上存在差异,在行为动词上也有不同要求,一个是"了解",一个是"简要评价",分层的意识可见一斑。在实践操作中,对于具备分层特征的这类目标,我们需要按照顺序逐步实施和达成。

其次,目标经过二次分类,分层特征尚不明显的,需要结合实际进一步分层。例如,上述关于集证辨据中证史路径的第一项,二次分类"懂得包括文学艺术作品在内的不同类型史料的证史价值",既隐含着进一步分类的持续性要求(如对于文献、实物、口传、文字、静态图像、口述音频、影像视频等不同类型史料的划分法),又揭示了以文学艺术作品为主要载体破解史料一般证史路径的要求。因此,无论是诗歌、戏曲、小说、歌曲、影视,还是漫画、油画、版画、连环画,乃至照片等,只要属于文学艺术作品,其证史路径的目标分层都可以分解为"知道文学艺术作品的史料价值,汲取和整理其直接的历史信息""汲取和整理文学艺术作品中象征性的历史信息""汲取和整理文学艺术作品中折射的个人与社会等深层信息""提炼文学艺术作品证史的一般路径,用以解释作品的历史内涵及意义"四个层级。当然,

---

① 於以传.中学历史学科核心素养的目标化分解刍议[J].基础教育课程,2020(2):45-55.上海对集证辨据和诠释评价的史学思想方法所作出的目标化分解,以2015年全面修订的《中学历史课程标注》(未出版)为标志,成果基本定型。之后,教育部先后发布《普通高中历史课程标准》和《义务教育历史课程标准》,上海在对核心素养进行目标化分解的过程中运用和发展了2015年文本的成果,这在本书后续的内容中可以看到。

教师可以根据实际情况对其进行调整和完善。鉴于学情和课程内容载体的差异，这种分层本质上无法像分类那样能够相对明确、细致地表达出来，其最终的确定和实施还需要广大教师基于史学思想方法的规范进行灵活处理。

最后，目标经过二次分类，套用史学思想方法"教师示范—学生模仿—学生迁移"的达成模式，可以分三阶段分层实施，这种模式的运用基本可视为常态。我们必须认识到，史学思想方法的培养离不开教师的示范。中学阶段，几乎所有的史学思想方法目标在最初实践时，都是由教师依托相关知识内容来展示认识路径、方法、过程及逻辑的。相对于教师的示范，学生处于接受的地位。接受是理解的前提，因而我们不能忽视接受的价值，更不能简单地否定它。我们应该关注教师的示范是否科学，是否符合学生的认知心理，是否有助于进一步激发学生的学史兴趣，以及是否凸显了史学思想方法在历史学习中的价值与地位。在教师示范并建立起史学思想方法模型后，学生便可进入模仿运用的阶段，也就是模仿教师运用史学思想方法的路径、方法、过程及逻辑，尝试集证、辨据、解释、评价，以解决相同情境乃至新情境下的历史问题。最终，学生能在教学活动中展现出对史学思想方法的迁移意识及能力，迁移的本质意义不仅在于历史材料、学习情境的差异，更在于能对以往习得的史学思想方法模型作出修正、发展和完善①。这一分层模型比较适合那些二次分类后表述相对清晰、操作路径相对明确的目标。

教学目标的达成必须依托一定的知识载体和实施条件。由学科能力、方法、情感、态度与价值观等共同构成的核心素养，其落实同样以知识载体和实施条件为基础。这种将学科核心素养进行目标化分类、分层，然后置于具体课程内容下寻求知识载体和实施条件的过程，被称为分配。

史学思想方法的目标化分配一般有两种方法。

第一种是根据课程内容，寻找相匹配的目标，也就是依据知识载体和实施条件，创设实施情境，确定可落实的目标。例如，高中必修课程《中外历史纲要（上）》第1课《中华文明的起源与早期国家》，课文第一子目的第一句话是"考古发现"，

① 关于史学思想方法的教师示范、学生模仿与迁移，可参见 2018 年人民教育出版社出版的《中学历史单元教学设计指南》第四章。

第二子目的第一句话是"古史相传"，第二子目的结尾段和第三子目中也多次出现"考古学证明""史书……记载""据载"等表述，可以据此进行文本解读与问题设计，传达不同类型史料所构成的证据链对于认识中华远古历史的价值与方法，通过从已分类、分层的目标中找到相关内容，并结合传说、文献、考古等具体的依托载体来确定本课史料实证的目标。又如《中外历史纲要（上）》第8课《三国至隋唐的文化》涉及唐诗的内容，可以借唐诗传达文学艺术作品的证史路径，甚而可以借助这种证史路径来认识唐代儒、佛、道"三教合归儒"，以及本课中提及的中外文化交流等史实。如此一来，唐诗不仅被赋予史料实证的价值，还兼具历史解释的功能。在相应的分类、分层目标中找到具体表述后，结合本课内容加以统整，便可相对细致地确定本课教学落实这两大核心素养的目标内容。

采用上述方法确定课时教学目标，其好处是便于就地取材，即看即定即用，缺点是缺乏整体感，容易造成目标设定的随意性和目标落实的不均衡性。因此，在分配目标时最好采用以下第二种方法。

第二种是以课程内容的单元（无论是教科书的自然单元还是重新规划的单元）为基本单位，依托单元内容进行整体分配。也就是说，可考虑将已分类、分层的史学思想方法目标，基于单元内容载体，每单元分配1—2条目标，全盘规划，确保所有的史学思想方法目标都能在相应的单元内容载体中得到落实。此外，由于每单元通常包含2—4课，分配后目标的达成在时间和数量上具有一定的灵活性。具体地说，就是只要确保这1—2条史学思想方法目标在最终达成时被列出（通过本单元的教学必须达成），何时开始、怎样具体化，以及实践的次数与方式，教师可以根据学生的实际情况来决定。

通过规定单元的史学思想方法目标，既可做到分配到位、全员覆盖，又能为基层教师在课时教学中具体制定、落实这些目标留出时间与空间，这有利于教师教学风格的创新与形成。因此，第二种方法的实施价值通常优于第一种。当然，第一种方法并非一无是处，它对于具体制定每课的史学思想方法目标也具有一定的参考价值。

当史学思想方法经过目标化分类、分层和分配，落实于单元、课时的教学目标中时，其表述应更明确，指向应更清晰，这样在日常的教学和评价环节，其操作性就更强，能在实践过程中散发其魅力，体现其实效。

Ⅲ 从观念到路径：教有中心与内容主旨

由历史思维到史学思想方法的过程，是在目标层面具化历史思维的内涵，进而借助目标的分解赋予史学思想方法以教学实践操作的价值与意义。目标的落实需要依托具体的内容，而教学时间是有限的。因此，如何在有限的教学时间里，通过内容的统整，确立有中心、有核心、有灵魂的内容主旨，从而传达史学思想方法目标的要义，逐步引导学生在学史活动中主动地模仿、迁移，这是打通目标与内容的重要路径。在这一过程中，我们可以清晰地看到，内容主旨的表达只要符合史学基本规范，就必然包含认识历史的观念、方法乃至路径，这无疑是对历史的本体认识及实践的进一步延伸与发展。

中学历史教学"一堂课一个中心"有何现实意义？

用教学艺术追求的境界衡量，上好一堂中学历史课与写好一篇文章有许多相似之处。先不说结构完整、线索清晰、过渡自然、首尾呼应之类的话，只说好文章要有中心、有重心、有核心、有灵魂，即便是散文，也强调"形散神聚"，所谓"神不散"的就是好的散文。好的中学历史课堂教学也应该如此。历史内容浩瀚如海，一节历史课涉及的人物、事件、现象往往不止一个，如想面面俱到、事无巨细地展开，那便成了凡人说书（真正的说书高手也能"有话则长，无话则短"），虽然不可谓不好，但教学时间有限，容不得如此。例如，三国故事少说上百，可初中历史教科书中的相关内容仅《三国鼎立》一课，必须在一堂课 40—45 分钟的时间内完成，若想仿照《三国演义》从"黄巾起义""董卓进京"说到"二士争功""三国归晋"，恐怕一堂课连官渡之战也说不到。当然，中学历史教学也不能像"碎史万段""信马由缰"那般随性，它需要在一堂课中围绕所述历史的时代特征，凝聚出一个核心观点（概念）。总之，学生最终学到的不是碎片化的历史知识，而是通过一系列知识内容的结构推导出的核心观点（概念）的逻辑。

确切地说，学生学到的应该是构成和穿透这个结构的思想方法，或者说是体会从历史知识到核心观点（概念）的结构逻辑所蕴含的史学思想方法目标的深层含义。进一步解释，我们要考虑历史的知识点为何要这样组织形成知识的线、面、体？这样的结构方式会得出什么样的观点结论？从这种结构方式中可以看出哪些史学思想方法在起作用？以《三国鼎立》这一课为例，为何教科书在前两个子目中只提到官渡与赤壁两场战役？官渡之战为曹操统一北方打下了基础，赤壁之战为三国鼎立局面的形成奠定了基础。那么，曹操统一北方前又是什么局面？无论是军阀割据还是州牧割据，从数十支力量的割据到本课最终所说三国鼎立局面的形成，反映了一种什么样的历史发展趋势？这种趋势与本课所属单元标题中的"政权分立"是什么关系？如何进一步思考单元标题中的"民族交融"所蕴含的意义？有了这些初步思考，便可进一步追问：《三国鼎立》这一课的教学重点只是定位在官渡和赤壁两场战役上吗？教科书为何要在本课末尾提到诸葛亮对西南地区的开发，以及孙吴开发江东、加强大陆与台湾的联系、发展海外贸易等内容？再深入一些思考，本课单元标题作"政权分立与民族交融"，"与"字强调关系，那么"政权分立"与"民族交融"之间又是什么关系？基于对这种关系的把握，《三国鼎立》这课教学的核心观点究竟应该是什么？梳理清楚上述这些内容之间的关系后，州牧割据、官渡之战、赤壁之战、三国建立、开发江东、经营南中等就不再是孤立的知识点，我们可以依据"政权分立与民族交融"的单元标题，确立透过表象看本质的史学思想方法对于认识本课核心观点的基本逻辑。

上面举的《三国鼎立》是个初中的例子，在高中必修课程《中外历史纲要》的教学中，这样的例子其实更多。《普通高中历史课程标准（2017 年版 2020 年修订）》中关于《中外历史纲要》的"教学提示"，有"通过对课程内容的整合""通过对重点内容、核心概念、关键问题的理解，带动对整个学习专题的探讨和认识""认识历史发展的总体趋势"等明确要求①，所谓"整合""核心概念""总体趋势"，其实都在强调"教有中心"。试想《中外历史纲要》中绝大多数课文篇幅为 7—8页 A4 纸，教师念一遍或许都不止 40 分钟，如何能在一堂课的时间里完成一课

---

① 中华人民共和国教育部.普通高中历史课程标准（2017 年版 2020 年修订）[M].北京:人民教育出版社,2020:17.

的教学？如果不树立"一堂课一个中心"的教学意识和准则，教师又怎能完成课程方案规定的教学任务？

其实，"一堂课一个中心"的说法最早是由上海市敬业中学包启昌老师在 20 世纪 80 年代提出的①。包老师后来进一步指出，"中心"可以定位在一堂课的核心历史概念。例如，《古代埃及》这一课的核心概念是"奴隶制"，即在整堂课的教学中，将金字塔、法老等历史知识内容聚焦于对奴隶制的认识，通过具体的史实帮助学生加深对这一历史概念的认识与理解。进入 21 世纪后，随着对历史思维能力与史学思想方法关系的研究不断深入，人们对"一堂课一个中心"中"中心"的认识也在不断拓展，逐渐将课程教学的内容与目标结合起来，融为一体，并逐渐认识到知识与能力的关系并非截然对立，一旦知识被结构化，狭义的知识与学科能力就成为一个硬币的两面。在史学不断进步与发展的今天，传授狭义的历史知识不再是教学的唯一追求，取而代之的是传授获取知识的史学思想方法，即强调获得历史结论的过程及其逻辑的意义。这种转变使历史认识的求通意识能在更宽广的视域中得到体现，从而使"一堂课一个中心"的观点更具现实意义。"一个中心"所倡导的对核心历史观点（概念）的认识过程及其逻辑的揭示，使之具有更长久、更强劲的生命力。

2007 年，上海市教育委员会教学研究室提出了"把握课程内容主旨"的改革方向，将中学历史课程及教学中的内容主旨定义为"通过单元或课的学习，学生获得的不仅能统摄、贯通该单元或课，而且能与其前后学习相通的核心观点"②，进一步明确了把握教学内容和目标需遵循的基本原则及方向。"内容主旨"中的"内容"在表面上指向课程教学中狭义的陈述性知识，"主旨"指向对狭义的陈述性知识进行结构化后凝聚出的核心观点。从"内容"到"主旨"揭示了从知识到认识的史学思想方法，可见内容主旨已包含史学思想方法目标和逻辑取向，这也使"内容"一词超越了表面上狭义的陈述性知识的意味，具有知识结构化的意义。换言之，"内容"所指向的知识也包含策略性知识。这个认识在一定程度

① 包启昌.在历史教学中对培养学生思维能力途径的探索[J].历史教学,1981(11):34-39.

② 聂幼犁、於以传.中学历史课堂教学育人价值的理解与评价——立意、目标、逻辑、方法和策略[J].历史教学,2011(13):10-13.本文在表述上有不失原意的改动。2007 年前后,聂幼犁先生提出"教学立意",李惠军先生倡导"教有灵魂",大家用词虽各有侧重,但本质上说的与"内容主旨"是一回事。此处"内容主旨"的定义与聂先生给"教学立意"下的定义几乎完全相同,也就清晰地表明了这一认识。

上回应了一个论题，即"彰显史学思想方法"与"把握课程内容主旨"这两大中学历史课改方向及内容之间的关系。

在实际操作中，把握课程内容主旨通常是通过解读教科书文本来实现的。文史哲的研究归根结底离不开文本解读，当然这里的"文本"具有更宽泛的意义。只要这种解读在逻辑上是自洽的，它就满足观点成立和被认可的基本条件，这也正是"一千个人眼中有一千个哈姆雷特"这一说法的来源。教材编撰是遵循课程标准对课程内容进行组织和解释的一种创造，统编教材的这种创造应当具有标准性和规范性，但这并不意味着教学仅仅是照本宣科。我们必须认识到，教学是遵循课程标准对课程内容的规定，解读并揭示教科书文本内涵和意图的另一种创造——如果不承认教学是一种创造，也就没必要讨论教学技术与教学艺术了。当然，中学历史教学的这种创造必须坚持正确的政治方向，符合史学最基本的规范，这应该是没有争议的。而所谓的基于教科书文本的解读，其关键在于穿透，或者说读破。中国人常说"读书破万卷"，这个"破"字在某种意义上指的就是穿透。穿透的意义在于把握教学的核心观点和核心概念，也就是内容主旨。那么，这种穿透，或者说这种通过解读教科书文本来把握单元和课的内容主旨的方法与路径，需要哪些前提条件呢？

穿透教科书文本以把握内容主旨的前提条件是什么？

我们应该认识到，越是内容丰富、视野开阔的教科书，越需要在教学中凝聚学习内容的核心观点。换言之，越是在教学内容上追求广度，就越需要通过内涵来进行整合，从而树立以观念统领知识、削枝强干的教学意识。同样，我们也应该看到，穿透教科书文本以把握单元和课的内容主旨并不是一件容易的事，不可能一教就会、即学即会，因为文本解读背后依托的是对史学的认识和教学的艺术，而这些能力的培养与掌握需要一个长期的过程。除此以外，要通过文本解读来把握课程内容主旨，还需要满足以下几个前提条件：

一是必须整体把握中学历史课程目标。目标决定课程内容与教学的方法、手段、模式、样态、策略等。要深刻认识与体会学科核心素养所承载的课程目标和可分解的教学目标，尤其是史学思想方法目标（一般指向核心素养中的关键能力)的具体要求,只有将这些要求与课程内容主旨的把握有机联系起来,才能充分挖掘历史认识的深度,提升思想的高度,为准确把握课程内容主旨奠定基础。这一点说的仍是史学思想方法和课程内容主旨的关系,只是更为强调史学思想方法目标对于把握课程内容主旨的意义。例如,如果我们对史学思想方法中"懂得文学艺术作品的证史价值"这条目标有较为敏感且深入的认识,尤其是意识到古代诗歌(主要是唐诗)是文学艺术作品的一种重要形式,那么我们就会关注到初中历史教科书中唐诗的运用。以往的历史教科书只在隋唐部分的学习时会使用唐诗,以进一步佐证唐的政治制度、经济状况、民族关系和对外关系,当然也包括这一时期文学艺术的成就。但当前的初中历史教材为何从叙述秦朝历史开始,就不断地在课文中引用唐诗?直至唐末的黄巢起义,前后引用了不下十首,这些诗歌的运用仅仅是为了点缀吗?还是通过叙述由秦至唐近千年的历史,有意识地传达诗歌不同的证史价值?有了这层领悟后,我们就会关注到这些唐诗在叙述不同历史时期内容时的不同作用:哪些扮演了直观再现(过往)的角色,哪些体现了艺术反映(历史)的魅力,哪些揭示了(作者的)历史认识,包括情感、态度与价值观,哪些暗含着(民众的)普遍心态,乃至社会思潮背后的时代特征。如此一来,我们在日常教学中,就可以以诗歌的证史价值为轴,逐步确定相应单元和课的内容主旨。这种思路又可举一反三,如果教科书在讲述不同历史时期内容时连续使用了邮票、油画、连环画等图像体裁,我们同样可以借助对图像证史的史学思想方法的认识,确定相应的课程内容主旨。

二是必须把握整个中学历史课程的核心观点。对《中外历史纲要》而言,就是"通过中外历史上重要的事件、人物和现象,展现人类社会从古至今、从分散到整体、从低级到高级的发展历程""进一步了解和认识人类历史演变的基本脉络,以及丰富多样的历史文化遗产"①。对《中外历史纲要(上)》而言,就是要"深化对中华民族多元一体发展趋势的认识,认同社会主义核心价值观和中华优秀传统文化"②。具体而言,中国古代史要紧紧抓住"统一""多民族"这两个核心概

---

① 中华人民共和国教育部.普通高中历史课程标准(2017 年版 2020 年修订)[M].北京:人民教育出版社,2020:9.
② 中华人民共和国教育部.普通高中历史课程标准(2017 年版 2020 年修订)[M].北京:人民教育出版社,2020:12-13.

念,中国近代史要把握"民族独立""人民解放"这两条基本线索(传统的"屈辱""探索""抗争"三条线索似仍可成立),中国现代史则可以着力凸显"站起来""富起来""强起来"的历史进程。

三是必须把握一般学生的认知水平和最近发展区。中学历史教学的主要对象是学生,由于学生群体认知水平的差异,从理论上来说,不同学校不同班级,即便教授相同的课文内容,对课程内容主旨的认识与把握都是有差异的。我们倡导基于一般学生的认识水平来确定内容主旨,倡导有机地处理"源"与"高"的关系。"源"指的是规范,一堂历史课不能因为求新、求变、求深而偏离规范,也就是课程标准的基本要求。能够针对学生的认知水平与学习能力,统整课程内容的"源",并在此基础上进行高屋建瓴、符合史学规范的把握,这就是"高"了。所谓"源"中有"高"、以"高"统"源",绝不是一味求高、求深,最好是让学生"跳一跳,够得着",即贴近学生的最近发展区。高中历史的选择性必修课程内容以专题史的面目呈现,但并非导向专题史的教学,这一点至关重要,如果处理不当,很有可能完全违背课程标准的要求。例如,选择性必修1《国家制度与社会治理》的"货币与税收"内容,在教学中不应被处理成专业的货币史和税收史,而应侧重货币、税收与国家制度、社会治理的关系。换言之,应该在国家制度、社会治理的框架内认识货币、税收的历史发展脉络及其定位。这在一定程度上解释了为何课程标准不把"货币与税收"置于选择性必修2《经济与社会生活》,毕竟货币与税收更接近经济史的范畴。如果认可这样的思路,我们就能明白《货币的使用与世界货币体系的形成》一课为何从货币的材质开始,然后讲述货币铸造,探讨形制背后的政治(文化)意味,再从发行延伸至货币体系,从而揭示这种体系建立与变化背后的时代特征和包含政治、经济等因素在内的社会发展趋势。货币的材质隐含着统治区域;货币的铸造及发行是政治权力的反映;货币的形制不仅指向权力的作用,也是对主流文化(包括政治文化)的宣导;至于货币体系形成、发展与政治的密切关系就更不用说了。同样,《中国赋税制度的演变》一课,也不是面面俱到地阐述从秦汉至近代的赋税制度及其细则,而是着力于赋税制度在各历史时期的发展特征,从时代变迁和政治体制的视角,基于《政治制度》(选择性必修1第一单元),从变与不变的视角探究这种发展的缘由。有教师可能会问:这些内容,尤其是货币的材质涉及经济,货币的形制

（哪怕是纸币上的图案）涉及文化，是否需要在教学中展开？我们认为，新授课不必展开，复习课可以展开，但无论如何都不要处理成专题史的教学。由此可见，在遵循课程标准的前提下，如果从把握一般学生的认知水平和最近发展区的角度去审视，同样的课程内容，新授课与复习课的课程内容主旨定位也是不一样的。

四是必须在日常阅读中养成良好的习惯。这里所说的习惯包括两方面：一是对文本保持敏感，即善于观察、琢磨文本表述中的遣词造句，善于咀嚼文本表达前后序列结构的特征，善于挖掘文本中隐藏的深层含义；二是要进行独立的思考，任何事物都要在脑子里过一过，不盲目接受，也不轻率怀疑，审慎把握作者看问题的视角和视野，仔细分析作者论述的逻辑（包括运用证据的能力）等。虽然要做到这两点并不容易，把它们列入前提条件甚至显得有些苛刻，但是作为文本解读的方向及能力，我们还是要提出这些要求。如果一时难以达到，可以在日后的学习过程中，包括把握课程内容主旨的过程中，逐步培养、形成这些习惯。

大体而言，具备了上述条件，尤其是通过培养良好的习惯，我们就可以借助教科书的文本解读来把握单元和课的内容主旨了。那么，穿透教科书文本以把握课程内容主旨的方法与路径又有哪些呢？

通过文本解读把握内容主旨的主要方法与路径有哪些？

应该说，把握课程内容主旨没有放之四海皆准的方法和路径。换言之，就事论事的示范其实只是一个例子，通常是基于一般中学生的认知水平与学习能力来设定的常规做法，如果不能据此触类旁通、举一反三，所谓的方法与路径就有可能变成教条。所以，方法与路径需要具体问题具体分析，它们是因时而变、因事而变的。只是相对而言，了解并熟悉通过文本解读来把握课程内容主旨的主要方法与路径，有助于在把握内容主旨的过程中找到思维的切入点，明确获取结论的基本思路与逻辑。

虽然方法与路径在严格意义上没有明确的区分，但我们还是尽力对它们分别作出说明。方法侧重提炼内容主旨的宏观指引，路径则侧重文本解读的操作程序,也就是说,路径可以看作是对方法的进一步细化。通过文本解读把握课程内容主旨主要有以下三种方法。

一是"单元—课文"整体架构法,就是根据课程标准对学习模块或专题(专题一般对应教科书中的单元,模块是比单元更大的单位)核心观点的表述,把模块或单元教学的整体要求分解到所属的每一单元或课文中,从而确定内容主旨。这是一种传统且常见的方法,一般在师范院校的教材教法专业课程中都会提到。备课时,教师首先需要对所备课文有一个整体定位,即梳理出课文标题与数个子目之间的关系,以及这篇课文与前后课文、所属单元、前后单元,乃至模块及整套教科书之间的基本关系,从而确定教学的目标、重点与难点。在运用这种方法时,关注课程标准中学习模块的综述及学业质量要求、专题(单元)的内容要求与教科书的单元导言至关重要。以《中外历史纲要(上)》第五单元《晚清时期的内忧外患与救亡图存》为例,教科书单元导言中的第二句话"中国历史进入饱经磨难的近代时期",意在点明中国近代史是一部屈辱史,从第四句话讲"太平天国"开始,连续提及"洋务新政""戊戌变法""义和团运动"等,意在点明中国近代史又是一部探索史和抗争史。再看这个单元下的三课《两次鸦片战争》《国家出路的探索与列强侵略的加剧》《挽救民族危亡的斗争》,从表面看似乎是按时序和人事叙述这段历史,实际上背后隐含着"屈辱""探索""抗争"三条线索,且每课的行文在这三条线索中各有侧重。因此,在设定该单元下三课课文的内容主旨时,我们必须进行充分的考量,以体现这种观念的相对侧重。例如,《两次鸦片战争》的内容主旨可表述为:囿于天朝上国观念,昧于世界发展大势,清廷在两次鸦片战争中败于"数千年未有之强敌";列强通过不平等条约割占中国领土、勒索战争赔款、攫取各项特权,中国被强行纳入资本主义世界体系,逐步成为半殖民地半封建社会。可以看到,这个内容主旨的设定侧重揭示"屈辱"这条线索。

二是破课文标题法,就是通过分析教科书课文标题的含义来把握内容主旨。同样以《中外历史纲要(上)》第2课《诸侯纷争与变法运动》为例,通过文本解读可知标题中的"争"与"变"是认识这一课内容主旨的两个核心词,即为何争、争什么、怎么争以及为何变、变什么、怎么变、变到哪里去(变的趋向是什么),标题中的"与"字又暗含着对两者关系认识的导向。再往下看本课四个子目的标题可发现,几乎每个标题都围绕这些问题展开:子目 1"列国纷争与华夏认同","纷争"对应"争","华夏认同"暗含着"变"的客观趋向;子目 2"经济发展与变法运动",前者是因"争"而"变",后者是由经济之"变"走向综合的法之"变";子目 3"孔子和老子",试图揭示社会之"变"下的思想之"变",而这种"变"的认识和趋向不尽相同,实际上也隐含着观念之"争";子目 4"百家争鸣",进一步聚焦、放大子目 3 的"变"与"争",指向社会巨变下人们观念之争的全貌及最终诉求,"变到哪里去"揭示了"思想变革是社会变革的先导,社会变革是对思想变革的实践与检验"的认识方法,符合唯物史观。因此,本课的内容主旨可表述为:东周衰微,诸侯纷争,遂有变法自强、"五霸""七雄"之大动荡,进一步推动了社会经济、文化的大变革和大发展,扩大了周边各族的华夏认同与融入;春秋时期,围绕立国治世最为系统的思想是以"仁"为核心、以"礼"为宗旨的儒家理论和以"道"为自然、以"易"为规律的道家学说;至战国出现了百家争鸣局面,其中法家集中央集权君主专制大成,并因商鞅变法而名扬天下、顺势而上。如此便大体勾勒出本课的内容主旨和教学脉络,为之后教学内容的聚焦和结构化作出了铺垫、指引。同样地,以文本解读的方式审视该册教科书第 3 课《秦统一多民族封建国家的建立》和第 4 课《西汉与东汉——统一多民族封建国家的巩固》,我们可以紧扣"建立"和"巩固"进行深入探讨,并对"统一""多民族""封建"三个概念的内涵及相互之间的关系作出破解,这样两课的内容主旨把握就有了基本方向。

三是寻不同表述法,就是通过比较不同版本教科书对同一历史事件、人物和现象的表述,找到统编历史教科书表述的新视角与新观点——实际上是史学界已达成共识的新研究成果,从而提炼出内容主旨。现行统编初中教科书《世界历史(上)》第六单元《资本主义制度的初步确立》,下设《君主立宪制的英国》《美国的独立》和《法国大革命和拿破仑帝国》三课。过去曾有教科书将这三课内容组成的单元命名为"英美法资产阶级革命"或"早期资产阶级革命",相应地,该单元下的三课标题分别为"英国资产阶级革命""美国独立战争"和"法国大革命"。比较两种不同的表述,我们不难发现,现行历史教科书的表述侧重制度的初步确立而非仅仅是革命,此处革命被视为制度初步确立过程中重要的推手。换句话说,我们在教学中并非不讲革命,而是要点出革命在制度初步确立过程中的作用及其结果。这就解释了该单元下三课标题较之过往的变化:英国这课的教学侧重革命带来的君主立宪制度的确立对英国未来历史发展进程的影响;美国这课的教学不仅关注独立战争的前因后果,还强调战争前后的制度变化和发展,从而进一步凸显"独立"的本意;法国这课的教学侧重大革命与拿破仑帝国的关系,从某种程度上来说要求凸显《人权宣言》和《拿破仑法典》如何将革命的成果,本质上就是革命以来的立法成果制度化地保存下来。同时,由于这一时期的制度只是初步确立,这自然会引发学生进一步思考:初步确立的制度必定有不完善之处,如何进一步调整、发展和完善这种制度,这个过程靠的又是什么? 这为之后的历史学习及历史认识埋下了伏笔。这种寻不同表述的方法对于把握单元和课的内容主旨具有重要意义。假设该单元标题仍是"资本主义制度的初步确立",将英国那课的标题改为"英国资产阶级革命",我们借助之前文本解读的基本思路,同样可以得出本课教学意在揭示革命与制度初步确立的关系这一结论,这一内容主旨的确立依然可以保证单元立意下本课教学逻辑的成立。再如《中外历史纲要(下)》第七单元《两次世界大战、十月革命与国际秩序的演变》,单元标题意在通过教学揭示战争、革命与国际秩序演变之间的关系。单元下设四课:第 1 课《第一次世界大战与战后国际秩序》,侧重战争与国际秩序;第 2 课《十月革命的胜利与苏联的社会主义建设》,相对侧重革命与国际秩序;第 3 课《亚非拉民族民主运动的高涨》,从战争与革命引出的民族民主运动入手,揭示其与国际秩序的关联;第 4 课《第二次世界大战与战后国际秩序的形成》,并不是简单地回到战争与国际秩序,而是要借助前三课学到的思想方法,综合地解释战争、革命,包括民族民主运动与国家秩序的关系。另外,单元标题中使用了"国际秩序"一词,课文中又使用了"国际格局""世界格局"等词。如何看待这些概念,尤其是秩序与格局之间的异同,也是把握本单元及课文内容主旨的关键所在。

　　在运用上述三种方法把握课程内容主旨时,我们往往会发现,针对同一单元或课的内容主旨,可以采用多种不同的路径。在这种情况下,我们必须对这些方法作出取舍,或进行有机整合。注意,此处的"有机"是说方法之间必须是自然融合的关系,强行搞"两张皮""三张皮"只会沦为多中心,而多中心往往意味着无中心。所以,比较、权衡、提炼、整合是极其重要的。

在宏观把握内容主旨方法的基础上,我们再来说说通过文本解读把握内容主旨的主要路径。一般而言,主要有以下三条路径。

一是揭破遣词造句的内涵深意。《中外历史纲要(上)》第八单元《中华民族的抗日战争和人民解放战争》,其内容主旨当紧扣"中华民族"和"人民"两个核心概念,明确为何称抗日战争为"中华民族"的,称解放战争为"人民"的,尤其是前者。在厘清这两个概念之间的关系并确立本单元的内容主旨后,我们应进一步引导学生认识:本单元第24课《全民族浴血奋战与抗日战争的胜利》中,教科书为何要在正面战场、敌后战场的抗战之外,花费不少笔墨叙述东南沿海工业大规模的内迁、华北华东各著名高校的内迁? 为何要叙述沦陷区工人的罢工? 为何要叙述海外华侨的捐款捐物,乃至"数万华侨青年回国参战"? 为何要强调中国各民族、各政党、各政治派别的求同存异、共同抗敌? 为何要凸显毛泽东在武汉会战前发表《论持久战》的演讲? 只有对这些内容和问题进行深入思考与剖析,学生才能理解"中华民族(的抗日战争)"乃至"全民族"之"全"的内涵,才能领会中华民族浴血奋战与抗战胜利之间的关系,才能对"中国共产党是全民族团结抗战的中流砥柱"这一观点有更深切的感悟。

二是把握文本内在的结构特征。文本表述的前后次序结构是有意义的。《中外历史纲要(上)》第9课《两宋的政治和军事》,这课的起始部分是唐朝中期至五代十国的军事,两宋的政治原本为解决该军事而来,谁想又带来了新的经济与军事问题,虽历经多次改革,终究无法解决,由偏安而亡国,最终仍回到军事。值得注意的是,一前一后的"军事"并非同一个问题,这恰好凸显了宋代政治创新(文官体制)的历史价值。基于这样的分析,本课的内容主旨不难把握。此外,本课正文中的三句话尤为值得关注:"北宋每年送给辽一笔钱物,称为'岁币'""西夏向北宋称臣,但实际上保持帝号;北宋每年送给西夏钱物,称为'岁赐'""南宋对金称臣,每年向金朝缴纳一笔财物,称为'岁贡'"。由"岁币"到"岁赐"再到"岁贡",这样的结构性表达,在一定程度上折射出两宋政治和军事的关系,与本课内容主旨的认识和理解基本一致。

三是挖掘文本深藏的弦外之音。以《中外历史纲要(下)》第16课《亚非拉民族民主运动的高涨》为例,本课的内容主旨重在理解"民族民主"的概念与"高涨"的含义。有意思的是,除了引言部分提及阿富汗外,课文正文共提及了16

个国家,其中重点展开叙述的有 8 个国家。仔细分析教科书对这 8 个国家民族
民主运动的叙述,尤其是指向运动结果(不含评价性语言)的最后一句话,我们
能很好地体会到文本的弦外之音。这 8 个国家民族民主运动叙述的最后一句
话分别是:

(1) 中国:蒋介石背叛革命后,中国共产党继续领导中国人民进行反帝反
封建斗争。

(2) 印尼:原来受印尼共产党影响的大批群众转向民族主义政党,民族资
产阶级开始掌握独立运动的领导权。

(3) 印度:非暴力不合作运动陷入低谷。

(4) 埃及:但未获完全成功。

(5) 摩洛哥:共和国被西、法殖民军扼杀。

(6) 埃塞俄比亚:恢复了国家独立。

(7) 尼加拉瓜:(领导人)桑地诺遭当局刺杀。

(8) 墨西哥:引领墨西哥走上了现代化之路。

不难看出,除了埃塞俄比亚、墨西哥两国因实现"国家独立"或"走上了现代
化之路",尚可称得上运动高涨外,其余 6 国的运动均算不上成功。中国在同一时期
属于民族民主运动范畴的国民革命其实是失败的,教科书以"中国共产党继续领
导中国人民进行反帝反封建斗争"收尾,但并不展开,最终的落脚点还是"蒋介石
背叛革命",即指向国共合作的国民革命的结局。另外 5 个国家的情况类似,不是
领导权易手导致革命性质变化,就是领导人遇害,或是"共和国被……扼杀",最好
的情况也是"陷入低谷""未获完全成功"。这样的表述让我们如何解释课题中"高
涨"一词所要表达的内涵呢? 核心问题是:基于唯物史观,我们对历史上个人、事
件或运动成败得失的认识,是仅仅看结果吗? 当然不是! 换言之,衡量亚非拉民
族民主运动高涨的重要标志不仅仅是看其结果,更应关注其过程和影响。是亚非
拉民族民主运动风起云涌、此起彼伏这种客观上的遥相呼应显示出了高涨,是亚
非拉民族民主运动"沉重打击了帝国主义和殖民主义,动摇了世界殖民体系,成为
影响国际秩序的重要因素"这样的影响力铸就了高涨。如果具备了这样的认识,
本课的内容主旨也就呼之欲出了。当然,要想借助对亚非拉民族民主运动过程与
影响认识的指引,还需要破解"民族民主运动"这一概念的内涵。回顾之前提及亚

非拉历史的第 13 课《亚非拉民族独立运动》,从"民族独立"到"民族民主",注意标题中的这两个概念,运动的性质发生了怎样的变化? 为何会有这样的变化? 如何看待这种变化? 这些都是值得我们深思的问题,也是把握内容主旨时必须深入理解的内容。

在通过文本解读把握课程内容主旨的过程中,教师的主体地位是显而易见的。然而,在实际教学中,内容主旨并不总是由教师直接告诉学生,理想状态是教师精心设计并运用教学方法、手段和策略,借助史料和问题这两个中学历史教学基本元素,通过对史料的分析、综合、比较、归纳等,以及对问题的发现、探索、解决等,让学生自然地产生联想和感悟。从这个意义上说,教师是课程内容主旨的设计主体,学生是课程内容主旨的表达主体,这才是把握、传达和彰显课程内容主旨的最佳方式。

同样,我们必须再次强调,对课程内容认识理解不同,学校类型不同,学生能力不同,对课程内容主旨的认识一定也有所不同。由此可见,课程内容主旨没有绝对的标准答案——最多只能保证与基于历史课程标准的"源"保持一致。就史学的发展和进步而言,内容主旨完全有可能随着新材料和新视角的出现而改变;就教学而言,也完全有可能因学生兴趣视野的变化和思维品质的高低而变迁,这是很自然的事。但无论何时,教学有中心、史学有神韵、观念有灵魂,都会是中学历史教学教育工作者的共识,并在相当长一段时间内指导我们的教学实践。

Ⅳ 从原则到操作:结构序列与情境过程

目标决定内容,目标与内容也决定教学的方式方法。运用方式方法的基本原则,是对贯彻目标与落实内容的方向把握、行为规范和路径指引的一种高度概括,也是确保方式方法有效实施的关键。在以课程内容主旨彰显史学思想方法的基本立意与导向下,坚持课改方向,遵循课改理念,传承课改经验,并确定行之有效的实践原则,是理念平稳落地、操作富有实效的重要保障。

结构化、序列化的对象分别是什么?

常有教师说:"在中学历史课程教学中,以目标分解的方式彰显集证辨据、诠释评价的史学思想方法,我知道;通过解读教科书文本,把握单元和课的内容主旨,使教学有中心、有重点、有核心,我也清楚;挖掘内容主旨中蕴含的史学思想方法,打通内容主旨与史学思想方法的内在联系,将目标与内容有机地融为一体,我也明白。但我觉得自己还是不太会教,或者说教不好。"这个问题可能相当普遍。尽管不太会教或教不好的原因多种多样,有时也与教师个体和学生群体的差异有关,不能一概而论,但从某种意义上来说,知道、清楚、明白不一定能有效地转化为教学实践,有时我们可能只是知其然而不知其所以然,或者缺少系统梳理,容易顾此失彼,对教学实施的操作路径缺乏明确方向,也缺少策略性的思考,导致实践难以取得预期效果,自身无法积累足够的经验。归根结底,我们缺乏化史学为教学(指将名家或自身的史学认识通过教学转化为学生的认识)的能力。

因此,在明确了主旨和目标后,有必要从实践层面综合讨论完善历史学习方式的几个主要原则。在这里,我们之所以说历史学习方式而非教学方式,目的是表明主旨和目标的认识与实践最终需要借助教师的教走向学生的学,即从教师的示范走向学生的模仿与迁移;同样,这里之所以说历史学习方式的完善而非转变,是因为我们在一定程度上认可包括讲授法在内的传统学史方式在中学历史教学中的价值,尤其是示范的价值——讲授获取历史认识的方法与讲述单一的史实毕竟不是一回事。我们并不是要彻底抛弃传统学史方式,从头开始,简单地认为某种教学方式可以"放之四海而皆准""无往而不胜",这本身就违背了因材施教的基本原则。换言之,我们应该立足继承与发展,拓展学生的学史体验,丰富学生的学史经历,追求对学史方式的进一步完善。

2013年,上海市教育委员会教学研究室提出了"完善历史学习方式"的课改方向,并进一步提出了结构化、序列化、情境化和过程化这四项原则,要求在把握课程内容主旨、彰显史学思想方法的日常教学过程中,从这四项原则出发,统筹教学规划,优化教学设计,规范教学行为,提升教学品质。这四项原则本质上是围绕教学这一主体,从四个方面提出完善的准则与要求,彼此之间也是相互联系的,在某种程度上构成了一个整体,只是在课程教学的不同要素、不同方面各有侧重。

结构化原则应着力体现在以下四个方面。

一是历史知识内容的结构化。知识点是知识结构的基础,是能力、方法、情感、态度、价值观等素养培养的载体,其重要性不言而喻。但是,与历史知识的点相比,历史知识的线、面、体结构意义更大。一方面,历史结构有助于我们更清晰地认识历史的时代特征和发展趋势,从而能够整体地把握历史进程;另一方面,历史结构本身就包含了认识历史的思想方法,是将知识与能力合二为一的桥梁。因此,教师在日常教学中要采用讲授与演示相结合的方式,通过绘制纲要图表式板书来展现课和单元的知识结构,提炼与强化获得这一结构的具体视角、视野或概念范畴等,凸显历史归纳、综合、比较能力的培养。

二是史学思想方法目标的结构化。对集证辨据、诠释评价史学思想方法目标进行分解,有助于化繁为简,通过单元和课的教学,或强化或渐进或综合地培养。在这一过程中,对目标的结构化处理意义非凡。同时,我们应当高度重视的是,目标分解不是最终目的。一方面,是为了能够在相对复杂的环境中清晰地整合运用;另一方面,是为了能够举一反三地对分解的目标进行迁移,这种迁移往往已包含了整合多个分解目标的意图,尤其是在历史复习课上。所以,史学思想方法目标的结构化,既要考虑在新授课上对结构的分解,又要考虑在复习课上对目标的综合运用,后者的探索需要更具前瞻性的预见、思考与规划。

三是教学方法手段、模式样态的结构化。教学在某种意义上是针对学情、基于目标和内容展开的具体过程。由于学情在不断变化,教师需要预设或即时采取多种教学方法、手段、模式、样态,因此教学本身也可视为多种方法、手段、模式、样态的结构化。在中学历史的日常教学中,史料的运用、问题的设计、点拨的技巧、导入的手法、首尾的呼应、各环节的衔接等,都是结构化的具体表现。进一步说,教学策略、教学评价等也应该呈现出相应的结构化脉络。

四是教学设计栏目及文本的结构化。备课是对教学的一种预设,但借助教学策略的充分估计,我们可以丰富教学的预判,为教学机智的积累和提升奠定基础。教学设计是备课成果的体现,借助教学设计栏目及文本的结构化推进,我们可以梳理教学的内在逻辑,全面展现思维的发展和完善过程。中学历史教学设计文本建议按以下8个基本栏目依次撰写。

(1)内容主旨:用一句话或一段话(一般不超过四个分句)概括单元/课教学的中心,即预设学生通过本单元/课的学习能够获得的核心观点,这些观点不仅能统摄、贯通该课,还能与之前和以后的学习相联系,体现了"教(学)有中心"的理念。

(2)教学目标:根据核心素养的五个方面整合表述,尤其要彰显以史学思想方法为核心的关键能力目标的意义及操作性。

(3)重点难点:重点应紧扣内容主旨和史学思想方法,通常重点只有一个;难点多从学生认知水平出发,通常指学生学习过程中可能遇到的难点。

(4)教学过程:采用"环节＋设计意图"的写法,按教学流程(环节)划分过程,每一环节重在交代教师"讲""问""演示"等示范或指导的具体行为,以及学生的学习方式;必须清晰、自然地交代各环节之间的过渡方式,比如用哪句话、设计什么问题、演示何种资源等;每一环节应附上设计意图,以明确环节设计与内容主旨、教学目标之间的关系。

(5)教学策略:针对教学过程中的重要环节,预估学生可能出现的情况,并提出相应的教学变式。

(6)结构板书:使用结构式(纲要图表式)板书,梳理本单元/课的基础知识及其逻辑结构,凸显史学思想方法的认知、模仿和迁移。

(7)作业设计:指课后作业,可置于"教学过程"的最后一个环节(或在中间环节布置,课后完成),如篇幅较长则单独列出;单元/课的作业设计必须紧扣相应的内容主旨,体现史学思想方法。

(8)资料附录:对应"教学过程"中的各环节,按序号排列教学中使用的各类资料,并注明出处,一般不建议完全引自网络。[①]

结构化原则在中学历史常态教学中的运用实际上还有一层深层含义,即最

———————————

① 於以传.规范教学设计文本结构,凸显历史课程改革理念[J].历史教学,2015(17):22-29.

终要让学生在面对新情境时,能够灵活调用所学的历史知识、能力和方法,有效构建基于这三者的新的认识结构和表达结构,从而有针对性地解决新情境下的历史问题。这一点关系到教、学、评的一致性。换言之,教、学、评这三个环节所涉及的目标、内容、方法、情境等,也都具有结构性的特点。

在完善学史方式的过程中,除了关注结构,我们还应关注序列。从严格意义上来说,序列本身也是一种结构,或者说是结构的一种特殊形式,它更强调先后之间的有机联系。序列化原则应着力体现在以下三个方面。

一是制定教学目标的循序渐进。从核心素养的视角撰写教学目标,尤其是将分解的史学思想方法目标作为单元/课的目标时,我们要遵循由少到多、由浅入深、由易至难的循序渐进原则。教师的示范也不是一蹴而就的,学生可能要经过多次模仿才能实现迁移。在此之前需要做大量的准备工作,包括训练,毕竟史学思想方法最终不是由教师单方面教授,而是由学生通过实践习得的。教学目标设定的序列排布应基于学情,展现教师的经验与智慧。预设与应变是最常见的两种操作方式。从常理来说,再怎样也不能在初中历史的系统教学刚开始三周,就要求学生"客观、全面地评价秦始皇",这样的目标无疑是荒谬的——这也在某种程度上说明了史学与教学的不同。如果教师要把每个历史人物、事件、现象都按史学的标准阐述清楚,除了灌输别无他法,而这种教学方式的效果通常是短暂且无意义的。能大致了解(有代表性的)前人或古人是从哪些角度评价秦始皇的,以及他们是基于哪些证据得出结论的,在关于秦的统一的新授课上学生能达成这个目标已经很不容易了。

二是选材设问的逻辑序列。在中学历史的日常教学中,史料和问题构成了历史认识的基本要素,史料选择(简称"选材")和问题设计(简称"设问")则构成了教学的基本结构。在有限的教学时间内,所选择的材料和设计的问题都是有其内在逻辑序列的,这种逻辑序列不仅指材料与问题之间的关系,更指向材料、问题与内容主旨和教学目标之间的关系,内容主旨和教学目标决定了材料与问题的内容选择、多少、深度、难度等属性。我们需要在教学各环节对选材与设问进行统整规划,考虑清楚选什么、怎么选、先选什么后选什么、问什么、怎么问、先问什么后问什么、如何由材料发现或提出问题、如何运用材料解决问题、解决什么问题、能否由此再引出新问题等,并不断追问这种材和问与主旨呈现和目标达成之间的紧密程度。我们还要预估学生对这种材和问可能有什么反应，并考虑如何调整策略，比如破解关键表述，在大小、分总、难易之间改变问法等，这样才有可能确保教学的有效性。

三是初、高中教学内容的衔接与贯通。初中历史教学内容整体上呈现出通史的特征；高中必修课程《中外历史纲要》重在揭示大时段的时代特征与历史发展趋势；高中选必课程表面上看是专题史，但 18 个专题都围绕相应的模块标题展开，确切地说是模块专题史，而非单元专题史。这三者之间存在着紧密的联系：初中相对而言呈现的是历史内容的面，铺陈开去可作为基础；高中必修相对注重的是历史内容的线，建立在初中通史的学习内容上，由面凝聚成线，删繁就简，倡导宏观把握、微观为据，已有初步的历史认识（相当于体）的考量；高中选必内容横切一刀，模块专题内容中蕴含时间的纵向与中外的横向两个维度，将通史、《纲要》为己所用，基本上属于体的表征，要求学生（再）换一种视角看历史。如此一来，初、高中教学内容就得到了衔接与贯通，尤其在叙述同一或类似内容时，这种联系尤为明显。以第一次世界大战为例：初中侧重过程，呈现的是战争的惨烈、不义；高中《纲要》强调战争与国际秩序演变的关系；高中选必则探讨战争与文化交锋，在"文化交流与传播"的模块下讲战争，说是交锋，其实凸显的是文化的重构。又如隋唐盛世的制度化建设、全球航路开辟、工业革命等，在初、高中的课程内容和教科书中均有涉及，但三个时段的定位并不完全相同，因此探讨其衔接与贯通是非常有意义的。需要注意的是，这里讨论的教学内容不是狭义的，考虑到从不同视角看待同一（或类似）历史现象，其中已包含思想方法的因素，因此所谓的内容衔接与贯通实际上包含了观念、能力、方法等素养培养的广义内容，内容的序列化原则也应从这样的定位出发进行审视。

目标和内容的结构序列如何搭建？

严格来说，结构化与序列化既有指向上的区别，也有实际操作上的结合。在针对整个课程内容搭建目标与内容的双向结构序列时，这种原则之间的融通关系尤为明显。这一点在单元教学设计中表现得最为突出。

单元教学设计中的一个重要环节是对史学思想方法目标进行分配。我们可将课程内容的单元(无论是教材的自然单元还是教师自行规划的单元)作为基本单位,基于单元内容载体,对已经分类、分层的史学思想方法目标进行整体分配,每单元分配1—2条目标,全盘规划,确保所有的史学思想方法目标都能在具体的单元内容中得到落实。但具体应该如何操作实施呢?

首先,目标的分配建立在分类、分层的基础上,因此我们假设通过分类和初步的分层,已形成了以下目标①:

1. 时空观念

1-1 理解时空表达方式

*1-1-1 理解时间轴、年表、地图等是史学常用的时间、空间表达方式

*1-1-2 理解短时段、中时段、长时段和全球、地域、国别等不同时空维度

1-2 特定时空认识史事

*1-2-1 能运用时间和空间观念表达历史信息和看法

1-2-2 能将史事置于特定时间和空间框架下认识

1-3 基于时空解释史事

*1-3-1 把握人类文明从隔绝、联系到全球化的演进脉络

1-3-2 懂得自然环境和人类发展的关系因时代而不同

1-3-3 懂得立足不同时空,对史事的解释会发生变化

2. 史料实证

2-1 史料获取途径

*2-1-1 懂得文献检索和调查访问是获得史料的基本途径

2-1-2 懂得用科技手段获得的考古信息,其有效性与可靠性取决于这些科技手段的先进性和正确运用

---

① 上海市教育委员会教学研究室.上海市高中历史学科教学基本要求(试验本)[M].上海:华东师范大学出版社,2021:ⅲ—ⅴ.该文本名为"中学历史核心素养之关键能力目标结构",是上海依据《普通高中历史课程标准(2017年版2020年修订)》中关于学科核心素养的要求,从目标化分解的角度,对核心素养中的时空观念、史料实证和历史解释作出的进一步诠释。原文开头有两点说明:(1)下列打"*"的内容表示通过初中阶段历史学习已达成的目标,在高中阶段不再专门培养,但这并不意味在高中阶段的教学、作业及评价环节这些目标不会涉及;(2)下述第三层级的目标(标引为"×-×-×"),须根据落实的内容载体,分配至高中课程内容的相应专题(教科书称为"单元"),即每一专题(单元)的教学,集中落实1项第三层级的目标。上述说明的第(2)条,当特指新授课而言。

2-1-3 能围绕一定的研究主题,进行资料检索和调查访问

2-2 史料性质辨别

*2-2-1 能区分历史文本中史实的表述和有价值评判的解释

*2-2-2 能区分"原始史料"与"非原始史料"、"直接证据"与"间接证据"、"有意史料"与"无意史料"

2-2-3 懂得因对象和问题不同,历史材料的有效性与可靠性会发生变化

2-3 区分史料价值

*2-3-1 能区分实物、文本、口传等不同类型史料的证据价值

*2-3-2 懂得文学艺术作品的证史价值

2-4 史料证史路径

*2-4-1 懂得史料是复原历史真相、揭示时代特征、折射社会风貌的证据

2-4-2 能透过对史实的表述、评述,知晓作者的情感、态度与价值取向

2-5 史料综合运用

2-5-1 通过归纳和比较,发现史实间重大或主要特征的异同点

*2-5-2 懂得史料互证对于形成历史认识的作用

2-5-3 能够利用多重史料探究和认识具体历史问题

3. 历史解释

3-1 运用概念和范畴

*3-1-1 运用相同与不同的概念和范畴,分析、综合基本史实

*3-1-2 运用背景与条件的概念和范畴,分析、综合基本史实

*3-1-3 运用原因与结果的概念和范畴,分析、综合基本史实

*3-1-4 运用动机与后果的概念和范畴,分析、综合基本史实

3-1-5 运用联系与区别的概念和范畴,分析、综合基本史实

3-1-6 运用主观与客观的概念和范畴,分析、综合基本史实

3-1-7 运用量变与质变的概念和范畴,分析、综合基本史实

3-2 评人物主要视角

*3-2-1 从政治、经济、文化、时代背景的视角理解、解释和评价历史人物

*3-2-2 从人与人、人与历史事件、人与历史现象的关系中理解、解释和评价历史人物

3-2-3 从社会地位、阶级立场和思想认识等视角理解、解释和评价历史人物

3-3 评事件主要视角

*3-3-1 从经济状况、政治格局、文化传统的视角理解、解释和评价历史事件

3-3-2 从社会风俗、思想潮流或当时形势的视角理解、解释和评价历史事件

*3-3-3 从多个历史事件之间因果关系的视角理解、解释和评价历史事件

3-3-4 从主要当事人、直接有关者等较为具体的视角理解、解释和评价历史事件

3-4 评成果主要视角

*3-4-1 从基本特征的视角理解优秀文明成果

*3-4-2 从主要贡献的视角解释优秀文明成果

*3-4-3 从创新和影响的视角评价优秀文明成果

3-4-4 从历史源流的视角解释与评价优秀文明成果

3-5 质疑他人的结论

*3-5-1 根据一定的史实、史料或视角,质疑有明显缺陷的历史叙述、解释或评价

3-5-2 根据一定的史实、史料或视角,反驳有明显缺陷的历史叙述、解释或评价

3-6 反思自身的认识

*3-6-1 从史料的有效性、可靠性角度进行反思

3-6-2 从思维逻辑的合理性角度进行反思

3-6-3 从历史认识的发展角度进行反思

接下来需要计算一下教科书中的单元总量,如果第三层级目标总数超过单元总量,可考虑在某些单元(一般是教科书中较靠后的单元)重点培养2个甚至2个以上的第三层级目标——尽管这种情况出现的概率并不高。如果单元总量超过第三层级目标总数,则可考虑对第三层级目标再进行细化,常见的方法有拆数和分层两种。所谓拆数,就是当第三层级目标出现多个视角时,诸如"从社

会风俗、思想潮流或当时形势的视角理解、解释和评价历史事件（3-3-2）"，可根据视角拆分成1—4个，即这个单元侧重社会风俗，下个单元侧重思想潮流，再往下侧重当时形势，甚至最后还可以进行综合。所谓分层，就是当第三层级目标本身包含不同层次时，诸如"根据一定的史实、史料或视角，反驳有明显缺陷的历史叙述、解释或评价（3-5-2）"，可按照层次进行划分，即这个单元根据史实，下个单元根据史料，再往下根据视角；或者根据实际需要考虑采用"先分后总"的分层方法，最后进行综合，这也是一个可取的思路。

确保单元总量与第三层级目标总数对应后就可以开始具体排布每个单元的目标了。教师要认真阅读教科书，思考这一单元的教学中最适合运用上述哪一个第三层级的目标，并尝试列出一张表格。例如，《中外历史纲要（上）》第一单元《从中华文明起源到秦汉统一多民族封建国家的建立与巩固》第1课每个子目的第一句或第一段中通常有"考古发现""古史相传""（文献）记载"之类的表述，第2课至第4课也不断涉及传世经典的记载和考古发掘的内容。基于学生在初中阶段已经习得的"懂得文献检索和调查访问是获得史料的基本途径（2-1-1）"，高中这一单元可重点培养"懂得用科技手段获得的考古信息，其有效性与可靠性取决于这些科技手段的先进性和正确运用（2-1-2）"。再如《中外历史纲要（下）》第四单元《资本主义制度的确立》，第8课重在揭示思想变革是社会变革的先导，内容涉及文艺复兴、宗教改革、近代科学的兴起和启蒙运动，这些事件看似不同，其实都指向同一主旨，并且蕴含着层层推进的逻辑。第9课则要求学生综合审视英、美、法、俄、意、德、日等多国资产阶级革命及资本主义制度确立与扩展的关系，在这种情况下，比较、联系、分析、归纳是不可或缺的。因此，可在初中阶段习得的"懂得史料互证对于形成历史认识的作用（2-5-2）"的基础上，重点落实"通过归纳和比较，发现史实间重大或主要特征的异同点（2-5-1）"。在排布的过程中，如果发现一个单元有几个目标"撞车"，教师一定要仔细斟酌，考虑最佳的选择。

最终，我们应当能形成《中外历史纲要》单元关键能力目标细化一览表（见下表）①。

---

① 这里提供的表格只是一个示例。由于校情、学情不同，教师的教学风格及对历史的认识理解不同，因此每个单元侧重培养的关键能力也有所不同。

表 1-1 《中外历史纲要》单元关键能力目标细化一览表

单元	目标内容	
	依托初中或之前已习得的目标	本单元侧重培养的目标
上册1 从中华文明起源到秦汉统一多民族封建国家的建立与巩固	懂得文献检索和调查访问是获得史料的基本途径(2-1-1)	懂得用科技手段获得的考古信息,其有效性与可靠性取决于这些科技手段的先进性和正确运用(2-1-2)
上册2 三国两晋南北朝的民族交融与隋唐统一多民族封建国家的发展	从政治、经济、文化、时代背景的视角理解、解释和评价历史人物(3-2-1) 从人与人、人与历史事件、人与历史现象的关系中理解、解释和评价历史人物(3-2-2)	从社会地位、阶级立场和思想认识等视角理解、解释和评价历史人物(3-2-3)
上册3 辽宋夏金多民族政权的并立与元朝的统一	能运用时间和空间观念表达历史信息和看法(1-2-1)	能将史事置于特定时间和空间框架下认识(1-2-2)
上册4 明清中国版图的奠定与面临的挑战	从经济状况、政治格局、文化传统的视角理解、解释和评价历史事件(3-3-1)	从社会风俗、思想潮流或当时形势的视角理解、解释和评价历史事件(3-3-2)
上册5 晚清时期的内忧外患与救亡图存	把握人类文明从隔绝、联系到全球化的演进脉络(1-3-1)	懂得立足不同时空,对史事的解释会发生变化(1-3-3)
上册6 辛亥革命与中华民国的建立	懂得史料是复原历史真相、揭示时代特征、折射社会风貌的证据(2-4-1)	能透过对史实的表述、评述,知晓作者的情感、态度与价值取向(2-4-2)
上册7 中国共产党成立与新民主主义革命兴起	懂得史料互证对于形成历史认识的作用(2-5-2)	能够利用多重史料探究和认识具体历史问题(2-5-3)
上册8 中华民族的抗日战争和人民解放战争	从经济状况、政治格局、文化传统的视角理解、解释和评价历史事件(3-3-1) 从社会风俗、思想潮流或当时形势的视角理解、解释和评价历史事件(3-3-2) 从多个历史事件之间因果关系的视角理解、解释和评价历史事件(3-3-3)	从主要当事人、直接有关者等较为具体的视角理解、解释和评价历史事件(3-3-4)

（续表）

单元	目标内容	
	依托初中或之前已习得的目标	本单元侧重培养的目标
上册9 中华人民共和国成立和社会主义革命与建设	运用相同与不同、背景与条件、原因与结果、动机与后果等概念和范畴,分析、综合基本史实(3-1-1、3-1-2、3-1-3、3-1-4)	运用联系与区别的概念和范畴,分析、综合基本史实(3-1-5)
上册10 改革开放与社会主义现代化建设新时期	懂得文献检索和调查访问是获得史料的基本途径(2-1-1)懂得用科技手段获得的考古信息,其有效性与可靠性取决于这些科技手段的先进性和正确运用(2-1-2)	能围绕一定的研究主题,进行资料检索和调查访问(2-1-3)
下册1 古代文明的产生与发展	能区分历史文本中史实的表述和有价值评判的解释(2-2-1)能区分"原始史料"与"非原始史料"、"直接证据"与"间接证据"、"有意史料"与"无意史料"(2-2-2)	懂得因对象和问题不同,历史材料的有效性与可靠性会发生变化(2-2-3)
下册2 中古时期的世界	根据一定的史实、史料或视角,质疑有明显缺陷的历史叙述、解释或评价(3-5-1)	根据一定的史实、史料或视角,反驳有明显缺陷的历史叙述、解释或评价(3-5-2)
下册3 走向整体的世界	把握人类文明从隔绝、联系到全球化的演进脉络(1-3-1)	懂得自然环境和人类发展的关系因时代而不同(1-3-2)
下册4 资本主义制度的确立	懂得史料互证对于形成历史认识的作用(2-5-2)	通过归纳和比较,发现史实间重大或主要特征的异同点(2-5-1)
下册5 工业革命与马克思主义的诞生	从基本特征的视角理解优秀文明成果(3-4-1)从主要贡献的视角解释优秀文明成果(3-4-2)	从历史源流的视角解释与评价优秀文明成果(3-4-4)
下册6 世界殖民体系与亚非拉民族独立运动	运用相同与不同、背景与条件、原因与结果、动机与后果、联系与区别等概念和范畴,分析、综合基本史实(3-1-1、3-1-2、3-1-3、3-1-4、3-1-5)	运用主观与客观的概念和范畴,分析、综合基本史实(3-1-6)

（续表）

单元	目标内容	
	依托初中或之前已习得的目标	本单元侧重培养的目标
下册7 两次世界大战、十月革命与国际秩序的演变	从史料的有效性、可靠性角度进行反思（3-6-1）	从历史认识的发展角度进行反思（3-6-3）
下册8 20世纪下半叶世界的新变化	运用相同与不同、背景与条件、原因与结果、动机与后果、联系与区别、主观与客观等概念和范畴，分析、综合基本史实（3-1-1,3-1-2,3-1-3,3-1-4,3-1-5,3-1-6）	运用量变与质变的概念和范畴，分析、综合基本史实（3-1-7）
下册9 当代世界发展的特点与主要趋势	从史料的有效性、可靠性角度进行反思（3-6-1）	从思维逻辑的合理性角度进行反思（3-6-2）

　　单元关键能力目标的规划，决定了单元学习活动、单元作业设计和单元教学评价的设计与实施。从理论上来说，单元教学设计不是教师"单兵作战"的结果，而是教研组（备课组）集体智慧的结晶。也就是说，以上排布表是历史教研组（备课组）集体研讨、交流得到的结果。在对单元关键能力目标排布达成共识之后，教师就可以根据自己的教学特色来思考、设计单元下每一课的教学目标及实施环节了。而对于中学历史教学实施环节的设计而言，创设学史情境是一道绕不过去的坎。

学史情境有哪两层内涵？

　　今天历史课程标准中强调的学史情境的创设并不是一个新名词。早在30多年前，就有学者提出在中学历史教学中有一种情境复现法，也就是"运用各种手段复现历史情境，或创设历史情境，帮助学生通过具体形象的感知，掌握历史知识，激发情感的方法"①。当时的学者普遍认为，情境教学指的是学生参与学习的具体的现实环境，是运用具体活动或提供学习资源以激起学习

---

　　① 林丙义,郭景扬.中学历史课程教材改革评介[M].北京:高等教育出版社,1994:211.

者主动学习兴趣、提高学习效率的一种教学方法。在这一共识中，情境教学的两个基本要素为学习资源和具体活动。前者在今天看来多半指向认识历史的证据，即史料；后者并不是指广义上的课堂教学中的一切师生活动，而更应指向以学生为主体的，针对具体问题解决的探究、合作与交流等。基于这样的共识，大家普遍认为情境教学的目的有两个：一激发学史兴趣，这大概是最基础的教学目的；二是提高学习效率，在当时可能也有指向历史思维能力培养的意味，而在今天则可能更关注核心素养的培育，乃至立德树人的充分体现。这种"两要素""两目的"的认识，在今天看来依然具有现实意义。值得注意的是，当时的历史情境创设或者说历史情境复现，是为了让学生感知具体形象、掌握历史知识、激发情感。这种创设或复现，更多地聚焦史实层面，旨在展现并引导学生进入历史的场景感知过往，这就赋予了学史情境第一个内涵，即身临其境地感受历史的本来面目，或者说，情境在中学历史教学中承担起再现历史发展过程的重任。

今天，无论是《普通高中历史课程标准（2017 年版 2020 年修订）》还是《义务教育历史课程标准（2022 年版）》，对于"情境"的理解都不再仅限于上述这一内涵。《普通高中历史课程标准（2017 年版 2020 年修订）》在《中外历史纲要》的"教学提示"中说"在教学过程中，教师要注意通过历史情境的设计，让学生体验当时人们所处的历史背景，感受当时所面临的社会问题。在此基础上，引领学生在对历史问题的探究过程中，认识史事的性质、特点、作用及影响等"①，最后一句的表达其实已触及"情境"的第二个内涵，即设身处地地呈现历史的认识过程，也就是说，情境的创设已不再满足于"体验当时人们所处的……"和"感受当时所面临的……"。《义务教育历史课程标准（2022 年版）》的"教学提示"中也多次提到"再现历史的情境""情境创设""创设历史情境"，且上下文多半是"近代的史料更为丰富多样""要充分利用考古发掘的实物材料……""要充分利用历史读物、历史影像……"②等，这些表述都关注到了史料在历史认识中的价值，以

① 中华人民共和国教育部.普通高中历史课程标准（2017 年版 2020 年修订）[M].北京：人民教育出版社，2020：17.
② 中华人民共和国教育部.义务教育历史课程标准（2022 年版）[M].北京：北京师范大学出版社，2022：21、30、34.

及其在创设历史情境中对于认识历史的作用与意义;在"教学建议"中,更是直截了当地提出"从现实情境中探寻历史问题""通过……日常生活情境,使学生感受与之相关的历史由来,切入所要认识的历史问题"①,这里"历史情境"已被"现实情境""日常生活情境"所取代,其内涵也由"过往的相对客观的情境再现"拓展到"历史学习及认识的主观情境创设",情境开始承担起呈现历史学习或者说历史认识过程的重任。这种观念在课程标准中一直延伸到"学业质量描述"和"评价建议",在"学业水平考试"中还提出"题目命制时要创设新情境,可以从学习、生活、社会等方面选取素材"②。至此,所谓新情境的内涵及其最终所导向的学以致用的意义不言而喻。

因此,我们可以根据时代的发展,对当前完善中学历史学习方式的情境化原则作出新的诠释。这种诠释主要有三个特征:(1)以史料(资源)为基础、为载体,同时发挥证据的作用;(2)以问题和活动为方式,学习多半采用活动,考试多半采用问题;(3)最好源自生活与社会,以体现历史与现实、知与行、生活与学问之间的内在关联。这种诠释的诉求也有三个方面:(1)反映历史及其认识的统一,即马克思和恩格斯所说的"逻辑与历史的一致";(2)更好地落实主旨达成目标,情境创设应服务于主旨与目标,单纯为情境而创设的情境是没有意义的;(3)在评价中体现迁移的价值,如果不能在新情境中活学活用,任何所谓学到的历史知识、能力和方法都是没有价值的。基于以上理解,我们可以对"创设学史情境"作出完善性的诠释,即师生从已有知识、社会生活等切入,围绕史料等学习资源,针对历史或与历史相关的问题,运用具体活动的方式,旨在激起学习者主动学习兴趣、习得史学思想方法、提高学习效率,并彰显学以致用的一种教学和评价方式。

基于这样的认识,情境化原则应着力体现在以下三个方面。

一是创设与学生社会生活相关的情境。如果我们认同"生活即学问,学问即生活"的课程理念,并试图落实"学以致用"的中学历史课程要求,那么在中学

---

① 中华人民共和国教育部.义务教育历史课程标准(2022年版)[M].北京:北京师范大学出版社,2022:58.

② 中华人民共和国教育部.义务教育历史课程标准(2022年版)[M].北京:北京师范大学出版社,2022:65.

历史教学中创设情境时,我们首先要关注与学生社会生活相关的情境。例如,社会热点包括重大历史纪念活动、重要节日溯源、重大历史事件追溯等。某学校历史教研组就曾组织过庆祝中华人民共和国成立 70 周年的"七十年,七十句——流行语中的共和国史(脱口而出的共和国史)"活动,要求学生从 1949—2019 年中自选 10 个年份,为每个年份写一句具有代表性的流行语,并用约 100 字来说明选择这句流行语的原因。教师先行示范,以 1949 年为例,师生共同讨论写下"中国人民站起来了"这句具有代表性的流行语,然后结合所学知识,写下一段说明。之后,教师在梳理学生作业的基础上查漏补缺,师生再次合作,对这 70 年中缺失或不准确的流行语进行补充和修正。这个设计就是通过情境再造,有机融入中国现代史的内容,要求学生分析、归纳、提炼,史论结合,进一步诠释,这个过程自然也涉及对所学历史基础知识、能力、方法的整体把握与拓展深化。再如学生生活经历,可以解释、评价与学生生活经历相关的历史内容,包括文学艺术作品中的动漫、音乐、影视、游戏、小说、戏剧等,人文景观中的建筑、雕塑、聚落等,日常生活中的衣食住行、节日风俗,各类乡土、历史场馆资源的运用等。电影《功夫熊猫》中含有儒道释观念的台词,流行歌曲创作的时代背景与社会思潮,以及棉花、咖啡、茶叶、丝绸、瓷器、玉米、香料等揭示的历史时空维度下经济与社会生活、文化交流与传播、国家制度与社会治理的关系等,都是基于广义的历史知识内容的统整考量,从而体现"活学活用"的课程要求。

二是创设多学科、跨学科的学习情境。历史课程标准提出的学习情境,理论上不应仅仅局限于历史学科知识内容的学习背景,而应包含多学科、跨学科的知识、能力、方法、观念等综合素养。历史是一门综合性的学科,史料来源广泛,涉及文学、艺术、地理、生物、政治等多个领域,这些学科内容不仅可以作为历史认识与研究的史料,也可以作为跨学科解决问题的素材与资源。例如,《敕勒川》可作为认识中国古代魏晋南北朝时期北方游牧民族生活方式的重要史料;《步辇图》展现了唐太宗接见吐蕃使者的历史场景;地形图有助于揭示并理解中国古代史上重要王朝都城选址的意图;生物进化理论在一定程度上也能提供了解原始人群生产生活环境的依据;《共产党宣言》能帮助学生认识无产阶级寻求摆脱压迫、建立理想社会的政治诉求。至于跨学科的学习情境,通常与学生日常生活中所面临的历史或与历史相关的问题有关。比如"中华英雄谱""小钱币大历史""历史上的中外文化交流""历史上水陆交通的发展""在身边发现历史""探寻红色文化的历史基因""看电影学历史""历史地图上的世界格局""古代典籍中的中华优秀传统文化"等,这些跨学科主题学习活动设计的主题或领域都蕴含着学习情境创设的因子。

三是创设旨在体验史学认识经历的学术情境。高中历史课程标准在"学业水平考试命题的主要原则"中提出四大类型的情境,其中就包括学术情境,指的是"历史学术研究中的问题,如历史学家对某一历史问题有多种看法等"[①],这种情境旨在引导学生体验史学认识经历,或者说"丰富像史家一般思考的学史体验",而不是将中学历史教学引向专家(历史学家)培养的道路。因此,创设学术情境时一定要谨慎,尤其不能脱离高中历史的课程要求。从上文课程标准的表述和所举例子来看,所谓的"历史学家对某一历史问题有多种看法",实际上是为了体现"同一事件有不同的史料,同一史料有不同的解释"这一核心素养的分解目标,同时也是为了彰显作者意图、史料出处、推测验证等学业质量重要概念的内涵。在这类情境的创设中,知识本身并不是最重要的,重要的是建立在知识运用层面上的思想方法。因此,对于史料文本的阅读,并不一定要求长求全,也不一定要求全责备。挖掘并尽可能穷尽一个简短材料的所有含义,比蜻蜓点水地从一组数百乃至数千字的历史材料中捕捉信息要重要得多。甚至,用好统编历史教科书提供的素材,比盲目运用大量课外资源更为重要。例如,可以借助教科书提供的《辽、西夏与北宋并立形势图》和《金与南宋的对峙形势图》,引导学生不仅从图中,也从教科书的正文中找到说明"并立"与"对峙"这两个词的相关历史信息,进而引导学生思考用这两个词分别概述两宋的时代特征是否恰当,并结合所学知识说明自己的观点。最后,还可以将两宋时期这种民族关系的特点扩展到整个古代中国的其他历史时期,探讨这种特点的作用与影响,并运用相同与不同、联系与区别的概念和范畴来论证自己的解释。这样的设计不一定比运用大量课外材料来设计问题差,相反,它可能更有利于从学术层面加强对统编历史教材的认识、理解和运用。

---

① 中华人民共和国教育部.普通高中历史课程标准(2017 年版 2020 年修订)[M].北京:人民教育出版社,2020:59.

中学历史教学中究竟应该叙述些什么?

近十年来,史学发展赋予历史叙述以新的内涵。微观史学重视叙事,尤其重视以人系事的书写方式,为中学历史课程教学带来诸多启示。这种书写方式隐含的史学思想方法更关注人、生活与社会图景之间的关联,在事例选择、表达逻辑上也更为严谨,经常采用"排除了……,便可说明……""如有……,则可证明……""即便无法……,也可见到……"等表达句式,使论史的证据意味更突出,少有过去那种刻板的说教,甚至以偏概全的论断。

此外,历史课程标准也对历史叙述提出了新的诠释及要求,初、高中的历史课程标准都指出"所有历史叙述(在)本质上都是对历史的解释"①。这一诠释赋予了历史叙述双重含义,即这种叙述不仅力求客观地表达历史的本来面目,还隐含着叙述者对历史的认识。因此可以看到,无论是初中还是高中的历史课程标准,都在涉及教学和评价的"学业质量"中进一步强调了这种叙述的重要意义。义务教育阶段的历史课程标准在"学业质量"的第三层级(也是最高层级)"认识历史发展的基本规律和大趋势"中,提出"简要说明不同历史时期的时代特征,进一步了解人类社会从低级到高级、从分散到整体的发展历程,初步把握中外历史发展的基本线索和规律,并在自己的叙述中加以体现"②,这里的叙述并不是指概述、论述等一般意义上宽泛的表述,而应当指对历史发展过程的表述,而且这种表述中隐含着对时代特征与基本线索、规律的认识。高中历史课程标准在"学业质量水平"的"2-2"中提到"能够运用各种时间术语描述过去;能够利用历史年表、历史地图等方式对相关史事加以描述",在"2-4"中提到"能够区分历史叙述中的史实与解释;能够在叙述历史时把握历史发展的各

① 中华人民共和国教育部.普通高中历史课程标准(2017年版2020年修订)[M].北京:人民教育出版社,2020:5.中华人民共和国教育部.义务教育历史课程标准(2022年版)[M].北京:北京师范大学出版社,2022:5.
② 中华人民共和国教育部.义务教育历史课程标准(2022年版)[M].北京:北京师范大学出版社,2022:53-54.

种联系"①等,不仅强调了叙述,还强调了更为细致且带有细节特征的描述。这些要求均被置于水平 2 而非更高水平,也在一定程度上说明了历史叙述的基础性特征。

强调历史发展的过程并非这次课程改革的创举,它一直是中学历史教学的优秀传统。重视叙史见人、以人系事,强调通过历史人物的活动展现历史发展的进程,进而凸显历史的丰富多彩以及历史人物的品格、智慧、作用等,原本就是教学的常规做法。但不可否认的是,近段时期以来,中学历史课堂教学中存在一种现象:教师往往只罗列背景、条件、原因、作用、影响、意义等结论,忽视了历史发展过程,忽视了人在历史发展过程中的地位和作用。这种现象的出现有多种原因,高利害考试的目标和内容导向可能是一个重要因素。应该说,历史不仅仅是记录某年某月某日发生某事,还需要对历史人物、事件、现象、成果等进行追本溯源的探究,并作出具有前瞻性的价值判断,但这种探究和判断都隐含在历史发展的过程中,是从过程中分析、归纳、提取、总结而来的。所以,我们也可以这样说,忽视了历史过程的教学,尤其是忽视了历史过程中人的教学,光是空谈历史认识的要素及结论,不符合历史学习及认识的本质内涵。

所谓历史过程中的人,既指创造历史的人,也指认识历史的人。因此,这个历史过程不只是历史本身的发展进程,也指向历史认识的历程。在中学历史教学中倡导叙史见人、以人系事,其目的不仅是展现历史进程中人的情感、行为、智慧、思想、品格等,更是穿透历史认识过程中人的态度、立场、观念及其内在逻辑。也就是说,"叙史见人"中的"叙"实际上包含"论"的成分,是叙与论的有机结合。

在这个意义上,我们倡导的完善历史学习方式的过程化原则应着力处理好以下四方面的关系。

一是主旨与目标。叙史的前提是对课程内容主旨的准确把握,叙史的过程隐含着史学思想方法。叙述有中心,主旨就是中心;过程有方法,遣词造句、条理结构,乃至通过个体或群体的命运来反映历史发展的大势等,这就是方法。以初中中国历史的《香港和澳门回归祖国》一课为例,教师将本课内容

---

① 中华人民共和国教育部.普通高中历史课程标准(2017 年版 2020 年修订)[M].北京:人民教育出版社,2020:42.

置于"祖国统一"的单元立意下进行审视,从综合国力、"一国两制"、民众愿景,即国家、政府、人民三个维度架构起认识本课内容的核心观点,确立了"香港和澳门回归祖国是新中国综合国力日趋强大的重要见证,也是'一国两制'伟大构想的成功实践,承载了华夏儿女渴望祖国早日统一的共同愿望"的内容主旨,为本课的过程叙述定下了基调。同时,教师重视时代特征和民众心态的认识视角,具化了历史解释的操作路径,强调历程的曲折艰辛与历史的必然趋势之间的内在逻辑,隐含着唯物史观和家国情怀的素养培育诉求,这也为本课的过程叙述指明了史学思想方法的培养目标。在这样的基础上,再以秦剑雄这个小人物的个人经历为线索,通过其生平事迹及所见所闻、所思所为,串起香港、澳门回归祖国历程中的大事,管中窥豹,展现大时代下个人及家庭命运与国家前途的紧密联系,凸显家国一体的历史情怀。教学环节的整体设计不仅重视以历史细节激发学生学史兴趣,更看重学生在情感层面的体验与共鸣,取得了很好的教学效果。

二是个体与群像。叙史见人,就是从教学内容中选取一个核心人物,或集合几个重要且相互关联的历史人物(姑且称之为"历史群像"),以其所见所闻、所思所为构成教学的基本线索,隐含着对历史背景、条件、原因、作用、影响、意义等的认识,从而推进教学进程。以《中外历史纲要(上)》第 3 课《秦统一多民族封建国家的建立》为例,教师可以采用叙史见人、以人系事的教学方法,选取秦王嬴政作为本课的核心人物,从他出生开始,通过他的所见所闻概述战国时期的形势,通过他的所思所为引入他统一六国的军事进程,以及他确立中央集权制度、巩固统一的各项措施。至于本课中"秦末农民起义与秦的速亡"的内容,因发生在嬴政亡后,教学中可通过"他(指嬴政)自然不会想到"或"嬴政自然不知道"等语句过渡,进而由叙及论,隐含对其政与制(秦政与秦制)的反思。如此一来,我们便可建立起整体式叙事教学路径,同时结合评人评事的历史解释等史学思想方法,形成双线索推进的教学路径。再以第 15 课《两次鸦片战争》为例,本课第三目"开眼看世界"涉及三个生活在那个时代的重要人物,教师可以考虑从林则徐、魏源或徐继畬的视角切入叙事,点出他们"看到"和"未看到"、"说对"和"没说准"、"想到"却"难做到"等不同侧面和内容,从而真正立足时空观念,揭示当时"先进"中国人眼中的两次鸦片战争。

三是叙史与论史。叙史在选材上应做到基于史实、典型恰当、生动形象、详略得当,注重拉近历史与现实的距离。叙史的"叙"不是狭义上的教师或学生讲述,还应包含问题的设计,设问时应紧扣核心观点,抓住关键细节,注重设疑激趣。其实,这种问题的设计往往指向"论",因为叙史中蕴含着论史,本质上也体现了教师的学史示范。通过叙,我们可以窥见叙述者的情感、态度与价值观。也正因为如此,教师单方面地叙史不是终极目的,引导学生模仿和迁移史学思想方法才是教学的真正目标。换句话说,从教师的叙走向学生的叙才是教学的正确方向。以《中外历史纲要(上)》第19课《北洋军阀统治时期的政治、经济与文化》为例,教师可以以陈独秀、胡适、鲁迅等人的生平为轴,运用他们的政论、日记和小说等来设计含有论史性质的问题,启发和引导学生揭示北洋军阀统治时期进步与倒退、传统与现代、光明与黑暗并存,新旧杂糅、交融并蓄、矛盾纷扰的时代特征及其原因。本课的前三目"袁世凯复辟帝制与护国战争""北洋时期的军阀割据""民国初年经济、社会生活的新气象"正是通过这三人的所见、所闻、所思,由分而总地揭示这一时期的时代特征,可以由教师示范,或教师示范后由学生进行模仿。最后一目"新文化运动的开展"则是通过这三人的所见、所思、所为,由合而分地指向历史发展的大势,在方式处理上应以学生模仿乃至迁移为主。就这样,历史人物的生平事迹、认识观念与历史发展的本身进程有机融合。所谓历史发展的过程与历史认识的过程合二为一,教学的本质与史学的本质殊途同归,这一课的立意便可自然呈现。

四是阅读与写作。历史叙述包含口头与书面两种方式,无论是讲述还是写作,它们最终的目的都是一致的。此外,我们也可通过日常的阅读和写作来提升历史叙述的水平,日常的历史阅读,尤其是史学典籍的阅读,有助于学生体会、学习包括史学名家在内的作者对历史叙述的观念,以及他们使用的方法、技巧等。而领悟这些方法、技巧运用的奥妙,又有助于学生在历史写作中提高叙述的能力和品位。因此,教师在日常的教学中,应高度重视并做好历史阅读与历史写作的指导、点拨工作。历史本体也好,课程本体也罢;内容主旨也好,思想方法也罢;结构序列也好,情境创设也罢:凡此种种,最终都可以通过历史阅读和历史写作来体现历史认识的价值和魅力。

编外篇:教学设计5篇

　　这5篇教学设计选自近三年来上海市教育委员会教学研究室组织的全市中学历史课堂教学展示活动。从中我们不仅能看到上海市中学历史教研将彰显史学思想方法、把握课程内容主旨、完善历史学习方式这三大课改原则转化为"双新"背景下的持续探索,在一定程度上还能对复旦附中聚焦课改深化改革的时代特征有更为直观、具体的了解。这些教学设计的撰写均采用前文提及的统一格式,只是因篇幅限制,略去了最后一个栏目"资料附录"。5篇教学设计按教研活动时间排序,试图展现观念作用于实践的心路历程。在每篇教学设计之前,我们都提供了一个简短的导读,旨在揭示该设计的主要特点。

教学设计1

　　这堂课所探讨的主题是"基于主旨和目标的选材与设问",授课时间是2021年5月13日。在本课内容主旨的把握上,顾炜老师紧扣单元标题中的"中华民族"一词,对本课标题中"全民族"的"全"字进行了深入的挖掘和多维度的解读,从而确立了理解"全民族浴血抗战"内涵的关键能力目标,体现了主旨与目标相辅相成的认识观。基于这种认识观,选材时既考虑运用门神画像、英雄烟标等相对贴近社会生活的素材,也注重围绕同一历史事件或现象呈现多类型、多角度的史料,设问则从本课标题中"与"字强调的两者之间的关系入手,强化对互证提升历史信度与效度的认识。选材与设问的整体设计,既呼应了内容主旨与教学目标的要求,又体现了教学设计前后一致、一以贯之的特点。

全民族浴血奋战与抗日战争的胜利

执教者:上海市控江中学　顾　炜

【内容主旨】

　　七七事变后,民族危亡促使救亡图存成为中华民族的共同意志和行动,中华儿女汇成全民族抗日洪流。在抗日民族统一战线的旗帜下,中国共产党成为全民族团结抗战的中流砥柱。全民族浴血奋战,使中国战场成为世界反法西斯战争的东方主战场。抗战的胜利开辟了中华民族伟大复兴的光明前景。

【教学目标】

通过抗战门神的写实与象征功能、中日双方的战场记录以及尊崇英雄的社会现象,认识民族危亡之时中华民族展示出的共同意志和行动,理解"全民族浴血奋战"的内涵;通过外国记者的报道和教材史料的剖析,理解中国共产党是全民族团结抗战的中流砥柱;综合数据、照片等史料,理解中国战场是世界反法西斯战争的东方主战场;运用量变与质变的概念和范畴,感悟抗战胜利在中华民族伟大复兴中的历史意义。

【重点难点】

重点:认识中国共产党是全民族团结抗战的中流砥柱,理解中国战场是世界反法西斯战争的东方主战场。

难点:在史料互证中认识"全民族浴血奋战"的内涵。

【教学过程】

环节1:通过传统门神到抗战门神的变化,引导学生认识其反映的民族矛盾和社会心态,导入新课。

设计意图:以门神之变引出七七事变后中日民族矛盾尖锐化,引导学生认识通过抗战实现救亡图存的社会心态,创设时代氛围。

环节2:以《抗日战争形势图》导入,点面结合地介绍正面战场、敌后战场的抗日斗争。以日本从军记者的报道和李宗仁的回忆录为素材,从敌我双方不同的视角,还原淞沪战场上中国军人浴血奋战的场景片段,引导学生感受中国军人英勇顽强的精神。从尊崇英雄的社会现象逐步转向对"全民族浴血奋战"中"民族"和"全"的解读,引导学生理解其内涵,认识团结抗战的格局和民族精神的唤醒对抗战胜利、民族复兴的意义。

设计意图:通过示意图、战场记录等史料,凸显尊崇英雄的社会现象,引导学生直观感受浴血奋战的抗战画面,认识民族危亡之时中华儿女汇成的全民族抗日洪流,理解"全民族浴血奋战"的内涵。

环节 3：以外国记者在敌后战场的见闻和报道导入，追问"这些外国记者为何如此盛赞中国共产党领导的敌后战场"，引导学生从课本中寻找证据，形成解释。列表梳理中国共产党在全民族团结抗战中的作为，凸显其中流砥柱的作用，揭示坚持抗日民族统一战线以及依靠和发动人民对赢得抗战胜利、走向民族解放的意义。

设计意图：由外国记者对敌后战场的评价切入，引导学生从课本中寻找证据，理解中国共产党是全民族团结抗战的中流砥柱，拓展对"全民族浴血奋战"的认识。

环节 4：围绕"中国战场是世界反法西斯战争的东方主战场"这一观点设置学术情境，提供数据对比、罗斯福对中国战场的评价、日本战败投降书，引导学生评估史料价值，完善认识逻辑。提供二战后期中国外交活动照片、《开罗宣言》节选，引导学生认识抗日战争对中国国际地位的影响。

设计意图：设置学术情境，综合数据、照片等多类史料，引导学生理解中国战场是世界反法西斯战争的东方主战场，认识抗战胜利对中国大国地位的奠基作用。

环节 5：提供本课结构示意图，引导学生结合对"全民族浴血奋战"的理解，概括抗日战争以弱胜强、走向胜利的原因，感悟抗日战争对民族走向复兴的重要意义。

设计意图：以结构示意图整体建构本课内容，运用量变与质变的概念和范畴，引导学生认识抗战走向胜利的原因，感悟抗战胜利在中华民族伟大复兴中的历史意义。

【教学策略】

环节 2 涉及对本课标题中"全""民族""浴血奋战"的文本解读，先由教师示范，运用归纳方式逐步得出"浴血奋战"的结论，之后引导学生从课本内外寻找、补充、完善材料，强化对"全民族"的认识，进而深化、点破"全"字的内涵，为形成"中国共产党是全民族团结抗战的中流砥柱"这一认识埋下伏笔。环节 4 的关键在于材料解读的层次性与问题设计的递进性，侧重引导学生以判断史料价值的方式，循序渐进地完善历史认识的逻辑。

【结构板书】

第 24 课　全民族浴血奋战与抗日战争的胜利

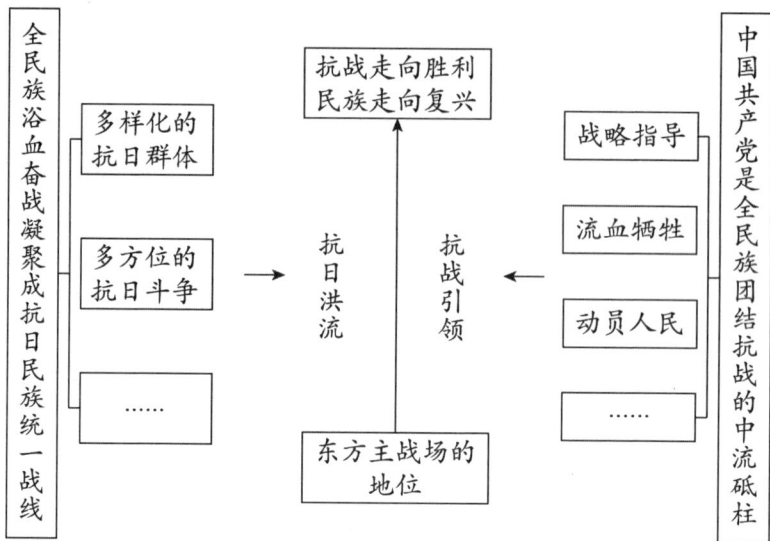

全民族浴血奋战凝聚成抗日民族统一战线

多样化的抗日群体

多方位的抗日斗争

……

抗日洪流　→　抗战引领

抗战走向胜利 民族走向复兴

战略指导

流血牺牲

动员人民

……

东方主战场的地位

中国共产党是全民族团结抗战的中流砥柱

【作业设计】

1. 基础作业(在下列三题中任选一题):

(1) 根据你对"全民族浴血奋战"的理解,制作一张相关的结构示意图;

(2) 围绕"中国共产党是全民族团结抗战的中流砥柱"制作一张大事年表;

(3) 寻找一组证据,举证"中国战场是世界反法西斯战争的东方主战场"。

2. 拓展作业:围绕"全民族团结抗战"的主题,以小组为单位,设计文创作品。

【资料附录】

略

教学设计 2

这堂课所探讨的主题是"叙史见人 论史求通 学史重法",授课时间是 2022 年 10 月 20 日。梅子杰老师基于课程标准(这是对"法"第一层面的认识,即标准),将本课内容置于"祖国统一"的单元立意下进行审视,从综合国力、"一国两制"、民众愿景三个维度架构起本课的内容主旨,使历史的认识具有了通感。在具体的教学过程中,以秦剑雄这个小人物的个人经历为线索,串起香港、澳门回归祖国历程中的重大事件,以小见大,揭示了个人及家庭命运与国家前途、时代特征的内在关联,彰显出家国一体的历史情怀。从表面看,这是叙史的技巧,是育德育人的方法手段,但本质上传达的是史学思想方法的关键作用(这是对"法"第二层面的认识,即方法)。以人系事,勾连时代,展现历程的曲折艰辛与历史的必然趋势之间的内在逻辑,更是大大提升了本堂课的品质与品位,贯通了核心素养各项内容的内在关联。

香港和澳门回归祖国

执教者:上海市风华初级中学(西校) 梅子杰

【内容主旨】

新中国综合国力的日趋强大与"一国两制"伟大构想的提出,激励着华夏儿女凝心聚力,将个人命运与国家命运紧密相连,推动香港和澳门回归祖国,肩负起共筑祖国统一大业的时代重任。

【教学目标】

知道"一国两制"的内涵,了解香港、澳门回归祖国的基本史实;基于时代特征、民众心态等视角分析香港和澳门回归祖国,认识个人与国家、个人与时代之间的关联;感悟香港和澳门回归祖国历程中的曲折艰辛,认同祖国统一是中华民族的共同心愿,也是历史发展的必然趋势。

【重点难点】

重点:了解香港和澳门回归祖国的主要历程。

难点:掌握以秦剑雄的人生经历,体认个人与国家、个人与时代关系的思想方法。

【教学过程】

导入:教师简介秦剑雄和他在香港的小店威记士多的由来,出示相关照片,以"后来的他又遭遇了什么? 香港这座城市又经历了怎样的风雨?"导入本课。

设计意图:叙史见人,创设历史情境,同时设疑激趣,引入本课学习。

环节1:出示《中国政区图(1974年)》《香港变迁示意图》,师生互动,回忆香港在近代史上逐步被英国割占、"租借"的历史。出示20世纪50年代—70年代新中国重要事件时间轴、《邓小平会见麦理浩(1979年)》照片和会谈内容节选,引导学生认识中国综合国力的提升是香港回归祖国的重要保证,"和平统一、一国两制"方针是完成祖国统一大业的基本方针。

设计意图:引导学生复习和巩固从地图、图表、新闻报道等材料中提取、整理、分析历史信息的基本方法。

环节2:以"正是这一伟大构想的提出,为香港和澳门回归祖国开辟了新的途径"为过渡,出示《邓小平与撒切尔夫人会谈(1982年9月24日)》照片、香港《大公报》(1982年9月25日)报道、撒切尔夫人像、《亲历香港回归背后的中英交锋》《香港回归:历史性时刻的回溯》节选等材料,简介中英双方谈判概况与当时的社会状况,紧扣秦剑雄的选择,示范从时代特征的视角认识以秦剑雄为代表的广大香港民众支持香港回归祖国的信心所在。

设计意图:通过示范,引导学生从时代特征的视角认识个人与国家之间的关联,感悟香港回归祖国之路的艰难曲折和中国政府维护领土主权问题的坚定决心。

环节3:以"一个偶然的机会,秦剑雄听到一首香港人演唱的国语歌"为过渡,出示《我的中国心》歌词节选,播放"香港回归祖国"视频片段,引导学生尝试模仿从民众心态的视角认识华夏儿女的共同愿望与支持推动了香港的回归,同时增加了中方谈判的底气。

设计意图:引导学生通过模仿,初步掌握从不同视角认识众多爱国的香港和内地民众对中华民族身份的认同和对香港回归祖国的共同期盼,理解个人与国家、个人与时代之间的关联。

环节4:以"秦剑雄的生活还在继续,澳门回归祖国的脚步也在向前推进"为过渡,简述澳门回归祖国的主要过程和澳门民众对此的情感态度。

设计意图:强化认识祖国统一是中华民族的共同心愿,也是历史发展的必然趋势。

环节5:出示时间轴,学生小组讨论"结合本课所学,联系以上材料,谈一谈对个人与国家、个人与时代关系的历史认识"。教师在学生交流的基础上,小结本课。

设计意图:巩固所学,引导学生尝试主动认识个人—国家—时代的关联,凸显认识历史的思想方法,点明本课内容主旨。

【教学策略】

环节5中,若学生一时无法结合本课所学,从多视角认识个人与国家、个人与时代之间的关联,教师可运用"史实归纳—视角提炼—组织表达"的教学逻辑,逐层深入加以引导,以求达成教学目标。

【结构板书】

```
        综合国力的强大      （1997.7.1）

                            香港
"一国两制"的构想 ─→               回归祖国
                            澳门

        华夏儿女的期盼      （1999.12.20）
```

【作业设计】

1. 必做:完成练习册相关习题。

2. 选做:除了秦剑雄外,还有许多来自社会各界、各行各业的华夏儿女都是香港和澳门回归祖国的亲历者、见证者、受益者。请同学们以小组为单位,通过社会调查或采访,收集与香港和澳门回归祖国相关的史料,任选一个视角写成小故事,以口头或书面形式在班级里进行交流。

【资料附录】

略

📖 教学设计3

这堂课已进行了两次大型公开展示,第一次是在2023年5月15日教育部基础教育历史教学指导专业委员会来沪调研时,第二次是在同年兰州举办的中国教育学会中学历史教学专业委员会的年会上。

杨睿老师针对选择性必修课程教学的特点,从了解中国历史上赋税征发情况切入,引导学生认识赋税这一经济载体折射出的不同时期国家社会经济发展水平,进而理解以赋税为代表的经济工具、经济政策等对国家制度和社会治理的重大意义。这种设计成功地将本课内容置于"国家制度与社会治理"的模块主题下进行审视,不仅规避了专业史教学的误区,还突出了课程标准倡导的以时代特征与发展趋势认识选必内容的教学要求。在教学各环节的设计上,杨老师灵活运用问题链、学习任务单、合作探究等多种学习方式,使学生体验学史过程,丰富学史经历。

中国赋税制度的演变

执教者:上海市七宝中学　杨　睿

【内容主旨】

赋税是推动国家制度实施和社会治理的重要工具,古已有之,中外皆然。赋税制度的演变受到经济社会发展、政策延续与调整等因素的影响。中国古代的赋税制度几经变革,近代关税主权失而复得,既反映了统一多民族国家的发展历程,也折射出中国综合国力的提升与国际格局的演变。

【教学目标】

了解中国赋税制度演变的概况,认识赋税的经济功能,理解其作为经济工具对国家制度实施与社会治理所产生的影响;在一定的时空框架下梳理中国历代赋税制度的继承与发展、联系与区别,结合对中国历代税种、税率和征收方式的综合分析,尝试提炼概述赋税演变趋势及造成演变的因素;通过梳理中国收回关税主权的历程,体会当代中国的综合国力和制度优势,进一步深化制度自信。

【重点难点】

重点:概括中国历代赋税制度演变的基本趋势。

难点:理解赋税对国家治理的影响。

【教学过程】

环节1:导入。

教师设置第一组问题链:(1)什么是赋税? (2)你我是否可以收税? (3)是

否可以不缴税?

设计意图:通过第一组问题链,引导学生理解赋税最直接的功能是满足财政所需,只有国家(政府)主体才可以征收赋税,税收具有强制性等特征。

教师进一步出示苏美尔泥板上的文字,以及中国先秦时期关于赋税的表述,提出问题:(4)古今中外均有相关的赋税制度,这说明了什么?

设计意图:通过材料分析,引导学生认识赋税古已有之,中外皆然,赋税的出现适应了文明发展,是人类历史的重要组成部分。

环节2:中国古代主要税种、税率及征收方式。

教师引导学生在梳理教科书的基础上,完成学习任务单的相关内容。依据材料,设置第二组问题链:(5)中国古代的赋税大体上有哪几类?(6)除了这些税种之外,你还能看出中国古代赋税的哪些方面?

设计意图:在学习任务单的基础上,引导学生概括中国古代的基本税种,即田租、丁赋、力役以及其他杂税,同时认识中国古代的税率与赋税征收方式的影响。

环节3:中国古代赋税制度的重大变革。

教师提出问题:(7)你认为中国古代赋税制度的重大变革有哪几次?简述理由。教师依据学生回答,进一步提供两税法、一条鞭法、摊丁入亩的相关材料,并追问:(8)为什么这几个时期会有赋税制度的变革?

设计意图:在学习任务单的基础上,引导学生认识赋税制度变化多因政局动荡、社会矛盾突出,最直接的原因是国家无法正常征收赋税。

环节4:中国赋税制度的演变趋势。

教师提出问题:(9)以两税法、一条鞭法和摊丁入亩为代表的赋税制度变革具体变在何处?在学生回答的基础上,组织学生完成学习任务单的相关内容。

设计意图:在学习任务单的基础上,引导学生概括中国古代赋税制度演变的基本趋势,如:从税种内容看,由繁杂逐渐精简,由农业到工商业;从缴税形态看,由实物到货币;从征税方式看,由无序到定期;从人身控制看,逐渐减弱。但在封建国家,总体赋役较重,人身也并未完全解放,当代中国废除农业税,调整征税方式和内容,是真正意义上的积极变革。

环节5:推动赋税制度演变的因素。

教师提出问题:(10)哪些因素推动了历代赋税制度的演变？教师组织学生围绕问题展开讨论,并根据讨论情况给出相应提示。

设计意图:通过材料分析及讨论,引导学生从个人、社会和国家层面认识推动赋税制度演变的因素,如民众的诉求和抗争、经济社会发展的条件、国家政策的延续与调整等。

环节6:近代以来中国关税制度的演变。

教师小结上述环节关于中国古代赋税制度的学习,组织学生课后自行设计表格,整理近代以来中国收回关税自主权的过程。

设计意图:通过任务,引导学生将认识中国古代赋税制度演变的若干视角迁移至认识近代中国关税制度演变,进而将分析中国赋税制度的方法迁移至分析当前其他国家或地区的相关问题。

环节7:小结。

教师再提出最初的问题:什么是赋税？在归纳学生回答的基础上,概括出示本课的结构板书。

设计意图:小结全课,引导学生紧扣主旨结构化梳理知识,强化本课学习效果的。

【教学策略】

环节4的教学为本课重点,也涉及部分难点,即通过概括演变趋势,认识赋税制度随着国家制度的调整而改变。作为统治工具,赋税制度演变的目的是更有效地推进社会治理,其背后折射出治理水平和治理能力。

本环节的教学以学习任务单为载体,教师引导学生结合所学,从税种内容、缴税形态、征税方式、人身控制等视角,概括中国古代赋税制度演变的基本趋势。教师根据讨论和学习单完成情况适时调整:如学生完成情况较好,教师可追问演变背后的不变是什么,从而进一步强化学生对赋税制度治理功能属性的认识;如学生完成情况不佳,教师可选择其中若干视角进行示范,引导学生模仿概括。

【结构板书】

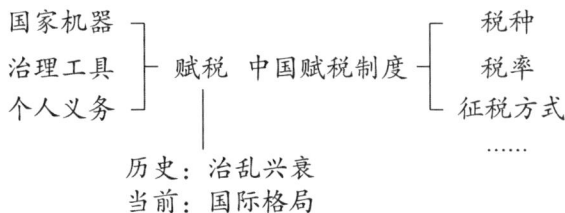

【作业设计】

1. 设计表格,梳理中国近代收回关税自主权的过程。

2. 1863年英国人赫德就任清朝海关总税务司,直至1908年卸任,清政府在其死后追谥"太子太保"称号。搜集资料并结合时代背景,谈谈对赫德任职的认识。

【资料附录】

略

教学设计 4

2024年4月11日,由教育部基础教育历史教学指导专业委员会和上海市教育学会共同策划的"文明互鉴与时代使命"主题研讨活动在复旦附中举行。这场活动展示了两堂公开教学课,张瑶婷老师的这堂课便是其中之一。

立足"双新"背景及其要求,这堂课有不少可圈可点之处。首先,从整体看,遵循新课标对本课及其所属单元内容的要求,并将"学业质量"中的叙述要求和"课程实施"中的整合、探究观念有机融合,赋予本课教学在落实课标精神上多层次、多维度、结构化的特点。其次,以人系事,以阿倍仲麻吕的所见、所为贯穿全课,有机地勾连起本课三个子目内容的内在关联,并借助历史过程的叙述传达认识历史和表达历史的思想方法,令人耳目一新。最后,聚焦内容结构,以图示方式引导学生提炼本课核心观点,形成对"文化交流"这一概念的初步认识,其中蕴含的历史解释培养方法与路径的模仿与迁移大大丰富了学生的学史经历。这三个特点之所以得以体现,与教师引导学生解读教科书文本密切相关。也正是通过对"开放""繁荣""交流""频繁"等这些关键词内涵的解读,整堂课的设计才彰显出课程的韵味,展现了学生作为学史主体的风采。

唐朝的中外文化交流

执教者：复旦大学第二附属学校　张瑶婷

【内容主旨】

阿倍仲麻吕、鉴真、玄奘等人的活动，在一定程度上揭示了唐朝中外文化交流频繁、影响深远的特点。这一时期的文化交流不仅对唐朝及其周边国家和地区，乃至世界文化的发展产生了积极作用，也从侧面呼应了唐朝繁荣、开放的时代特征。

【教学目标】

借助官修史书、个人传记、诗词绘画等不同类型的史料，勾勒、梳理阿倍仲麻吕的人生际遇，感受其对唐朝中外文化交流的积极贡献；以阿倍仲麻吕在唐朝的经历为线索，勾连遣唐使来华、鉴真东渡、玄奘西行等重要史事，认识唐朝中外文化交流频繁、影响深远的特点，感悟中外文化由交流而互鉴，因互鉴而发展。

【重点难点】

重点：由阿倍仲麻吕的人生际遇，归纳唐朝中外文化交流的主要特点。

难点：以典型人物的活动及见闻，梳理文化交流与时代特征的关系。

【教学过程】

导入：回顾前课唐朝社会风气的开放，引出唐朝在对外关系上的开放，借此导入本课主题——唐朝的中外文化交流。

设计意图：承接前课内容，通过解读文本，揭示本单元标题中"繁荣与开放"的内涵，由此导入新课。

环节 1：由课文引言引出阿倍仲麻吕，出示我国官修史书中对他及其所在使团的记载，引导学生提取史料中的有效信息，推测遣唐使来华的目的。

设计意图：通过学习遣唐使来华的基本史实，对史料关键词句进行解读，引导学生大致了解阿倍仲麻吕的身份及其来华目的。

环节 2：出示日本古钱币"和同开珎"，师生共同辨识其中蕴含的中国文化要素，并进一步分析日本学习唐朝文化的目的。

设计意图:利用教科书中的典型实物史料,直观展示日本学习唐朝文化的成果,引导学生初步认识唐朝当时在世界上的重要地位。

环节3:根据既有史料,引导学生推测:还有哪些史料可以帮助我们更细致地还原阿倍仲麻吕的生平经历?

设计意图:通过合理推测,在辨析史料价值的前提下,引导学生进一步确立"阿倍仲麻吕是唐朝中外文化交流代表人物"的认识。

环节4:出示与阿倍仲麻吕相关的唐诗,解读他在春坊司经局校书的经历,引出名著《大唐西域记》。借助历史地图,通过师生合作,引导学生了解《大唐西域记》从成书到东传的史事,理解该书的深远影响。

设计意图:通过提取文学艺术作品和历史地图中的信息,引导学生了解玄奘西行的基本史实,并借《大唐西域记》的成书及东传,完善对唐朝中外文化交流路径的认识。

环节5:出示《延历僧录》的记载,从日本的角度讲述日本使者和新罗使者交换朝会次序的故事,进而引出唐与新罗的文化交流。通过唐朝皇帝对这一事件的看法,分析唐朝统治者支持中外文化交流的目的。

设计意图:引导学生了解唐与新罗文化交流的基本史实,认识外来文化同样对唐朝产生了一定影响,并通过对唐朝统治者主张及目的的分析,理解唐朝中外文化交流频繁的原因。

环节6:通过传记史料,由阿倍仲麻吕邀请鉴真一同前往日本,引出鉴真东渡的相关史事。出示脱胎夹纻鉴真像,介绍塑像工艺之东传。出示日本绘画《东征传绘卷(局部)》,引导学生归纳画中蕴含的日本学习中国文化的主要方面,进而理解唐朝文化对日本文化产生了广泛而深远的影响。

设计意图:借助鉴真东渡这一典型事件,引导学生理解日本通过"引鉴"唐朝文化,促进了本国物质、精神乃至制度领域的发展和进步。

环节7:简介阿倍仲麻吕去而复返的经历,结合本课"课后活动"栏目,引入唐朝安置长期滞留的外国使臣的案例,分析文化交流互鉴对提升唐朝国力的作用。

设计意图:进一步完善唐朝中外文化交流的图景,引导学生了解唐朝同诸多国家和地区都有往来,并直观感受唐朝中外文化交流的特点。

环节 8:以时间轴的形式,梳理阿倍仲麻吕的所见、所为,引导学生史论结合地认识他在唐朝中外文化交流史上的地位。结合时间轴及教师示范的部分板书,由学生补全结构板书图示。

设计意图:通过组织学生活动,对本课学习内容进行总结和回顾,并进一步帮助学生领会文化交流的双向性。

小结:回到单元标题中的"繁荣与开放",引导学生总结两者之间的关系。

设计意图:回扣单元主题和本课内容主旨,理解唐朝开放和繁荣的辩证关系,感悟文明互鉴的作用和意义。

【教学策略】

环节 8 中,若学生分组讨论的结果不理想,教师可用板书中的既有部分进行提示和引导;若学生能顺利指出唐朝中外文化交流的基本史事,教师可让学生说明选择这些史实的理由。

【结构板书】

第 4 课 唐朝的中外文化交流

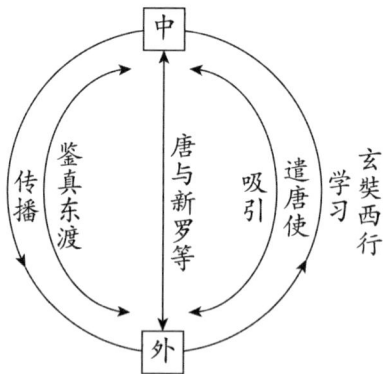

【作业设计】

1. 完成本课教材配套练习册的作业。

2. 搜集相关史料,解读鉴真东渡这一历史事件对中日文化交流的作用和影响,补全本课的结构板书图示。

3. 仿照本课教学 PPT 的背景图,选择唐朝中外文化交流的一个主题,用 AI 技术自制有剧情的历史漫画。

【资料附录】

略

📖 教学设计 5

　　和教学设计 4 一样,这堂课也是"文明互鉴与时代使命"主题研讨活动的公开课。作为选择性必修 3《文化交流与传播》第一单元的内容,本课从某种意义上来说几乎统摄了整个初中和高中《中外历史纲要(上)》中的中国史内容,而且还要从中国与世界的视角去审视中华文化交流与传播的意义,教学难度相当大。张敏霞老师在对本课教学内容及其认识的处理上,体现了"源于教材,高于教材"的理念。在内容主旨的把握上,抓住本土与世界,凸显文化的空间效应,扣住"古而又新",挖掘文化时间特性背后的历史内涵。在教学目标的确定上,从"鉴于外、资于内"的特点和"泽于外、化于彼"的作用入手,揭示"吸纳"与"改造"的深层含义。在选材与设问关系的处理上,围绕中华文化对日本的影响和近代"革命"一词内涵变迁这两个典型事例,抽丝剥茧,借助模仿与迁移,引导学生感悟互鉴对世界文化发展的意义。其实,这堂课还有一个副标题叫作"溯源贯通",即立足时间和空间、史学和教学、辨据与诠释上的溯源与贯通,化繁为简,最终由学生揭示中华文化的世界意义,可谓精彩。

中华文化的世界意义

执教者:复旦大学附属中学　张敏霞

【内容主旨】

　　立足本土、开放包容的中华文化,在吸纳和改造外来文化的基础上不断创新发展,彰显出旺盛的生命力。中华文化的辐射和传播,丰富了世界文化的内涵。在中外文明的交流互鉴中,中华文化古而又新,泽被世界。

【教学目标】

　　了解佛教在中国传播发展的大致历程,理解中华文化对外来文化的吸纳和改造,进而归纳认识中华文化"鉴于外、资于内"的特点;以中华文化对日本的影响为例,体会中华文化在传播和辐射中"泽于外、化于彼"的作用;基于以上认识中华文化发展的思维模型,以近代"革命"一词内涵的变迁为例,完善对中华文化世界意义的认识,感悟中华文化古而又新、泽被世界的意义。

【重点难点】

重点:立足本土与世界,归纳中华文化发展的主要特点和作用。

难点:经由模仿与迁移,感悟互鉴对世界文化发展的意义。

【教学过程】

导入:引导学生回顾前课学习所形成的中华文化"博大精深、源远流长"这一基本认识,借由本课标题中的"世界"一词,导入新课。

设计意图:从中华文化的"博""精"过渡到中华文化的"源""流",暗示贯穿全课的主要线索;结合生活情境,激发学习兴趣。

环节1:出示《后汉书·楚王传》中关于佛教传入中国的最早记录,引导学生解读其中的历史信息,了解佛教传入之初便已与中华文化相融合。

设计意图:借助史籍中对佛教的相关记载,引导学生初步认识外来文化在中国传播的特点。

环节2:出示《唐律疏议》中关于"断屠月"的记载,引导学生理解佛教对当时社会法律实践、道德观念的影响,认识中华文化在与外来文化交流互鉴的动态过程中发展、升华,为中华文化注入了新的活力,使其更加博大精深。

设计意图:借助教师示范,引导学生归纳、认识中华文化自身发展"鉴于外、资于内"的特点。

环节3:以日本为例,引导学生分析中华文化在向外辐射和影响的过程中,促进了日本文化的进一步发展和创新,感受中华文化在推动世界文化多样性方面作出的贡献。

设计意图:通过对日本文化现象的认识,引导学生归纳中华文化"泽于外、化于彼"的作用,强化对文化交流、文明互鉴的整体把握。

环节4:以明代西方传教士来华及《坤舆万国全图》的传入为例,引导学生认识在近代西方的坚船利炮和文化冲击下,部分有识之士认识到东西方之间的差距,古老的中国也开始逐渐从"天下"走向"世界"。

设计意图:引导学生阅读教科书,并联系所学,通过对史实的复现,模仿之前教学中所习得的认识路径,完善对中华文化特点及作用的认识。

环节5:以"革命"一词内涵的变迁为例,追根溯源,呈现"革命"一词的不同内涵和外延,揭示其在特定时代下的意义和作用。理解词义的内涵会随着历史发展发生变化,既体现时代特征,又能观照现实。

设计意图:通过师生问答,引导学生迁移之前的认识路径,梳理"革命"一词的不同理解与变迁过程,巩固对中华文化特点、作用,以及中华文化之于世界意义的认识。

环节6:组织学生讨论中华文化与世界文化之间的关系,并以此总结全课。

设计意图:引导学生立足本课习得的史学方法路径,完善对中华文化与世界文化双向关系的认识,感悟在文明交流互鉴的过程中,中华文化古而又新,泽被世界。

【教学策略】

在环节6的课堂讨论中,若学生只能从单一维度认识中华文化与世界文化之间的关系,只能表达出"中华文化影响了世界",教师可引导其回顾板书中"鉴、资、泽、化"等关键词,复现既有认识的形成路径,帮助学生通过进一步分析与综合,完善对中华文化世界意义的认识。

【结构板书】

第 2 课　中华文化的世界意义

物质 —— 鉴于外

制度 —— 资于内 ┐ 交流

　　　泽于外 ┘ 互鉴

思想 —— 化于彼

【作业设计】

1. 完成本课教材配套练习册的作业。

2. 尝试在"中华文化"与"世界文化"之间加一个词或短语,表示两者的关系,并简要说明你的理由。

【资料附录】

略

第 二 编

目标：罗生门的启发

　　"罗生门"一词最初指日本平安时代京城的一个城门——罗城门,后其因天灾人祸沦为盗贼与流浪汉的藏身之地。然而,在历史的长河中,它逐渐被赋予了更多的象征意义和丰富的文化内涵。

　　1950 年,日本著名导演黑泽明执导的电影《罗生门》上映,该片改编自芥川龙之介的经典小说《竹林中》,主要讲述了发生在竹林中的一宗武士被杀案,电影场景如图 2-1 所示。盗贼、武士的妻子和武士的亡魂各自提供了不同的证词,使案件的真相变得扑朔迷离。影片中,导演巧妙地运用倾斜的镜头,生动地呈现了雨中罗生门的场景。樵夫、乞丐、僧侣三人在罗生门的屋檐下躲雨,聊起各自听说的同一件事,故事由此缓缓展开……

图 2-1　电影中的场景

　　在《罗生门》呈现的案情背后,隐藏着一个更深层次的问题:"是谁在说谎?"每个人的证词看似无懈可击,实则相互矛盾,令人难以辨别真相。影片的最后,唯一的目击证人樵夫在追问下说出了他所见的事实。其实强盗并非那么勇敢,武士也并非自杀身亡,而是被他人击杀,武士的妻子则隐瞒了她鼓动强盗杀死武士的事实。然而,樵夫也撒了谎,他偷走了武士妻子的短剑并将其卖掉。也就是说,他揭露了大部分的真相,却选择隐瞒了自己的罪行。

电影通过独特的镜头语言,成功地将"罗生门"这一概念进行了现代性的转化和重塑,赋予其全新的含义,从而丰富了这一概念的内涵。如今,"罗生门"一词已成为复杂、扑朔迷离的历史事件的代名词,反映了人们在探求历史事件真相过程中所面临的困惑与挑战。

与上一编导言中探讨的鸭子说谎的命题一样,《罗生门》涉及的"是谁在说谎"背后,触及了一个更为深层的议题:在面对错综复杂的信息和相互矛盾的内容时,我们应该如何作出准确的判断? 这不仅是对人性、记忆与主观解读的深刻探讨,更是对我们批判性思维和判断力的考验。孤立地看,每个人的证词似乎逻辑自洽;但将所有人的证词放在一起,它们却相互矛盾。《罗生门》呈现的这一现象,不也是历史研究和历史学习中同样存在的问题吗?

其实,罗生门现象在历史研究和历史学习中是一个普遍存在的问题,它为研究者和学习者带来了诸多挑战。从史学的角度看,研究者需要对史料进行仔细的甄别、判断和选择,以确保他们所依据的史料是可靠且有价值的,包括核实史料的来源,评估其可信度和价值,以及警惕可能存在的偏见和误导等。对学习者而言,培养批判性思维,尤其是历史判断力至关重要,这涉及对不同史料的异同进行深入的分析、对比和综合,从而拼凑出一个相对完整、准确的历史图景,从而更接近历史真相。

总之,无论是"罗生门"这一概念的演变,还是对历史理解的不断深化,都揭示了人类对历史认知的复杂性和多样性。这提醒我们在研究和学习历史时,需要从多个角度深入了解历史事件和人物的背景与动机,以便更全面、深入地理解历史进程。尽管各种史料与解释可能带有局限性,但它们共同构成了复杂历史事件的立体画卷。通过解读各种史料,我们可以将这些线索用集证辨据的方式整理出来,通过合理分析、逻辑推理和判断,尽可能地接近历史的真相。这一过程不仅是对过去的探索,更是对现实和未来的启示。那么,中学历史教学中的历史判断力应该如何培养呢?

Ⅰ 从外延到核心：判断力与深度学习

在中学历史学习中，基于核心素养的培养目标与方向，对核心素养作出目标化分解仅是第一步。立足核心素养的整体观，目标化分解固然有助于其在单元、课时教学中得到清晰的落实，但我们还需要借助目标的统整，体现核心素养的浑然一体。也就是说，已分解的核心素养目标需要一个从外延到核心的整合过程。包含事实判断和价值判断的历史判断力便可以作为核心素养关键能力的核心，它为有效统整分解目标提供了基石与支柱，能够在彰显结构化、序列化和情境化的中学历史深度学习中更好地凸显这种学习深度的价值与意义。

历史判断力为何是关键能力的核心？

一般意义上的判断力指人们对事物本质及发展趋势作出准确判断的能力。无论是衣食住行、未来规划还是科研探索，都离不开判断力的支撑。那么，我们所说的历史判断力究竟是什么呢？历史判断力，顾名思义，显然与历史学科有着密切的联系。从狭义上理解，它指的是对历史问题作出判断的能力，包括事实成因、结果、作用和影响的解释等。比如，"秦二世是继位还是篡位""项羽有没有烧阿房宫"这样的问题都需要借助历史判断力来解答。而从历史学科的工具价值来看，历史判断力是一种在提升历史学科核心素养的基础上，帮助我们通过历史学科的学习和研究方法，对历史或现实问题作出判断，甚至预判的能力。比如，"中美关系的未来走向是怎样的""如何平衡发展与环保之间的关系"这样的问题同样离不开历史判断力。可见，历史判断力不仅包括从史实出发，以知真、求是为目的的事实判断，还包括从观点出发，以求通、立德为目标的价值判断。历史判断力具有丰富的内涵，指向集证辨据、分析比较、归纳整理、解释评价等个人五大历史核心素养中包含的思维能力；其外延也非常广泛，涉及解决历史或现实事件和问题的能力。

中共中央办公厅、国务院办公厅印发的《关于深化教育体制机制改革的意见》明确提出"要注重培养支撑终身发展、适应时代要求的关键能力"，支撑终身发展和适应时代要求被视为关键能力的核心。在此背景下，历史判断力为何被视为关键能力的核心呢？它又是如何支撑终身发展并适应时代要求的呢？这些问题值得我们深入探讨。

首先，让我们从数字化时代证据意识提升的角度来探讨历史判断力的重要性。当前，面对海量真伪难辨的信息，如何筛选出正确的信息，扩大信息接收的范围，以知真、求是为目的的事实判断变得至关重要。这不仅涉及个人的信息素养，更与历史判断力的培养息息相关。因为，无论是解析历史谜题，如"秦二世是继位还是篡位"，还是评判现实事件，准确的事实判断都是不可或缺的。

在自媒体时代，信息发布者可能并不具备传统媒体人的职业道德。标题吸人眼球，内容却平淡无奇；刻意制造群体间的冲突；夸大或歪曲事实；任意剪辑视频和修改图片，发布不实信息……以上现象在当下的网络环境中变得司空见惯。大数据时代可以充分利用海量的数据对受众的个人喜好进行分析。从表面上看，这似乎为我们提供了更多信息，实际上可能导致人们陷入"信息茧房"。当前，人们更倾向于接受几张图片、十几秒的视频或短语式对话，而难以静下心来阅读大段的信息，殊不知碎片化的信息容易让人形成片面的解读。人工智能技术的发展更是对人类未来提出了巨大的挑战。例如，ChatGPT 等软件需要大量的数据来进行训练，但数据的真实性和有效性并非简单的数量叠加就能保证。如果训练数据本身存在错误和偏见，那么软件很有可能会生成误导性的信息。在这样的背景下，培养以知真、求是为目的的事实判断力变得尤为重要。

以"秦二世是继位还是篡位"为例。将这个问题输入某 AI 软件可发现，软件在综合了包括"知乎""趣历史"等 6 个不同网站的资料后，对关于该问题的看法和证据进行汇总展示，最终得出的结论却是尚无定论。这说明尽管 AI 软件在搜集证据方面提供了便利，但它并不能辨析材料的真伪，也无法对材料的信度作出判断。因此，对于史料的考据、辨析、推理和阐释依然是面向未来的重要能力之一。面对纷繁复杂的信息，我们要保持谨慎的态度，去伪存真。在进行推理和论证时，尤其要严谨，坚持"有一分材料说一分话"，用尽量客观的立场进行解释和判断。只有运用清晰的、符合逻辑的、客观的思维方式，我们才能更好地认识世界，并适应未来的发展。

其次,让我们从新质生产力背景下解决现实问题能力培养的角度来思考历史判断力的价值。新质生产力的发展呼唤能够创造新质生产力的战略型人才,他们需要具备多维知识结构,熟练掌握新型生产工具,并能灵活地将所学知识应用于解决现实问题。历史判断力的培养正是为了塑造这样的人才。以中美关系为例,要判断其未来走势,就需要从长时段的历史视角分析中美合作的多重因素,这就是历史判断力在解决现实问题中的具体应用。

再以可持续发展思想为例。1992年,各国领导人在巴西里约热内卢举行的首脑会议上讨论了实施可持续发展的具体办法。人类命运共同体思想也包含着"可持续发展"的观点。自工业革命以来,碳排放量急剧增长引发了严重的环境问题,对人类构成了巨大的威胁。然而,发达国家无视过往自身发展对环境造成的压力,一味地要求节能减排,这可能会牺牲发展中国家的发展机会。那么,我们应该如何平衡发展与环保之间的关系呢?可以将这个问题作为思考题,引导学生在搜集工业革命相关史料的基础上,科学地认识人与环境、人与社会的关系,并结合中国发展的现实需求提出解决方案。在解决问题的过程中,学生将逐渐形成基于事实和价值判断的思维路径,并将此迁移和运用到其他问题的解决上,从而满足新质生产力对劳动者素质的要求。

最后,让我们从全球化背景下正确文化观树立的角度来深入认识历史判断力的内涵与价值。在全球化的进程中,尊重文化多样性、树立中华文化自信变得尤为重要。要做到这一点,我们需要以历史判断力为基础,从优秀文化成果中选择并汲取经验。无论是中西方法律制度的建设,还是其他文化领域的交流与融合,我们都需要具备一种从观点出发,以求通、立德为目标的价值判断力,这样才能更好地适应全球化浪潮下的时代需求。

在尊重文化多样性的同时,我们也要避免在异质文化的冲击下迷失自我。因此,如何判断和选择中华传统文化中的优秀成果,以及如何传承和发展这些成果,变得尤为重要。作为一名中国人,在面对文化交流和冲突时,我们不应盲目崇拜西方文化,而应理性和辩证地思考西方文化的价值及其存在的问题。同时,我们也要认真感悟中华优秀传统文化的内涵,并在尊重、理解其他文化的基础上,树立对本民族文化的自信心。习近平总书记指出:"文明特别是思想文化是一个国家、一个民族的灵魂。无论哪一个国家、哪一个民族,如果不珍惜自己的思想文化,丢掉了思想文化这个灵魂,这个国家、这个民族是立不起来的。"中华民族的文化自信源于中国源远流长的历史积淀和集体智慧的创新。从法律制度建设的角度来看,西方法律制度演变过程中追求法律公平公正的精神值得我们借鉴,但中国古代"援礼入法"的原则也具有其现实意义。所谓礼是一种道德的要求,法律则是人行为的底线。道德和法律的合力,不仅使法律本身具有更大的约束力,也赋予了法律更多的人文关怀,这何尝不是中华民族集体智慧的体现。

综上所述,历史判断力的培养与提升符合国家育人方向,注重支撑终身发展和适应时代要求的能力培养,既是历史学科核心素养的目标,也是学生终身发展的关键能力。通过历史课程学习,学生应形成正确的价值观、必备品格和关键能力,以适应时代的需求。历史判断力作为重要组成部分,有助于学生树立正确的价值观,培养未来所需的关键能力。

历史判断力如何在深度学史中不断养成?

前文提到的"秦二世是继位还是篡位""项羽有没有烧阿房宫"等问题看似简单,实际上涉及了史实的考据、辨析、推理、理解、阐释,涵盖了历史学集证辨据、诠释评价、逻辑推理和问题解决等众多能力,而历史判断力正是这一过程的核心。

从中学历史学科的视角来看,中学历史教育以立德树人为根本任务,旨在引导学生透过纷繁复杂的历史表象,把握人类历史发展的基本规律和宏观趋势,形成正确的人生观、世界观、价值观和历史观。这一教育实践涵盖了事实判断和价值判断两大维度的培养,前者着重培养学生的史料证据意识和史实思维逻辑,后者重点关注历史解释生成过程中影响史实解释和价值判断的因素。两大维度的交汇正好促进了历史判断力的形成与深化,使其成为学生深刻理解历史、应对现实挑战的关键能力。

以分析秦亡原因为例。秦朝二世而亡的原因本就复杂,历史判断力的培养正是为了引导学生全面、深入地剖析这一史实的多重原因。在解释统治阶级内讧是秦朝速亡一大重要原因时,教师向学生依次提供了三段不同的材料。第一段材料来自《史记·秦始皇本纪》，指出胡亥和李斯篡改诏书，赐死扶苏。第二段材料来自吕思勉《秦汉史》，吕思勉根据秦时期的政治惯例，推断胡亥、李斯篡改诏书的说法不可信。第三段材料来自兔子山秦简《秦二世元年文告》，也就是胡亥继位时的官方文告，其中出现了"朕（胡亥）奉始皇帝遗诏即位"的信息。教师请学生结合三段材料谈谈自己的看法。学生的探究不仅包含对继位和篡位史实真伪的考证，还涉及对史实的分析、推理、解释和评价。在这一过程中，学生完成了对二世继位问题的独立思考，并且提升了从不同角度思考问题的能力，加深了对秦朝速亡原因的历史认知。历史判断力在这一连串的思维活动中贯穿始终，成为学生独立思考、多角度审视问题的重要工具。

应该说，历史判断力是学科核心素养养成深度融合的体现。中学历史课程的设置，旨在使学生通过系统的历史学习，初步具备和历史学家一样的历史理解能力和历史解释框架的构建能力。在此过程中，学生将逐步形成并全面发展历史学科五大核心素养，即唯物史观、时空观念、史料实证、历史解释、家国情怀。核心素养是学生正确价值观、必备品格和关键能力的综合体现。为了确保历史学科核心素养的有效落实，我们必须有意识地培养历史判断力。它为学生的历史智慧、历史品格、历史思维能力、历史价值观的形成提供了坚实的支撑。下面，我们将以历史解释为例，进一步阐释其重要性及实践方法。

历史解释是指以史料为依据，对历史事物进行理性分析和客观评判的态度、能力与方法。① 历史判断力的形成有助于学生培养历史学习的高阶思维能力，从而在纷繁复杂的史实中找到"真"之所在。

在讲授秦汉历史时，教师提出了一个问题："项羽到底有没有焚烧秦朝的阿房宫？"要回答这个问题，就需要找到这个说法的源头。我们对项羽火烧阿房宫的认知主要源于两份重要的文献史料：一是汉代著名史学家司马迁《史记·项羽本纪》中的记载"烧秦宫室，火三月不灭"，二是唐代著名文学家杜牧《阿房宫赋》中的描述"楚人一炬，可怜焦土"。教师在呈现这两段史料后，追问学生："根据上述两段材料，你能得出项羽火烧阿房宫的结论吗？"首先，司马迁笔下的秦

---

① 中华人民共和国教育部.普通高中历史课程标准（2017 年版 2020 年修订）［M］.北京：人民教育出版社，2020：5.

宫室显然不等同于阿房宫。其次,《阿房宫赋》更关注阿房宫与秦亡的关系,因为作者杜牧意在借秦朝的历史教训来警示统治者切勿重蹈覆辙,所以该文学作品并不能直接证明项羽火烧阿房宫。根据已有的考古发现,阿房宫当时只打了地基,尚未建成,阿房宫遗址也并未发现大火焚烧的灰烬。可见后人误读了"秦宫室"的所指,并对杜牧的名篇产生了理解上的偏差。项羽火烧阿房宫之辨,涉及证据意识、理性思辨和价值判断。历史判断力贯穿学生解读、梳理、阐释、归纳、综合文本材料,以及提出解决方法和观点的整个思考过程,它是学生培养高阶历史思维能力的重要推动力。

经过深入分析与探讨,我们认识到历史判断力的培养对学生而言具有极其重要的意义。它不仅有助于学生在历史学习中形成高阶思维能力,还能显著提升他们解决问题的实际能力。更重要的是,这种历史判断力的培养对于塑造学生正确的历史观具有深远的影响。

同样,历史判断力是深度学习可视化效果的体现。在数字化时代,我们观察到碎片化阅读和"信息茧房"现象日益加剧。面对海量且碎片化的信息,学生普遍难以构建起系统、连贯的知识体系,也难以对历史和现实进行深入的辨析、质疑和判断。深度学习是指在教师引领下,学生围绕着具有挑战性的学习主题,全身心积极参与、体验成功、获得发展的有意义的学习过程[①]。它通过全面培育学生的知识、能力、思维、情感与价值观,推动其核心素养的整体提升。加拿大教育学家迈克尔·富兰在其著作《极富空间:新教育学如何实现深度学习》中指出,深度学习的核心目标是培养学生成为具备创造力、人际关联能力和合作精神的终身问题解决者。深度学习不仅仅是知其然,更重要的是知其所以然。在这一过程中,历史判断力扮演着重要角色,它帮助学生穿越信息迷雾,抓住历史发展的内在逻辑,实现知识的深度整合与迁移应用,是培养这一核心目标的重要途径之一。

从历史学的特点来看,历史并不是一系列孤立事件的简单堆砌,而是一个由相互交织、相互影响的事件构成的复杂网络。历史学科核心素养是历史学科学习过程中知识、方法、技能、思维方式和价值观的综合产物,它超越了单一知

---

① 郭华.深度学习及其意义[J].课程·教材·教法,2016(11):27.

识点的简单累积,强调对历史学科内涵的深刻领悟与把握。因此,只有深入剖析史实背后的动因、内涵、影响、意义及其内在相互关联,我们才能构建全面而深刻的历史认知体系,真正洞悉历史的本质。在此背景下,培养历史判断力显得尤为重要。

此外,历史判断力不仅能帮助学生从浩如烟海的信息中提炼出真知灼见,还能使学生更客观、更全面地审视历史,洞悉并探究历史发展的脉络与规律。通过系统的训练,学生将学会从不同角度、不同层面深入剖析与评价史实,善于汲取历史发展的经验和教训,从而更好地迎接未知的可能。具有历史判断力的学生更善于厘清史实间的内在联系,构建全面且深刻的历史认知体系,理解历史的复杂性和多样性。这样的素养有助于学生更好地树立正确的历史观和价值观,并为进一步的跨学科学习和探索提供强大的思维支持和深厚的学科基础。

综上所述,在中学历史学习过程中,历史判断力的培养与深度学习之间存在密不可分的联系,并且相互促进。历史判断力不仅是深入探索历史的锐利工具,更是衡量学史深度的关键标准。因此,在追求深度学习的过程中,学生应持续加强历史判断力的提升,以便更深刻地理解历史、更准确地把握现在、更具前瞻性地展望未来。

那么,如何有效达成中学历史学习的深度呢?中学历史学习不仅是一个知识积累的过程,更是一个不断探索、发现和理解的过程。学生怀着浓厚的兴趣主动参与学习,置身于情境与问题之中,以好奇心和兴趣为驱动力,深度参与历史学习。在审慎甄别与准确判断的基础上,学生系统地整理和归纳历史信息与结论,学会逆向思考,多方收集证据,并从多方位、多角度、多层次进行验证与诠释,最终形成独到的个人见解。但这仅仅是思考旅程的起点,学生需要通过深入反思,进一步评估自己的思考品质,审视并优化整个思维链条,不断自我完善。深度学习是一个持续不断的过程。它激励学生保持旺盛的好奇心与求知欲,勇于突破自己的思维边界,深入历史背后的原理、结构和应用,不断探索和发现问题的本质和核心,真正达到历史学习的深度。当我们能够将所学知识灵活应用于现实世界的复杂情境时,历史学习的价值才得以充分体现。

由此可见,历史学习是一种高阶思维的培养和智慧的启迪,它将引领我们走向更宽广的视野和更深邃的思考。要实现历史学习的深度,我们认为可以从以下三个方面入手。

第一,以大概念贯通历史脉络,奠定深度学习的基石。

新的高中历史教材以广泛的时空背景为框架,其长时段、大跨度的叙述方式导致许多问题只能以结论形式呈现,缺乏对故事细节和知识逻辑的深入剖析。面对这种纲要式的文本,教师很难在有限的课堂时间内面面俱到地讲解相关问题,这对情境创设和合作探究的有效教学设计提出了挑战。

为了有效应对这些教育挑战,自2014年起,复旦附中历史教研组持续开展关于历史判断力培养的课题研究。该研究以大概念为引领,采用突出重点、以问题链为教学核心的策略,有效推进重点内容的教授,并由此带动整体教学内容的深入。

在当时的研究中,对大概念的解读与认识尚处于起步阶段。历史教研组的教师们认为,大概念是构成历史学科知识体系的核心,是基于学生历史学习的实际问题,是从纷繁复杂的历史事实中提炼出的具有普遍指导意义的学习主题。它们不仅高度概括了学科的关键要素,还跨越时空界限,展现出高度的抽象性与普适性,如"统一与分裂的循环""文明的交流与碰撞""社会变革与制度创新"等。尽管我们已经从丰富的历史资料、重大事件及历史人物中提炼出一些大概念,并且它们在逻辑与结构层面看起来是严谨自洽的,但随着研究的不断深入,我们越来越意识到需要对大概念的本质进行更细致的探索与界定。本书第四编将对大概念的流变和深度探索进行详细阐释。下面我们将基于当时的思考和实践来阐述大概念教学的探索过程。

在《三国至隋唐的文化》一课的设计中,历史教研组栾思源老师以"中华优秀传统文化"为大概念设计了跨单元教学,通过"中华优秀传统文化在历时性中发展创新"和"中华优秀传统文化在共时性中交流互鉴"两个主题,确定了单元群和跨单元的内容主旨以及跨单元的教学目标。这一设计旨在落实课程标准倡导的"合理整合教材内容"的教学策略,同时能够帮助学生生成相关的大概念,比如"一个国家的文化高峰形成既是时代特征的体现,也是社会存在决定社会意识的结果"。

在课程的具体实施过程中,栾老师以"中华优秀传统文化"为大概念引领,精心设计了教学路径。他围绕"中华优秀传统文化在历时性中发展创新"这一主题,建构了《中外历史纲要(上)》第一单元第 2 课《诸侯纷争与变法运动》、第 4 课《西汉与东汉——统一多民族封建国家的巩固》,第二单元第 8 课《三国至隋唐的文化》,第三单元第 12 课《辽宋夏金元的文化》,第四单元第 15 课《明至清中叶的经济与文化》单元群。① 该单元群的学习,旨在整合教材相关内容,引导学生从基本特征、主要贡献、创新和影响、历史源流等视角来解释、评价优秀文明成果,从社会存在决定社会意识的视角来分析、判断中华优秀传统文化传承、发展、创新的深层渊源,进而增强文化自信,涵养家国情怀。

在教学实践中,通过科学技术文化、文学艺术文化、社会思想文化的呈现路径,在特定概念的引领下,观察和考察历史现象,以获得更深层次、更合乎逻辑的历史解释。这种方法融合了观念驱动的研究和历史的逻辑解读,旨在通过现代视角或特定理论框架重新解读历史,从而得出新的洞见和理解。在教学三国至隋唐时期的文化时,教师运用唯物史观关于意识形态与社会存在之间的辩证关系,在科学历史观和方法论的指导下,让学生认识到文化既是精神的体现,也是现象的表征,两者互为表里。通过这样的学习,学生既能清楚地意识到在特定时代背景下经济生活、政治生态与价值观念等领域的变化与文化发展之间的相互影响与作用,又能理解不同时期的中华优秀传统文化是植根于特定时空背景的思想产物,以及它们之间传承赓续、迭代发展的逻辑关系。此外,学生可领悟到思想不仅是时代的产物,是社会存在在意识形态领域的反映,还能主动引领未来,为即将到来的社会变革提供理论导向。这些大概念是学科知识体系的基石,掌握它们是学生进行深度学习的关键。

第二,以真问题触发历史思辨,以深度思考点亮智慧。

历史,绝非简单的记忆与复述,其认识过程在某种意义上是一场深度思辨的旅程。在这段旅程中,真问题成为激发学生思辨能力的关键,引领他们深入

---

① 本课设计于 2020 年,参照当时的教材版本,最新教材内容有调整:原第 12 课《辽宋夏金元的文化》并入现第 11 课《辽宋夏金元的经济、社会和文化》,原第 15 课《明至清中叶的经济与文化》调整为现第 14 课。

理解历史的每一个瞬间。真问题究竟有何魅力?它们开放、多元,与现实和历史紧密相连,宛如一把钥匙,打开了学生深度思考的大门。

真问题的魅力体现在四个鲜明的特质上。首先,开放性鼓励学生放飞思想,接受多元化的解释与观点,从而培养他们的批判性思维。其次,复杂性要求学生必须综合运用多方面的知识和分析层次,不仅锻炼了他们的思维能力,还提升了他们的问题解决能力。再次,现实性使历史不再是枯燥的过去,而是与现实生活和社会发展紧密相连的生动教材。最后,历史性深深植根于每个问题的核心,引导学生探寻问题的历史渊源和文化内涵,使学习变得厚重且有意义。

在设计真问题时,我们必须深思熟虑,紧密结合学校的教学资源、学生的实际水平以及《普通高中历史课程标准》的要求,以确保问题的适宜性和挑战性,使其既能激发学生的探究欲,又不至于过于艰深。具体而言,我们追求的是那些能够触动学生心灵、引发其深层思考与困惑的问题。这些问题可以源自生活、课堂或教材。设计真问题的核心在于其真实性、挑战性与启发性,旨在通过问题引导学生主动思考、积极探究,最终实现对历史知识与方法的深刻理解与内化。

在历史教学中,我们采用“营造历史情境—提出挑战性问题—提供多元资源与合作学习—探究连接真实社会”的教学策略。首先,通过生动的故事与情境,引发学生的情感共鸣,使他们对历史产生浓厚的兴趣。接着,设计具有挑战性的真问题,引导学生在挖掘背后的原因、影响与意义的过程中培养历史思维能力和团队协作能力。最后,将历史探究与现实生活紧密相连,让学生深刻感受到历史的实用价值和时代意义。

实施真问题教学策略的目的是通过引导学生探究真实且具有争议性的问题,深化他们对历史学科的理解,并培养他们的批判性思维和创新精神。这种教学策略不仅能提高学生的历史学科素养,还将对他们未来的生活与工作产生积极而深远的影响。

在真问题的引领下,学生将勇于打破传统思维模式的桎梏,从全新的视角对历史进行深入的探索与研究。经过这一过程的训练,他们在面对复杂问题时,能够敏锐地洞察问题的本质,灵活地运用所学知识进行独立思考,并最终找到切实可行的解决方案。这种学习方式不仅锤炼了学生的思维能力，还进一步激发了他们的创新精神，提升了他们的实践能力，为他们未来面对各种挑战打下了坚实的基础。

以"秦二世是篡位还是继位"为例，这类涉及历史事件不同解读的争议性问题在历史学习中屡见不鲜。这种争议实际上揭示了历史的复杂性，同时也反映了不同历史观点之间的碰撞与交融。这些问题可能源于历史资料缺失后的留白，也可能是与历史根源紧密相连的社会热点。思考这些问题，并非为了找到一个唯一的答案，而是为了在这一过程中培养学生发现问题、思考问题、提出解决方案的能力。这不仅是学科核心素养的重要体现，也是孕育创新能力的基石。

第三，将真情境融入学史过程，深度彰显学以致用。

在追求知识与理解的过程中，真实情境的引领无疑是一把打开深度理解大门的钥匙。尤其是在历史学习中，通过精心构建与真实世界紧密相连的情境，我们不仅能够激发学生的学习热情，还能引导他们深入探索历史的深厚底蕴，从而透彻理解并解决问题。

首先，将真实世界的情境与问题融入历史教学，是引领学生深入历史学习、实现深度理解的关键。构建与真实世界息息相关的场景，可以点燃学生对历史知识的渴求和好奇心。这种沉浸式的学习体验促使学生更主动地参与到历史知识的构建中，实现从被动接受到主动探索的转变。

其次，大概念作为深度学习的基石，也是连接历史与现实世界的纽带。通过深入剖析这些大概念，学生能洞察历史事件之间的内在联系，从而建立全面而系统的历史知识框架。这种深度理解不仅有助于学生更好地掌握历史知识，还能提升他们的历史思维能力。

再次，将历史知识与现实生活中的情境和问题相结合，是实现知识迁移和应用的重要途径。通过解决实际问题，学生能将所学知识转化为实际应用能力。这种以问题为导向的教学方式不仅打破了传统教学中知识的孤立性，还有助于学生形成连贯、系统的历史知识体系。

最后，积极探索历史学科与社会学、心理学、地理学等其他学科的交融点，可为学生提供更多元的学习视角，促进跨学科理解和应用能力的提升。这种跨学科的学习方式不仅拓宽了学生的知识视野，更培养了他们的综合素养和创新能力。

　　例如前文提及的项羽火烧阿房宫，它不仅是秦末战乱时期的标志性事件，更在文学和艺术领域产生了深远的影响。然而，历史的真相往往因资料的缺失、传播过程中的误差以及后人的主观解读而变得模糊不清，这可能导致我们对某些历史细节的认知存在偏差。这种争议性为学生提供了一个真实且充满挑战的学习环境。深入剖析这一事件的真实性及其背后的社会文化动因，同时了解考古领域的地质学应用、超景深显微镜、显微红外光谱等技术，能够帮助学生更透彻地理解历史的复杂性和多样性。

　　综上所述，历史判断力之所以能够代表学史的深度，是因为它贯穿大概念的把握、真问题的思辨以及真情境的融入。在历史学习中，我们应持续加强对历史判断力的培养，以促进学生历史素养的全面提升。

Ⅱ　从单元到主题：问题链与大概念

　　在落实历史判断力培养的过程中，问题链与大概念起到了重要作用，前者关注的是怎么教，后者着重解决的是教什么。虽然大概念是一个相对的说法，但它打通教材自然单元、重构课程主题的特征，能够使师生将历史判断力有机地融入大概念的提炼、把握与传达，从而架构起史学思想方法与历史内容结构之间的桥梁，使历史知识、能力、方法、策略等融为一体。问题链则借助综合归纳和分析梳理两种思维方式，进一步将大概念的形成与落实转化为教与学的有机联系，推动历史认识沿着史实—史论—史观的路径双向互动，不断发展、深化和完善，为在中学历史教学过程中完善学史方式注入了新的源泉。

🔧 如何理解历史大概念教学的"大"？

　　在中学历史教学中，教师经常面临两个核心问题：学生应该学什么？学生应该怎么学？尽管这两个问题的答案随着时代的变迁不断演变，但其核心始终不变,即如何使学生更好地适应他们所处的时代。在数字化、信息化日益成为社会发展主流的今天,学生需要学习的远不止知识本身,更重要的是在学习过程中培养创造性地解决真实问题的能力。当前课程改革中提出的价值观、必备品格、关键能力、核心素养等概念,正是对这一需求的回应。

为了提升学生的这些能力,各种教学方法应运而生,项目式学习、主题式学习、真实情境下的学习等逐渐成为教学改革的热点。其中,大概念教学因其独特的视角和深度,越来越受到教育界的关注。大概念,有时也被称为大观念,是专家思维的体现,具有统摄性和生活价值,能够帮助学生重构知识体系并解决真实情境中的复杂问题。

在探讨历史大概念教学时,我们首先需要明确"大"的内涵。

第一,"大"指核心,大概念指的是那些抽象化、普遍化的大观念。这些观念少而精,能够联结学科与真实世界,联结历史与现实。作为历史学科中最为关键、最具概括性的知识,它们统领着其他相关知识点,是理解历史现象和事件的基石。此外,它们还能将零散、碎片化的知识点联结成有序的结构和层级性的框架。这种联结并非简单的叠加,而是基于历史学科的本质和内在逻辑进行的有机整合。

第二,"大"蕴含着整合的意味,即这些概念能够将历史事件、人物和现象串联起来,形成一个有机的知识体系。在历史学科中,我们可以运用"从单一世界到复合世界"这一大概念,将不同历史阶段和地区的内容整合在一起,使学生既能掌握具体的历史事件,又能更好地理解历史发展的整体趋势和内在逻辑。通过引导学生发现和理解大概念,教师可以帮助学生建立知识之间的联系,形成系统化的知识结构。可见,大概念教学是一种注重内在联系和迁移运用的教学方法,它能帮助学生建立宏观的知识框架,提升他们的综合能力和高阶思维能力。在实际教学中,大概念教学的应用非常灵活。教师可根据学科特点和学生需求,选择合适的大概念进行整合教学。

第三,"大"具有迁移的特点,这意味着这些概念不仅适用于某一特定历史时期,还能跨越时空,在不同的历史阶段和背景下发挥作用。掌握大概念有助于学生将历史知识迁移到现实生活中,解决实际问题,培养历史思维。大概念教学强调概念之间的内在联系和迁移运用,它超越了单元、跨单元甚至跨学科的界限。与单元教学、主题式教学等方法相比,大概念教学更注重帮助学生建立宏观的知识框架,培养他们将所学知识应用于新情境和问题的能力。具体来说,教师可以设计各种教学活动,让学生在实践中运用大概念去分析和解决问题,从而提升他们的迁移运用能力和高阶思维能力。在实际教学中灵活运用大概念教学方法,能够更好地激发学生的学习兴趣和潜力,为他们的全面发展打下坚实的基础。同时,这也验证了《大概念视角下的单元整体教学构型》一文中的观点:大概念是反映专家思维方式的概念、观念或论题,具有生活价值,且是建立在学科知识结构化基础之上的。学生运用学科思维方式深度理解历史与现实,并运用这种思维方式解决真实世界中的实际问题,这正是核心素养的体现。因此我们可以说,核心素养是教学目标和评价的出发点,大概念则既是落实教学目标的抓手,也是展示评价的落脚点,两者在教学过程中相互印证。

第四,"大"隐含着与现实的联系。历史大概念不仅有助于我们理解过去,还能指导我们应对现实生活中的问题,表现出与现实世界的紧密联系和很高的实际应用价值。大概念教学强调以真实情境为载体,将学习内容与现实生活紧密结合。这种教学方式能激发学生的学习兴趣和积极性,帮助他们在解决实际问题的过程中,提升对知识的理解、应用和创新能力。以"革命"与"改革"为例,这两个概念贯穿了中国近现代史的重要事件。在教学中,我们可以围绕"改革与革命的辩证关系"这一主题,引导学生从关注具体的历史事件(如戊戌变法、辛亥革命)转向对近现代改革与革命知识的整体建构和理解。通过分析这些事件背后的原因、过程和影响,学生可以更深入地理解革命与改革之间递进发展、有机统一的关系,以及它们是如何作为历史合力的结果而发生的。进一步地,大概念教学鼓励学生将所学知识与现实问题相结合。例如,通过探讨当前进行的改革开放如何被视为一场新的伟大革命,学生将理解改革开放对当代中国命运的决定性影响。这样的教学不仅有助于学生理解中国道路的历史渊源和未来方向,还能让他们深刻地感悟到,每个国家和民族都可以根据自己的实际情况找到一条适合自己的复兴之路。

第五,"大"具有发展的特征。随着历史研究的深入和认识的提高,大概念也在不断发展和变化,以适应新的历史条件和需求。它随着历史的发展而不断丰富和完善,体现了历史学科的动态性和时代性。大概念教学注重学生的长远发展和持续学习能力的培养。通过大概念的学习,学生不仅能掌握当前所学的知识,还能培养面向未来的必备品格和关键能力。这些品格和能力将伴随学生一生,为他们未来的学习和发展奠定坚实的基础,实现知识的不断积累和更新。

在深入探讨了历史大概念教学的"大"之后,我们逐渐认识到,这种宏观的历史洞察并非一蹴而就,而是需要经历一个渐进的过程。这个过程不是简单地灌输或先验地接受大概念,而是随着学生对具体历史事实的深入探索而逐渐形成的。那么,如何有效地引导学生完成这一转变呢?答案就是问题链。作为一种有力的教学工具,问题链能帮助学生从微观的历史事实出发,逐步拓宽视野,深化理解,最终实现对宏观历史大概念的把握。接下来,我们将进一步探讨问题链在落实大概念教学中的关键作用。

为何问题链是落实大概念教学的关键?

大概念教学成功与否,在很大程度上取决于问题链的设计。一个经过精心构思的问题链,不仅能帮助学生深刻理解历史大概念的内涵和价值,还能激发他们的高阶思维,提升他们解决实际问题的能力,为他们未来的学术和职业生涯筑牢根基。然而,设计这样的问题链并非易事,教师需要在教学实践中不断锤炼自己的专业技能,包括问题设计、逻辑梳理和概念阐释等。

所谓问题链,即一系列内在联系紧密、主题明确且层次递进的问题集合。它绝非简单的问题堆砌,而是围绕一个学习主题所构建的层层深入、环环相扣的问题群。在这个链条中,每个问题都扮演着独特的角色,共同构成一个完整、连贯且目标一致的问题体系。

在问题链中,问题是历史教学的基石,它贯穿教与学的全过程,是激发学生思考、引导他们探索历史世界的关键工具。链的概念则强调了这些问题之间的紧密联系和有序排列。孤立的设问无法形成有效的问题链,也无法达到预期的教学效果。

在问题链的引领下,学生将逐步摆脱对历史事实的简单记忆和表面理解,深入探究规律,形成对历史问题的独立思考。在这一过程中,教师的引导作用

至关重要。我们需要精心设计问题链，引导学生逐步揭示问题背后的学科逻辑
和思维方式，让他们对历史大概念形成深刻而全面的理解。

如图 2-2 所示，我们可以将问题分为事实性问题、概念性问题和现实性问
题三类。这些问题分别指向跨单元、单元和单课的不同层面，共同构成了一个
完整的问题体系。其中，现实性问题通常是那些具有抽象性、开放性、指向大概
念的核心问题，概念性问题鼓励学生聚焦现实性问题的某个具体方面进行深入
探讨，事实性问题则用于巩固和深化学生对基础知识和技能的掌握。

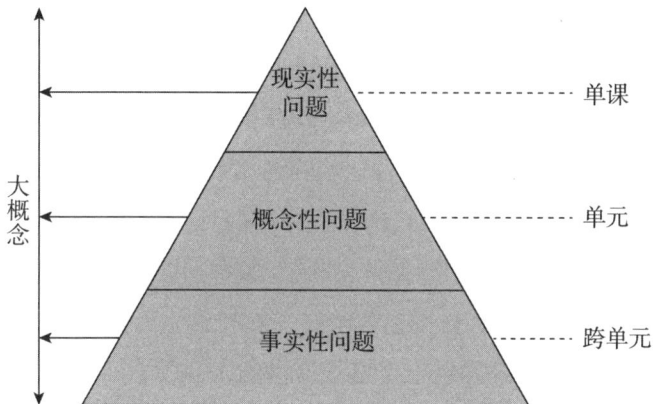

图 2-2　大概念教学指导下的问题链设计

在问题链中，每个设问都紧紧围绕内容主旨、教学目标以及教学的重点和
难点，它们彼此之间存在密切的内在联系，共同构成了一个不可分割的问题组
合，通过对主题内容的不断质疑、追问和深入探究，最终指向大概念的理解和掌
握。这样的设计有助于逐步引导学生深入理解和探究主题内容，形成对历史发
展的概念认识，提升历史学科核心素养和高阶思维能力。

问题链在大概念教学中扮演着至关重要的角色。首先，它作为教学支架，
为教师和学生提供了清晰明确的教学和学习路径。对于复杂且抽象的学习内
容，问题链能帮助学生将其具体化、形象化和系统化，从而更全面地构建对大概
念的认知框架。其次，它能激发学生的主动性和探究欲。一系列有逻辑联系、
层层递进的问题能促使学生主动参与到历史知识的学习和思维活动中去。最
后，它有助于促进学生的深度理解和探究。通过不断质疑、追问和反思，学生能
建立起史实与解释之间的联系，形成更系统化的认知结构和分析能力，进一步

完善和优化对大概念的认知框架。同时,问题链的设计也鼓励学生从不同角度和层面审视相关内容,培养批判性思维和创新性思维。

在深入探讨英国资产阶级革命及其标志性成果《权利法案》的教学过程中,我们精心设计问题链,旨在引导学生从具体史实出发,逐步深化对大概念的理解。这一系列问题不仅涵盖了对事实性问题的巩固与深化,还巧妙地融入了对概念性问题的探索,并最终导向对现实性问题的深刻反思。

首先,通过"《权利法案》的出发点和核心目标是什么? 它旨在保障哪些群体的权利?"等事实性问题,引导学生聚焦法案的立法初衷,理解其作为资产阶级革命成果的法律体现,初步认识该法案对于特定社会群体权利保障的重要性。然后,转向"《权利法案》中议会如何取得相对于君主的最高地位? 这体现在哪些具体条款上?"等问题,开始深入探讨法案的核心内容——议会权力的确立与君主权力的限制,这是英国政治体制转型的关键一步,也是理解现代政治制度的重要知识。接着,通过"《权利法案》的颁布如何标志着英国从君主专制向君主立宪制的转变? 这种转变在政治制度上有哪些具体体现?"等问题,鼓励学生对比法案颁布前后的政治制度变迁,特别是国王与议会权力关系的重构,从而更直观地感受政治制度现代化的进程。这一层次的问题不仅关注事实性细节,也引导学生思考政治制度转变的深层含义。

在此基础上,进一步提出"《权利法案》第5至13条如何体现对议会和民众权利的保障? 这些保障措施对英国的政治稳定和发展有何积极作用?"等事实性问题,促使学生深入研读法案文本,理解其对议会民主、民众基本权利的多维度保护,以及这些保护措施如何为英国的政治稳定与长期发展奠定坚实基础。这些问题既是对事实性内容的深入探讨,也是对政治制度背后理念的思考。最终,通过"为什么君主立宪制被认为是近代资本主义制度的政治制度之一? 它与资本主义经济制度有何关系?"等概念性问题,引导学生跳出具体条款的局限,从宏观视角审视君主立宪制与资本主义经济制度的内在联系,理解二者相互促进、共同发展的逻辑,并思考这一历史转变对现代国家经济和社会发展的深远影响。

这一系列问题的设计,从具体到抽象,从微观到宏观,层层递进,最终指向一个现实性问题,即"政治制度与经济制度是社会历史发展中不可分割的两个方面,它们相互作用、相互影响,共同推动着现代国家的构建进程"。它不仅加深了学生对英国资产阶级革命及《权利法案》历史意义的认识,还促进了他们对现代国家构建进程中政治制度与经济制度关系的深层思考。将历史学习与现实问题相联系,有助于学生思考历史事件对当代社会的影响和价值,有效提升历史学科核心素养和高阶思维能力。

此外,在设计问题链时,我们应遵循循序渐进的原则,确保每个问题都符合学生的认知规律和发展需求。这样设计出来的问题链不仅具有针对性和实效性,还能帮助学生逐步深入理解和探究大概念。因此,对大概念教学而言,问题链不仅是一种有效的教学策略和方法,更是一种能够提升学生思维能力、创新能力和自主学习能力的重要思维工具。

问题链之所以能成为大概念教学落实的关键,是因为它从史实出发,逐步深入到理性的思考和辨析,聚焦于系统思维和批判性思维的形成,最终指向可迁移的技能与思维层面的大概念理解,这种设计有助于激励学生提升自主探究能力。在问题链的引导下,学生不再局限于对历史史实的简单记忆和表面理解,而是沉浸于提出问题和解决问题的过程中,参与到历史知识和思维的构建中,逐步建立起相应的逻辑框架体系,从而能够更好地理解抽象的内容,形成对大概念的正确认识,并在此基础上习得强烈的自主学习和终身学习的意识与能力。

在教学实践中,大概念作为教学内容的核心与灵魂,其关键在于明确教什么,为教学提供方向与目标;而问题链作为实施教学的策略与工具,主要聚焦怎么教,通过精心设计的问题序列引导学生深入探索与理解。基于大概念的统摄,问题链的设计应遵循启发性、关联性和渐进性三大原则,以促进学生历史学科核心素养的全面发展。以选择性必修 2《经济与社会生活》第 14 课《历史上的疫病与医学成就》为例,围绕"人类与疫病之间的关系"这一大概念,我们针对黑死病案例设计了一个层次清晰、逻辑严密的问题链。

首先,教师提问:"我们能从薄伽丘《十日谈》的相关描述中获取哪些关于黑死病的信息?"引导学生直接面对原始史料,锻炼他们从文本中提取关键信息的能力。这一过程不仅要求学生细致阅读,还促使他们学会甄别、筛选史料中的有效信息,是历史学科核心素养史料实证能力的直接体现。其次,进一步设问:

"请结合《十日谈》及史学家坚尼·布鲁克尔《文艺复兴时期的佛罗伦萨》中的相关论述,概括黑死病的主要特征。"此环节鼓励学生突破单一史料的限制,学会利用多种来源的资料进行互证,以便更全面地把握历史现象。这不仅深化了学生对黑死病特征的理解,也训练了他们综合分析和概括史料的能力。最后,上升至对疫病普遍影响的探讨:"将黑死病的影响拓展至所有疫病,你认为疫病如何对个人、社会、国家乃至文明产生深远影响?请结合教材及必修课程中的相关史实,为你的观点提供论据。"此问题引导学生从个别到一般,从具体的历史事件中抽象出普遍规律,同时要求他们构建论点与论据之间的联系,进行深度论证。疫病作为经济基础变化的一个极端表现,是社会一定发展阶段的生产力所决定的生产关系的总和,是构成一定社会的基础。分析疫病对社会、国家乃至文明的影响,实际上也在探讨经济基础变化如何引发上层建筑(如政治制度、文化观念、社会习俗等)的调整。这一过程不仅促进了学生对疫病历史影响的全面认识,还让他们显著提升了历史解释与论证能力,进一步拓展了历史认知的广度与深度。

上述问题链设计,不仅遵循了启发性、关联性和渐进性原则,还充分激发了学生的主动探究精神,有效促进了历史学科核心素养的培养,为学生深入理解"经济基础决定上层建筑,上层建筑反作用于经济基础"这一大概念奠定了坚实的基础。

大概念教学为何有助于历史判断力的养成?

在中学历史教学中,大概念教学不但体现了知识系统建构的智慧,而且彰显了历史思维方式的培养理念和单元设计的核心策略。通过动态地感知历史进程,大概念教学将知识内化为学生的深层体验,帮助他们相对全面地理解历史结果,并形成可灵活应用的学习能力。其独特魅力在于引导学生围绕大概念或主题,进行整体性、系统性和连贯性的探究,从而深化对历史事件、人物和现象的理解,提升甄别、诠释和评价的综合能力。在这一过程中,学生不仅能解决问题,更能基于事实判断展现个人的价值判断。

从理论层面看,大概念教学得到了认知心理学和建构主义学习理论的双重支撑。一方面,认知心理学将学习视为一个信息加工过程,大概念作为高层次的认知结构,有助于学生有序地组织和存储历史知识。另一方面,建构主义学习理论强调学生的主动学习,大概念作为学生建构历史知识网络的关键节点,能帮助他们形成个性化的历史知识体系。

第一,大概念教学是奠定历史判断力培养的基石。

大概念教学着重引导学生深入理解和掌握历史概念、原理及规律,这些要素紧密相连,共同构建起历史知识的坚实框架。通过系统探究重要的历史时期、事件和人物,以及它们之间错综复杂的关系,学生能够逐步建立起全面而牢固的历史知识体系。

此外,大概念教学在帮助学生建立宏观历史视角方面亦发挥着不可替代的作用。通过学习大概念,学生能够拨云见日,从纷繁复杂的历史事件中提炼出主线与规律,把握历史发展的整体脉络。这种宏观视角的形成是培养学生历史判断力的关键,它使学生能够超越细枝末节,以更宽广的视野审视历史的全局,进而更准确地洞悉历史的本质与深层逻辑。由此可见,大概念教学不仅为学生提供了系统的历史知识,还为他们开启了一扇深入理解历史、形成独立历史判断的大门。

例如,《中外历史纲要(上)》的第一、三、四单元精心设计了 6 节课,旨在从学生现有知识水平出发,遵循科学的学习逻辑,并致力于深化对大概念的理解。除了引导学生从经济状况、政治格局、文化传统、思想潮流或当时形势的多重视角去理解、解释和评价历史事件外,还在课程中融入了唯物史观这一大概念,特别是"社会存在决定社会意识""生产力和生产关系的矛盾运动推动历史发展""经济基础与上层建筑的辩证关系"等基本原理。具体而言,课程被细化为以下三个相互联系、层层递进的学习主题。

一是历史发展的动力与基础(第一单元)。本单元以"探寻历史根源:社会存在与历史意识的交织"为主题,围绕国家起源、早期文明演进等关键节点,通过详细考察古代社会经济状况(如农业革命、手工业发展)如何奠定国家与社会结构的基础,进而分析这些物质基础如何影响并决定了当时人们的政治观念、宗教信仰及文化艺术等社会意识形态。本单元旨在让学生深刻理解"社会存在决定社会意识"的唯物史观基本原理。

二是生产力与生产关系的变革(第三单元)。本单元以"生产力跃迁:历史进程中的矛盾与突破"为主题,选取唐末至宋代的转型期作为案例,探讨这一时期生产力的显著提升(如农业技术的革新、手工业的专业化)如何引发生产关系的深刻变化(如土地制度的调整、租佃关系的兴起)。学生将学习运用唯物史观来分析生产力和生产关系之间的矛盾运动是如何推动历史发展的,以及这一过程中不同社会阶层间的利益冲突与妥协。

三是经济基础与上层建筑的互动(第四单元)。本单元以"制度之基:经济基础与上层建筑的辩证关系"为主题,选取明清时期作为研究时段,深入分析这一时期商品经济的萌芽、海外贸易的拓展如何促进社会经济基础的转变,进而探讨这些变化如何反映在上层建筑的调整上,包括政治制度的变革(如君主专制的强化与衰微)、思想文化的繁荣(如心学、实学的兴起)以及社会结构的重组。本单元旨在帮助学生全面掌握唯物史观中关于经济基础与上层建筑相互作用的复杂机制,从而能够洞察历史发展的内在逻辑。

通过上述三个单元的学习,学生不仅能构建多元全面分析历史问题的复杂情境,还能在唯物史观的指导下,形成超越具体历史事件的宏观视角,以更宽广、更深刻的视野审视历史的全局,进而培养出独立且深刻的历史判断力。

第二,大概念教学引领历史思维的深化与发展。

历史思维是一种高度复杂的认知能力,涵盖了时空观念、史料实证、深入理解、精准解释以及历史价值观等多个维度。而大概念通常具有高度的抽象性和概括性,要求学生运用逻辑思维和批判性思维进行深入的理解和灵活的运用。在此过程中,学生的历史思维能力自然能得到全面的锻炼和提升。

大概念教学通过引导学生深入探索历史事件的来龙去脉,分析历史人物的行为决策,评价历史现象的影响意义,有效地培养了学生的历史思维能力。这些思维能力是形成准确、深刻的历史判断力不可或缺的重要组成部分。通过大概念教学,学生不仅能提升历史思维能力,更能为未来的历史学习和研究奠定坚实的基础。

例如,我们以"历史认识是如何形成的"这一学习主题为核心,聚焦"马戛尔尼下跪了吗"这一真问题,在课堂教学中设计了环环相扣、逻辑连贯、开放设计的问题链(见表2-1)，旨在引导学生辨析马戛尔尼来华史料记载中的偏差，引发对史料价值的思考。

在深入探讨"明清时期的危机"时，我们聚焦"制度之基：经济基础与上层建筑的辩证关系"这一学习主题，选取马戛尔尼访华事件作为案例，设计了逻辑严密、层次递进的问题链，旨在引导学生通过探讨马戛尔尼的行礼方式来深入辨析史料记载的差异，并借此深化对历史认识形成机制的理解。

在具体实施的过程中，先用多样的史料勾勒出马戛尔尼访华过程中的礼仪冲突，以史学著作、回忆录、诗作、档案等文献史料引出"马戛尔尼究竟在乾隆帝面前如何行礼"的历史悬念，在课堂中展开讨论。然后以四幅绘画作品来补充历史细节，将不同时期的绘画作品作为深入解读或辨析史料信度的载体，进行史料实证或历史解释的分析研究，以典型图文史料还原历史细节，从"记录的历史""传播的历史""接受的历史"等视角去梳理、接近"真实的历史"，理解人物活动与主观因素、社会环境的关系。最后以"傲慢遇见自负"为切入点，汲取文献和表格中的历史信息，理解中英两国因外交、传统、国情和目的不同所造成的礼仪方面的争议与摩擦。

层层递进的问题链为满足不同学力学生的能力培养提供了路径(见表2-1)。课堂讨论和交流使学生能够深入了解清朝前期内政外交的基本情况，理解中英双方在这一事件中的态度、立场和视角，以及这次事件产生的历史影响。在具体的历史情境中，一系列开放性的问题不仅能引导学生回到当时的情境下进行思考，深化对这一历史事件时代背景的认识，进一步获得合乎逻辑的历史解释，还能引导学生检视思维逻辑的合理性，最大限度地实现对历史事实的重现。学生在习得史学思想方法、完善历史学习方式的过程中尝试解决问题，懂得了历史认识产生于当下与过去不断的对话，体现着每代人对过去的理解与思考。

表2-1　大概念下的问题链设计

大概念：社会存在决定社会意识，生产力和生产关系的矛盾运动推动历史发展，经济基础与上层建筑的辩证关系
学习主题："探寻历史根源：社会存在与历史意识的交织""生产力跃迁：历史进程中的矛盾与突破""制度之基：经济基础与上层建筑的辩证关系"

（续表）

阶段	问题链	说明	判断力
史料收集与初识	关于马戛尔尼访华时的行礼方式,不同史料是如何记载的?	引导学生了解史料的多样性,培养历史信息收集的初步能力	指向事实判断的问题,培养初步历史认知
史料对比与分析	这些不同史料在描述同一事件时存在哪些差异? 可能的原因是什么?	培养学生的对比分析能力,初步了解史料的价值与局限	指向事实判断的问题与指向价值判断的问题相结合,培养历史分析和判断能力
深度探究与理解	这些差异反映了哪些历史背景、社会因素或政治立场?	引导学生深入探讨史料背后的深层原因,提升历史洞察力	指向价值判断的问题,深化历史理解
观点形成与表达	基于你的分析,你如何理解马戛尔尼访华时的行礼方式?	鼓励学生形成自己的历史观点,并能清晰、有逻辑地表达	指向价值判断的问题,培养独立思考与表达能力
批判性思考与评价	你认为在形成历史认识时,应该如何权衡和评估不同史料的价值?	培养学生的批判性思维,学会在多元史料中寻求合理、全面的历史认识	指向价值判断的问题,提升历史评价能力

教师以马戛尔尼访华为切入点,首先展示多样化的史料,如史学著作、回忆录、画作、档案等,让学生直观地感受到历史记载的多样性。接着,引导学生对比不同史料中的描述,分析其中的差异,并探讨这些差异背后的历史背景、社会因素或政治立场。

在深度探究与理解环节,教师通过小组讨论等活动,让学生深入理解史料背后的深层原因,形成自己独特的历史见解。最后,引导学生结合自己的见解,对史料的价值进行批判性评估,形成全面、客观的历史认识。

通过这一系列的探究过程,学生不仅能掌握历史学习的基本方法,还能在实践中提升批判性思维、逻辑推理和独立思考能力,深刻理解历史认识的复杂性,在多元史料中寻求合理、全面的历史认识。

第三,大概念教学的终极目标是提升历史判断力。

历史判断力是学生在面对复杂多变的历史情境时展现出的核心分析能力。它要求学生不仅具备深厚的历史知识储备,还能熟练运用唯物史观这一科学的历史思维框架,进行独立、深刻的思考与判断。大概念教学正是通过构建宏观的历史视野与深入的历史理解,帮助学生把握历史事件的本质与规律,从而培养其历史判断力。

以《中外历史纲要(下)》第八单元《20世纪下半叶世界的新变化》的学习活动"新航路开辟后亚非拉国家的过去、现在和未来"为例,我们在导学案的设计中深度融合了唯物史观,旨在深化学生对历史事件、人物和现象的理解,提升他们甄别、诠释和评价的综合能力。具体而言,首先引导学生从"社会存在决定社会意识"的角度出发,分析新航路开辟如何改变了亚非拉国家的经济结构、政治格局乃至社会意识;然后利用"生产力和生产关系的矛盾运动推动历史发展"的原理,探讨这些国家在新航路开辟后的兴衰更替;接着通过"经济基础与上层建筑的辩证关系",理解不同国家应对外来冲击时的政策调整与社会变革。

在课前准备阶段,我们鼓励学生自主选择研究国家,运用唯物史观指导下的历史分析方法,深入挖掘这些国家在新航路开辟后的历史变迁。课堂展示中,学生进行了模拟外交官或项目代表的角色扮演,不仅对具体历史事件进行了深入分析,还结合唯物史观探讨了该事件背后的社会经济根源、政治动因及对后世的影响,这一过程极大地锻炼了学生的批判性思维、全局观念和领导能力。

在研究报告撰写环节,我们特别强调以唯物史观为指导,分析发展中国家在新航路开辟后面临的共性与个性挑战,如殖民统治、资源掠夺、经济依附等问题,并探讨其应对策略。通过小组讨论与国际组织模拟投票,学生学会了从不同角度审视问题,并进一步培养了协作能力与团队精神。这一过程不仅大大提升了学生的历史思维水平,还使他们加强了对现实世界的关注与思考,拓宽了国际视野,深化了对时代情怀的理解。

综上所述,大概念教学在历史学科中发挥着核心作用。它不仅帮助学生构建起扎实的历史知识体系,还极大地促进了历史思维能力的全面发展,显著提升了历史判断力。这一教学模式赋予了学生科学的世界观和方法论,使他们能够全面理解历史事件、人物和现象,更重要的是,学生可将这种能力迁移至现实生活,用以解决各种实际问题。通过大概念教学,学生不仅提升了历史学科素养,还能在未来的学习和生活中,以更明智、科学的态度作出决策,为个人的全面发展奠定坚实的基础,并展现出卓越的成长潜力和应对复杂挑战的能力。

Ⅲ 从课堂到课后:课程化与项目化

课堂固然是培养与落实历史判断力的主阵地,但它并非唯一的阵地。基础常规课程和校本课程共同构成了养成历史判断力的课程体系,前者是基石,后者是阶梯。大概念和问题链主要指向基石的夯实,课程化、项目化则相应地指向阶梯的营建;当然,在这一过程中,大概念和问题链依然是两个不可或缺的重要因素。校本课程的开发、建设与实施,为历史判断力的培养开辟了更为广阔的空间,甚至可以说提供了近乎无限的可能,前提是这种校本课程能深入到学生的社会生活中。项目化则将历史判断力的培养置于问题发现与解决的学史情境中,学以致用不但丰富了学生的学史经历,而且在一定程度上促使师生思考项目化学习在课程教学,尤其在校本课程中真实发生的路径、方法、策略等。打通课程化与项目化的"任督二脉",可推动常态的历史学习从课堂延伸到课后,使历史判断力的基本范式在学生周遭的现实社会、日常生活中彰显出独有的价值,这也为"学问即生活"作出了最为恰当的注脚。

💡 指向历史判断力养成的课程体系是如何设计的?

在探讨以历史判断力培养为导向的课程体系研发时,我们首先要明确指向历史判断力养成的课程体系是如何设计的。学生历史判断力的形成不是一蹴而就的,需要构建系统化、精确化的课程体系,并实施长期、有序的培育策略。这一课程体系的设计,既要严格遵循历史学科的内在逻辑规律,又要充分考虑学生全面发展的实际需求。从历史学科的视角出发,我们可以将基于历史判断力培养的课程体系细分为基础常规课程和校本课程两大核心组成部分。

一是基础常规课程，它是夯实历史判断力的基石。

在高一和高二年级，学校按照相关要求开设历史常规课程，教授必修课程《中外历史纲要》。参加等级考的高中生还需要额外学习选择性必修内容，以深化对国家制度、社会治理、经济生活、文化交流等领域的理解。这些课程内容的设计，旨在为学生打下坚实的历史知识基础，同时提供丰富多样的素材和宽广的视野，以助力其历史判断力的全面培养。在培养学生历史判断力的过程中，我们坚守"以终为始"的教学设计理念，即教学设计始终围绕学生最终的习得目标和预期结果展开，逆向规划并精确制定教学策略。在实践中，我们既注重知识的传授，又特别关注学生可迁移能力的塑造，确保教学过程紧密贴合教学目标，并始终保持一致。

此外，我们还构建了以点带面的跨单元主题教学设计，精心整合教材内容，强调历史学科知识的整体性和连贯性。同时，强化集证辨据、逻辑推理、解释评价等历史高阶思维和历史方法的训练，引导学生形成全面而系统的综合思维能力，提升他们在新情境下应对并解决复杂问题的能力。

二是校本课程，它是提升历史判断力的阶梯。

为充分满足学生历史学习的多样化需求，我们结合学校的办学特色、课程标准的明确要求以及基础常规课程教学的实际效果，自主研发了一系列旨在培养历史判断力的历史学科校本课程。这些课程主要分为两大类：一是以选修课为平台开设专题性校本课程，如"中外历史名著选读""历史上的判断与决策"等；二是侧重实践应用的历史活动课程。

在研发选修课程的过程中，我们始终坚守立德树人、满足学生现实诉求、落实核心素养三大原则，以确保课程内容既符合历史教育的根本任务，又能紧密贴近学生的实际需求和发展方向。具体说明如下。

第一，选修课程的开发必须以立德树人为根本任务。历史课程作为基础且核心的学科，其目标在于立德树人，这一点是由历史课程的本质属性所决定的。所谓"立德"，意指将崇高的道德品质融入个体的成长历程，实现道德精神的内化，凸显道德的首要性。"树人"则体现了以人为本的教育理念，强调以个体为出发点和核心，注重并激发个体的主动性和创造性。作为学校历史课程体系中不可或缺的一环，校本课程体系的开发应当能够"发挥历史课程立德树人的教育功能,使学生能够从历史的视角关心国家的命运,关注世界的发展,成为德智体美劳全面发展的社会主义建设者和接班人"。

第二,选修课程的开发应以满足学生实际需求为出发点。《普通高中历史课程标准(2017年版2020年修订)》明确指出:"多维度地创设试题情境,考查学生在新情境下如何解决问题,有利于检测和评价学生的历史学科核心素养水平。"以上海地区的高中历史等级考试与合格考试为例,其题型已根据历史学科素养的要求进行了调整,这一变化对高中生史料阅读、分析、辨析、概括、归纳、提炼、解释等能力提出了更高的要求。鉴于基础常规课程的教学内容较多、课时紧张,导致针对历史文本深入、系统性的阅读能力训练受限,校本课程体系的研发在一定程度上有效满足了学生对提升历史学科文本阅读能力的实际诉求。

第三,选修课程的开发要以落实核心素养为目标。历史学科核心素养是涵盖历史知识、能力和方法及情感、态度与价值观等多个方面的综合体现。在校本课程的研发过程中,我们致力于培养并提升学生的历史学科核心素养,确保课程设计始终围绕这一宗旨,全面关注学生在主体活动中的知识掌握、技能提升、态度塑造、情感培养及品格塑造等多方面的综合发展。我们的最终目标是引导高中生更全面、更客观地理解和把握历史,培养他们的批判性思维和终身学习的能力,同时增强他们探究历史的主动性、积极性和实践性。

作为历史教研组精心研发的系列校本课程之一,选修课"历史上的判断与决策"旨在遵循并落实高中历史课程标准的要求。该课程以高中历史统编教材为蓝本,精心挑选了教材中值得深入探讨的重要历史人物和被质疑的历史观点,通过案例分析,引导学生对历史人物和观点进行深入探究,并鼓励学生基于史料的阅读,理解科学决策与判断背后所蕴含的复杂因素及主客观条件。此过程旨在帮助学生形成辩证、系统的历史认知,以逻辑合理的方式理解和评价历史进程中的多因多果现象。

历史活动课程则致力于通过创设自主探究的真实情境,激励学生将所学知识应用于实践,以应对新挑战。在课程设计过程中,我们把重点放在确保活动目标的明确性、活动步骤的高效性以及活动评估的公正性上。以关注历史学科判断力养成的口述史访谈活动为例，该课程以"硝烟中的坚守：抗日战争的记忆"为核心话题，引导学生通过采访抗战老兵，深入体验历史，拉近与历史的距离，进而增强历史理解与实践能力。

历史学科具有独特的学科属性，强调鉴古知今、学思践悟、知行合一的教育理念。相较于基础常规课程和校本课程，历史活动课程更紧密地贴合了历史学科中"实践"与"行动"的核心特质。这类课程通过为高中生构建一个自主探究问题的真实环境，积极引导学生将既有知识和能力应用于解决实际问题，并促使学生在此过程中对所学所得进行深入反思，从而搭建起古与今之间的桥梁，进一步促进学生批判性高阶思维能力的发展。历史活动课程的规划与设计主要聚焦以下三个核心要素。

首先是活动目标的明确性。活动目标是历史活动课程的指南针，其确立直接影响活动环节的设计、活动策略的选择以及活动评价的制定。在制定历史活动课程目标时，我们应紧密围绕历史学科核心素养展开，并充分考虑学校的办学理念以及学生的具体状况。此外，总目标与分解目标之间的逻辑关系应严谨，梯度设置须合理，以确保目标之间的连贯性和层次性。

其次是活动环节的有效性。为确保活动环节的有效执行，我们应将活动目标细化至具体环节，同时强调学生的主体性地位。在环节设计上，必须确保任务紧密围绕目标展开，突出关键要点。在形式选择上，鼓励多元化的展示方式，如实地考察、角色扮演、小组探究等，以满足不同学生的学习需求。此外，活动策略的制定应基于科学、合理且具可操作性的原则，旨在充分调动学生的参与度和积极性，确保活动能够取得预期效果。

最后是活动评价的合理性。活动评价应严谨合理，涵盖过程与结果双重维度。在评价过程中，我们应全面考量活动目标的达成情况、活动环节设置的合理性、对学生历史学科核心素养的培养程度，以及活动参与者积极性和主动性的展现状态，同时要关注活动任务的完成程度。对于活动评价方式的选择，必须采用多维度、多层面的视角，充分考虑可能出现的非预期性结果。

针对历史学科素养的培养，历史判断力的提升与史学方法的训练应始终贯穿基础常规课程的教学设计，具体体现在以下两大方面。

一方面，秉承"以终为始"的教学设计理念。历史判断力的培养本质上涉及历史高阶思维能力的系统塑造。在教学实践中,这一能力的培养体现在"以终为始"教学目标的切实达成上。如上所述,所谓"以终为始"的教学设计理念,其核心在于教学设计必须紧密围绕学生的最终习得目标和预期成果展开,以明确的目标导向和结果导向作为指引,采取逆向思考的方式,精心设计教学流程。在这一理念的指导下,我们不仅要确保知识传授的准确性和深度,还要深入探究基于教学预期目标学生可迁移能力实现的主观能动性和潜在可能性。同时,我们应关注过程性评价的及时反馈和教学策略的有效调整,确保教学过程中的每一个环节都能紧密贴合教学目标,以实现教学效果的最优化。

另一方面,构建以点带面的跨单元主题教学设计。相较于初中历史教学,高中历史教学更注重引领学生深入理解历史发展的宏观趋势。与教材文本中传统的单元划分相比,立足单元主题的跨单元主题教学策略不仅能有效整合教材内容,从而凸显历史学科知识的系统性和完整性,还能极大促进学生综合思维能力的培养,提升他们在复杂情境下综合分析、细致辨析、解决问题的能力。在教学实践中,我们可将教材单元主题视为全面覆盖的面,跨单元主题则是深入剖析的点。这种以点带面的跨单元主题教学设计,将教材文本作为关键的历史证据,通过强化集证辨据、逻辑推理、解释评价等历史高阶思维和历史方法的训练,引导学生在实证和解释中深化对特定主题的个性化理解。

学习与研究历史的核心目的在于深刻理解和把握当下。以《中外历史纲要(上)》第八单元《中华民族的抗日战争和人民解放战争》为例,考虑到该内容与当代高中生的实际生活有一定的距离,为了搭建一个让学生与历史紧密接触的平台,我们策划了历史活动课程"关注历史学科判断力养成的口述史访谈活动"。该活动以"硝烟中的坚守:抗日战争的记忆"为主题,鼓励学生关注并接触身边的抗战老兵,倾听他们亲身经历的故事。

通过口述史访谈活动,我们成功拉近了当代高中生与抗战历史之间的距离,有效提升了他们搜集历史资料、设计访谈问题、合理表述观点以及进行科学推断的能力。在这一特定的历史情境中,学生能够与被访的抗战老兵产生情感共鸣,实现知识、情感与行动的统一。

总体而言,基础常规课程和校本课程在互补与促进中共同构建了一个旨在培养学生历史判断力的全面课程体系。这一体系的核心目的在于协助学生以全面、客观的视角深入理解并把握历史,同时培养其批判性思维和终身学习的能力。

随着指向历史判断力养成的课程体系的逐步完善与实施,我们开始深入探讨如何在课程教学中实现真实有效的项目化学习,以此推动学生高阶思维的持续发展。这自然引导我们进一步探讨:如何在课程教学中真正落实项目化学习?

项目化学习如何在课程教学中真实发生?

项目化学习即基于项目的学习,它更强调设计思维和核心知识的理解,通过创建具有挑战性、驱动性的问题,引导学生在探索中获得持续学习的动力,并推动他们高阶思维的发展。为了确保项目化学习在课程教学中的有效实施和真实体现,我们应遵循以下四个策略。

第一,要明确项目化学习的目标和预期成果,涵盖核心知识掌握、高阶思维发展及判断力提升等多个维度。有针对性地设计项目任务和学习活动,帮助学生在完成项目的过程中不断锤炼对信息的筛选、分析和评估能力,从而增强判断力。

第二,要创设真实、有意义的问题情境。设计贴近学生生活、富有挑战性的问题情境,是激发学习兴趣和探究欲望的关键。这些情境应蕴含复杂的社会现象或历史事件,促使学生运用批判性思维审视问题,从不同角度进行推理与判断。同时,问题情境应具有开放性和复杂性,能够激发学生的深度思考和多元解读。

第三,要提供充足的资源和支持,包括学习材料、工具、技术以及教师的指导和反馈。学生应有机会接触到丰富的历史资料、文献和实物,从而进行深入的研究和探索。同时,教师需要适时提供引导和帮助,确保学生在项目化学习过程中保持正确的方向。

第四,要建立有效的评价机制。构建一个包含过程性评价与结果性评价在内的多元评价体系。其中,过程性评价主要关注学生在项目化学习过程中的表现、进步和反思,结果性评价主要关注学生的最终成果和作品,全面追踪学生在项目化学习过程中的学习情况,进而调整教学策略,确保项目化学习的有效实施。通过质性分析与量化评估相结合的方式,我们不仅关注学生的学习成果,更重视他们在探究过程中展现出的分析、比较、归纳等判断技能,以及面对不确定性的决策能力。

对于历史学科项目化学习的实施策略,我们需要特别重视以下五个方面,以确保其在教学中的真实性和有效性。

第一,应重视学生在自主探究过程中的积极性。在历史学科项目化学习的实施过程中,应鼓励学生通过自主讨论、协商决策来确定研究主题,充分激发他们的参与热情。在活动方案的设计阶段,应鼓励学生独立思考、自主操作、合理规划,培养他们的主动性和创造力。在活动成果的展示环节,应给予学生自主决定展示形式的权利,不断激发他们的创造潜能和主人翁精神。

第二,应以学科大概念为指导。大概念是历史学科中的核心与上位概念,其显著特征为系统性和整体性,能够全面展现历史学科的内在逻辑与结构。其抽象性与概括性特征有助于学生对历史学科特质进行深入思考与理解,并在探究过程中形成独立、深入的思考能力。在大概念的引领下,历史学科项目化学习得以有效实施,从而真正实现了知识的整合、认知的深化以及能力的迁移。

第三,应对学习活动进行细致的过程性指导。在历史学科项目化学习中,我们着重为学生提供一种浸润式的过程体验,这就要求教师在学生参与的各个环节提供及时、精准的指导。这种指导包括但不限于解答学生的疑惑、提供有针对性的建议、合理把控学习进度以及对学生学习成果的质量进行客观评估。在进行过程性指导时,教师应明确自身作为引导者的角色定位,勇于放手让学生自主探索,同时要从学生的角度出发,深入理解和分析学生的言行举止,确保指导的针对性和有效性。

第四,应确保学习活动得到充分保障。历史学科项目化学习的应用,可广泛覆盖基础常规课程、特色校本课程以及丰富的历史活动课程。在筹划及设计相关学习计划时,必须全面审慎地考量课时分配、学生实际学情、核心学习内容以及必要的经费预算等因素。同时,要对学校关于该项目化学习的定位形成清晰认识,争取获得学校其他部门的有力支持,确保项目顺利实施并达成预期目标。

第五,应重视对学习活动成果的评估工作。在评估历史学科项目化学习结果时，我们关注的重点并非项目质量的优劣，而是学生在历史学科核心素养方面的成长与提升。具体而言，我们需要评估学生是否在自主学习、合作学习以及探究学习等方面取得了进步，同时也要观察学生在实际操作中是否能够体现出创新精神。这些评估指标对于准确衡量项目化学习成效具有至关重要的意义。

在深入探讨历史学科项目化学习实践的具体细节之前，我们首先需要理解其背后的策略性意义。项目化学习的目标是激发学生的学习热情，在此过程中培养他们的批判性思维能力、团队协作能力及对历史的深刻认识。这种学习方式强调学生的主体地位，鼓励他们通过亲身实践与深入探究，进一步深化对历史知识的理解和把握。为了确保这一实践的精准性与高效性，我们将其核心置于以下三个层面。下面我们将逐一深入探讨这些层面的具体内容及其执行策略。

在历史学科项目化学习的推进过程中，首要任务是确保学生知识与能力的再建构得以实现。这一过程既不是简单的知识传授或能力训练，也不是对学生既有知识与能力的重复，而是依托问题导向，引导学生对既有知识与能力进行深度整合与重构，持续思考并优化解决问题的策略，进而促进批判性思维与创新能力的全面发展。高质量的历史学科项目化学习，离不开对史料的深入阅读，这不仅是问题探究的起点，更是学生知识与能力重构的重要平台。

在史料阅读中，学生不仅要完成读这一基本任务，还要对史料选取、文本语义进行深入思考与阐述。正如著名史学家卡尔所言："历史事实总是通过记录者的头脑折射出来。"①因此，历史阅读常伴随历史解释，不同的视角可能产生不同的历史解释。

在基础常规课程教学实践中，教材文本的"历史文献"栏目为学生提供了观点鲜明、内容丰富、篇幅适中且与教材内容高度契合的阅读材料。通过设定驱动性问题，教师可以引导学生基于史料文本的阅读，对特定人物或事件形成独立的判断。

此外，历史影视作品的阅读在基础常规课程中也有着广泛的应用，它通常作为教学辅助手段。教师在选用历史影视作品时，要确保其时长控制在 5 分钟以内，内容应展现历史的复杂性与矛盾点，并与教学目标、教学重点难点及教材

---

① （英）爱德华·卡尔.历史是什么？［M］.陈恒，译.北京：商务印书馆，2007：106.

核心内容紧密契合。例如,在教授《中外历史纲要(上)》的中国古代史部分时,可以借助电视纪录片《如果国宝会说话》中的文物线索,引导学生穿越时空,感受历史情境,增强对中国古代史的探究兴趣。在观看前,教师应为学生准备关联性问题,以促进学生学习主动性和学科核心素养的培养。

历史学科项目化学习的成果展示具有至关重要的地位。成果的呈现是衡量学习目标达成度和学生学习成效的关键指标之一。如果项目化学习未能产生明确的成果,这可能反映出驱动性问题设计上的不足,或是学生在新情境下未能有效迁移知识、能力及方法,抑或是成果无法有效回应驱动性问题。历史学科项目化学习的成果形式丰富,其中写作尤为突出。历史学科的史料阅读、问题质疑等都可以转化为写作成果,如解题思路、方案、报告、剧本等。

写作过程包括选题、文献综述撰写、史料搜集与鉴别、观点论证及正文撰写等多个环节。选题可由学生基于阅读兴趣自主确定,或由教师提供具有明确指向性的史料和问题,学生据此提炼主题。文献综述撰写涵盖史料搜集、整理、阅读、拟定提纲、成文等步骤。在观点论证方面,常用的方法有列举史实、引用权威理论、比较法、推理及归谬论证等。完成上述步骤后,学生方可进入正文撰写阶段。

历史剧创作是项目化学习成果的重要表现形式之一。尽管它包含一定程度的虚构元素,但历史事件的大纲、真实存在的重要人物及历史顺序等必须保证真实。历史虚构部分应符合历史发展的可能性。例如,在2026届复旦附中课本剧展示活动中,学生创作的《苏武传》以西汉外交家苏武出使西域、被匈奴所囚、最终归汉的史实为蓝本,融入《汉书》作者班固的视角,将个人命运与时代机遇相结合,对苏武的形象进行了深入的思考与解读。

历史学科项目化学习旨在提升学生合作探究方面的能力。在实施过程中,合作探究被赋予了特别的含义,其中"合作"一词强调了智力层面的共同分享、探索与相互激发。为确保这一目标的实现,历史学科项目化学习的团队建设显得尤为关键。具体来说,团队的规模应适中,团队的组建应灵活并遵循一定原则,成员间的差异性应控制在合理范围,团队成员间的契合度应持续提升,分工应合理并与个人的主观意愿相契合。在合作探究驱动性问题的过程中,团队成员应频繁地进行交流与讨论,学会理性地阐述观点,并善于倾听他人的意见,通过协商制定进度表,以确保实施的成效。

综上所述,项目化学习在课程教学中的成功实施,取决于项目目标设计的合理性、问题设计的挑战性、学生参与的自主性与合作性,以及成果展示和评价的指示性,即是否聚焦学科核心素养的落实。

通过对如何设计指向历史判断力养成的课程体系以及如何在课程教学中真正落实项目化学习的探讨,我们不难发现,两者共同为学生的历史学科学习提供了有力的支撑。然而,要使项目化学习的效果最大化,我们还需要将其与校本课程深度融合,使之成为学校教育教学中不可或缺的一部分。这种融合不仅能够充分发挥项目化学习的优势,还能更好地满足学生的学习需求,促进他们的全面发展。下面我们将深入探讨项目化学习与校本课程的深度融合策略,以期为教育实践提供有益的参考和借鉴。

如何将项目化学习与校本课程深度融合?

历史校本课程是对基础常规课程的有益补充,其设计基于学生的实际需求,充分发掘与整合学校现有的课程资源,以培育学生的学科核心素养为核心目标。该课程致力于培养学生在新情境下解决问题的能力,表现出针对性和灵活性。在历史学科校本课程的研发中,我们常常围绕某一主题,以驱动性问题为指引,创设贴近实际的浸润式学习情境,以激发学生深入探究问题的内驱力。

项目化学习是一种以学生为中心,以项目为载体的教学方法,强调学生在实际操作中学习和掌握知识。考虑到其独特的教学优势,历史校本课程的研发可以充分借鉴项目化学习的方式,将项目作为核心载体,以丰富课程内容与形式。因此,将项目化学习与校本课程深度融合,不仅能提升课程的趣味性和吸引力,还能进一步发挥项目化学习的教育价值。在此过程中,我们要特别关注以下两个方面。

第一,历史校本课程的建构必须紧紧围绕驱动性问题进行。问题的发现、解析与解决不仅是项目化学习遵循的基本逻辑,也是历史校本课程研发的关键环节。在此过程中,历史校本课程应以驱动性问题为指引,策略性地培养学生的问题意识,即鼓励学生敏锐地发现并提出问题、勇敢地表达疑问、有条不紊地阐述个人观点,并积极探索解决问题的创新路径,真正成为学习过程的主导者。

第二,历史校本课程的建构必须确立学生的核心地位。课程研发应以学生的兴趣和实际需求为指导,致力于激发学生的主动探究意愿、创造激情和团队合作精神,始终以学生学科核心素养的发展为根本目标。在实际教学过程中,教师应明确自身作为引导者的角色定位,避免过度干预或代替学生自主学习。教师应重点关注学生自主探究活动的真实性和有效性,以及合作情境创设的合理性,同时确保所提供的学习支架与学生需解决的问题相匹配。

除了提供高质量的知识学习与智力开发课程,为了建构一个全面而深入的育人体系,复旦附中还在基础常规课程设置之外,精心打造了名为"菁英培养计划"的社会实践活动课程。该课程通过一系列项目化学习活动,紧密围绕学习主题展开,旨在引导学生深入了解中国国情、世界格局、时代变迁和自我成长,培养他们的信念和使命感。通过"菁英培养计划",复旦附中的学子有机会走出校园,深入到社区基层、外省乡村、西部山区以及老少边穷地区,亲身体验和考察当地的人文地理、社会经济及历史现实,在社会实践与志愿服务中感悟人生价值,强化责任担当意识。下面是"菁英培养计划"研发案例,包括目的地确定、方案制定、学前培训、活动实施和活动评价等环节。

目的地确定通常是对学生兴趣、历史学科教学内容、后勤保障等因素进行综合评估后的结果。以都城史为例,都城史是高中历史古代史中一个永恒的话题。"菁英培养计划"将中国古代都城史研究变为一个项目化的体验活动。我们通过问卷调查,统计出学生最感兴趣的前五个都城,分别是北京、西安、洛阳、南京和开封。考虑到学时、距离、食宿、安全等多方面因素,南京成为最佳选择,原因有三方面:一是南京离上海相对较近,可以节省旅途时间;二是南京作为江苏省省会城市,交通和食宿更为便捷;三是南京拥有丰富的文化遗址和深厚的文化底蕴,为学生提供了发现问题的多元视角。

方案制定前首先要明确活动主题。南京素有"六朝古都""十朝都会"之称,承载着丰富的历史文化底蕴。经师生共同讨论,将本次活动主题定为"南京十朝印象"。其次要确定学习目标。将"南京十朝印象"研学活动的学习总目标与时空观念、史料实证和历史解释等历史学科核心素养相结合,具体可表述为:(1)能综合运用多种方式围绕研学主题查阅、搜集、鉴别、整理史料;(2)能根据已有资料或信息设计出科学合理的研学路线;(3)能通过分工合作设计问题链,有步骤地解答研学的核心问题;(4)能撰写并交流分享结构完整、史论结合的研学主题报告。最后要围绕学习目标设计路线。为了充分调动学生的积极性,路线以学生自主设计和选择为主。学生以小组形式查阅资料,并在此基础上自行设计路线,所有路线经小组互评、团队讨论后达成共识。"南京十朝印象"研学活动的路线最后被确定为:第一天参观南京长江大桥、玄武湖及六朝博物馆,第二天参观总统府旧址、江南贡院及夫子庙,第三天参观明故宫遗址和南京博物馆,第四天参观明孝陵和中山陵。在制定方案的过程中,教师尊重学生的主观意愿,充分调动和发挥他们的积极性,同时提升了他们史料搜集、考证、辨析的能力。

学前培训侧重对活动背景史实的搜集和整理。在教师的指导下,学生以小组为单位,广泛查阅相关著作、地方志、论文、纪录片和诗歌,逐步明确了自己的探究方向和主题。

活动实施过程中,学生根据事先确定的探究主题和方向,在项目的驱动下逐步完成相应的任务。例如,学生需要撰写活动路线各参观点的解说词,并进行实地讲解。这个环节的设置意在让学生对已有的知识和技能进行重构,并在现实情境中寻找问题解决的方法。专题讨论也是一个重要环节。精心挑选的讨论话题意在引导学生结合自身实践,对质疑的问题进行更深层次的思辨。

活动评价以学科核心素养和综合能力的发展为依据,采用过程性评价和结果性评价相结合的方式。"南京十朝印象"研学活动的过程性评价包括:能够通过调查、考察、访谈、网络搜索等途径收集资料;能够对收集的信息或资料进行初步分类、鉴别和整理;能够根据研学主题科学合理地设计研学旅行路线;能够积极主动地解决研学旅行过程中出现的各种突发性问题;能够综合运用历史、语文、地理等跨学科知识展开探究;能够积极参与研学旅游历史文化景点的介绍与演讲;能够积极表达自己的观点并参与小组交流与合作;能够坚持按时撰写研学旅行日记或美篇。结果性评价包括:能够掌握探究研学旅行主题的方法和技巧;能够积极主动地与其他人交流研学活动计划或发现的成果;能够撰写结构完整、观点明确、论证充分、亮点突出的研学报告;能够借助各种平台或软件充分展示研学旅行活动的成果;能够撰写比较客观深刻的研学旅行反思总结。过程性评价和结果性评价都包括自评、互评和师评三个环节。

"菁英培养计划"还紧密结合上海乡土史的素材,为学生提供了深入了解上海历史的机会,并在行走学习中培养了他们的判断力和解决问题的能力。"上海市历史博物馆之行"让学生了解到水元素在上海发展中的重要性①,引导学生学会从历史事件中提炼关键信息,形成自己的见解。"苏州河人文行走"则聚焦黄浦区上海大厦至外白渡桥、外滩万国建筑群,鳞次栉比的独栋洋楼展现了近代上海的发展轨迹。学生们穿梭在上海的大街小巷,了解了上海街道的命名规律②,对自己生活的这座城市产生了更多亲切感和归属感。

历史校本课程"菁英培养计划"以项目化学习为基石,构建实际的学习场景,将探究学习、合作学习、体验学习的精髓融为一体,致力于实现"知行合一"的教育目标。该计划不仅有效推动了历史学科核心素养的深化发展,还特别强调在问题情境中通过解决实际问题的实践过程来培养学生的核心素养。在此过程中,学生的判断力和解决问题的能力得到了极大的锻炼和提升。通过将项目化学习与校本课程紧密结合的实践探索,我们成功开辟了一条培养学生历史学科核心素养的新路径,为学生的全面发展奠定了坚实的基础。

Ⅳ 从测量到评价:可视化与深度化

评估学生历史判断力培养在基础常规课程和校本课程中的实施效果、效率与效益,不仅关系到对学生的激励,更重要的是有助于教师及时总结经验、发现问题,进而调整实施策略。当前,我们可以借助相关工具,使这种测量与评价更可视化,清晰地展现其作为经验或问题的真实面貌。对这种历史思维可视化的分析、综合,乃至审视与反思,又能为进一步完善学生的学史情感、态度与价值观提供支持。同样,历史判断力所导向的思维深度,在一定程度上反映了深度学习的品质,并体现了历史知识(广义)习得的基本规律。对这种情境式学习过程的条分缕析,不但推动了历史判断力评价由浅入深、循序渐进地发展,而且保证了学生获得历史学习乃至历史研究、历史认识的实效。

---

① 古代上海因水而起,近代上海因港而兴,孕育出独特的江海通津文化;上海特有的水之柔韧与海之刚毅的精神,在辛亥革命和两次淞沪会战中得到了充分展现。

② 南北走向为省份,东西走向为城市,整个中国的地区分布在上海市内。

怎样以可视思维完善对学史情感、态度与价值观的评价？

在当前教育体系日趋多元化的背景下，可视化作为一种独特的信息呈现方式，越来越受到教师的青睐。它利用图形图像将信息直观化，使枯燥的数据变得易于理解和接受，从而提升了信息的传播速度和准确度。在历史学科教育教学中，可视化作业的应用对完善学生的情感、态度与价值观评价具有重要意义。

可视化作业有助于丰富学生学史情感与态度的表达。在历史学习中，学生的情感与态度往往是隐性的，难以直接观察和评价。而可视化作业具有直观、生动的特点，能够帮助学生将抽象的历史知识转化为直观、生动的图像，从而提高学生的学习效率和兴趣。学生在完成作业的过程中，也会不自觉地将自己的情感与态度融入其中，使作业成为他们情感与态度的一种表达。通过评价学生的可视化作业，教师能够更全面地了解学生在学史过程中的情感变化和态度倾向，这为后续的教学提供了有针对性的指导。具体操作如下。

首先，我们需要对可视化作业有一个清晰的认识。它并非简单地画图或丰富作业形式，而是通过图形图像的方式将学生的思维过程、学习成果等直观地呈现出来。这种作业形式不仅关注技术层面，还强调要能体现学生的创意和思维方式。在历史学科中，可视化作业包括历史地图的制作、历史事件的时间线梳理、历史人物的关系网构建等，这些都能将学生的历史思维过程直观地展现出来，有助于教师更全面地评价学生的历史素养和能力。

其次，为了更好地实施可视化作业，教师需要进行整体规划，明确主题和素养评价的目标。例如，可以设计一份以"历史变迁中的文化记忆"为主题的可视化作业，要求学生通过制作时间轴、地图或关系图等，展示某一历史时期或地区的文化发展和变迁。这样的作业设计不仅能够培养学生的历史思维能力，还有助于学生在探究过程中深入理解历史文化的内涵和价值，从而完善他们的学史情感、态度与价值观。

最后，可视化作业的评价方式也需要与之相匹配。除了传统的教师评价外，还可以引入学生自评、互评等多元评价方式，使评价过程更客观、公正。

在评价过程中,我们需要关注学生的思维过程、创意展现以及历史文化理解的深度等,给予及时的反馈和指导,帮助学生不断提升自己的历史素养和能力。

具体来说,我们可以通过设计以下三类可视化作业来引导学生表达自己的情感与态度。

(1)历史时间轴。要求学生将某一历史时期的重要事件按照时间顺序排列在时间轴上,并标注出自己对每个事件的情感倾向(如喜悦、愤怒、悲伤等)。这样的作业不仅能帮助学生梳理历史知识,还能让教师清晰地看到学生对每个历史事件的情感反应。

(2)历史人物关系图。要求学生绘制某一历史时期重要人物之间的关系图,并通过线条粗细、颜色等视觉元素来表达自己对人物关系的理解和态度。这样的作业可以揭示学生对历史人物及其关系的认知深度和情感倾向。

(3)历史主题画作。鼓励学生根据某一历史主题创作画作,通过色彩、构图等来表达自己对这一主题的理解和感受。这样的作业既能充分激发学生的创造力和想象力,也能让教师直观地感受到学生对历史主题的情感投入。

可视化作业有助于提高价值观评价的准确性。价值观是人们对事物价值的根本看法和观点,影响着人们的思维方式和行为选择。在历史学习中,学生的价值观往往体现在他们对历史事件、人物和思想的判断、评价中。可视化作业能够帮助学生对复杂的历史事件、人物和思想进行梳理和整合,形成清晰的知识结构和思维路径。通过观察和分析学生在可视化作业中表现出来的思维特点和价值取向,教师可以更准确地评价学生的价值观,进而引导他们形成正确的历史观和价值观。此外,可视化作业还可以用于课堂讨论和小组合作等活动,帮助学生更好地交流、分享自己的观点和看法,促进学生之间的相互理解和尊重。

在利用可视化作业评价学生的价值观时,我们主要关注三个方面:一是学生对历史事实、人物和思想的认知准确性和深度,二是学生对历史知识之间关系的理解程度和整合能力,三是学生在完成可视化作业过程中所表现出来的思维特点和价值取向。

具体来说,我们可以通过设计以下两类可视化作业来提升对学生的价值观评价。

（1）思维导图。要求学生围绕某一历史主题或事件绘制思维导图，将相关的知识点、人物、思想等以关键词或图像的方式呈现出来。在此过程中，学生需要对历史事实进行辨别和筛选，对历史人物和思想进行评价和判断，这都需要他们具备一定的价值观念。通过观察和分析学生的思维导图，教师可以了解学生对历史主题或事件的认知结构和价值取向。

（2）概念图。要求学生绘制某一历史时期或主题的概念图，将相关的概念、事件、人物等以节点和连线的方式连接起来。在此过程中，学生需要对历史概念进行辨析和比较，对历史事件和人物进行关联和整合，这都需要他们运用自己的价值观去进行判断和选择。通过观察和分析学生的概念图，教师可以了解学生对历史知识之间关系的理解程度和价值取向。

总之，以可视思维完善对学史情感、态度与价值观的评价是一种创新的教育方式。可视化作业在评估方面具有明显的优势。与传统的作业或评估形式相比，它能够更直观地展现学生在学习过程中的情感、态度与价值观。例如，"附中记忆"这一可视化作业要求学生充分调动各学科的知识储备，梳理信息，展示他们知识迁移和解决问题的能力，这无疑为评估学生的综合素质提供了有力依据。在不同的学习阶段，我们会根据主题设计相应的可视化作业，让学生在完成作业的过程中充分展示自己的学习成果，从而将课堂知识有效延伸到课外。

"附中记忆"是历史教研组精心设计的一项可视化校本作业。该作业要求学生以个人或团队的形式，围绕"附中记忆"这一主题，自选题目和内容，深入挖掘并整理相关历史资料，通过漫画绘制、音乐创作、剧本创作等方式来展现他们眼中的附中故事。在完成作业的过程中，学生不仅要灵活运用课堂中学到的史学方法，打通历史与现实的联系，还要通过作品表达对母校的深厚情感和对一个时代的深刻理解。

以高一学生张佳宜的绘画作品为例，她在研究校史时了解到姜拱绅校长的事迹，深受其精神感动。为了表达对这位老校长的敬仰和怀念之情，她决定通过艺术创作的形式来表达自己内心的感受。在尝试了多种不同的艺术创作方式后，张佳宜最终选择了水彩画。她认为，水彩的柔和色调和流动性质能够完美诠释自己心目中的老校长形象：他就像一棵大树，静静地伫立在附中的校园里，为学子们提供庇护和陪伴。在创作过程中，张佳宜精心挑选了能够表现怀旧感的颜色，并运用水彩画特有的湿画法和干画法相结合的技巧,使画面呈现出丰富而古朴的色调。她通过细腻的笔触和层次分明的色彩变化,成功地描绘出了老校长和蔼可亲、充满智慧的形象,以及附中校园的古朴韵味,如图2-3所示。

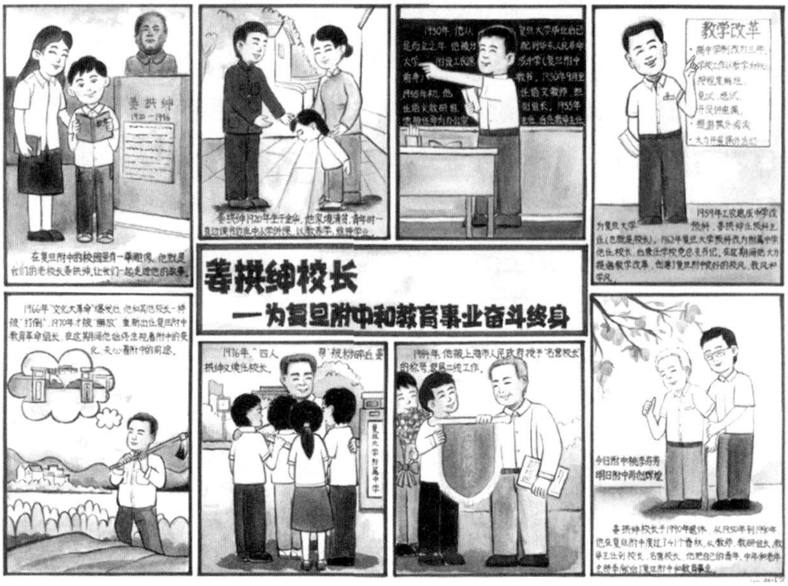

图2-3 "附中记忆"学生作业1

这幅水彩画作品能够让更多的人感受到姜拱绅校长为附中作出的贡献和他的精神风范,同时体现了学生用自己的方式回望历史、传承文化的责任感和使命感。

再以陆颖轩同学创作的绘画作品为例,她认为校门作为附中校园的标志性建筑,不仅是一道门槛,更是附中故事的见证者和讲述者。它承载着学校的历史沿革、文化底蕴和精神特质,是每一位附中学子心中不可磨灭的记忆。为了展现附中的独特魅力和深厚底蕴,陆颖轩决定通过绘画的形式描绘四扇具有代表性的校门。这四扇校门分别记录了附中四次更名的重要历史时刻,是附中发展历程中的里程碑。

为了准确还原各历史时期的校门风貌,陆颖轩搜集了大量历史资料,并精心安排画面构图和色彩运用,力求通过细腻的笔触和丰富的色彩层次,展现出每扇校门的独特魅力和历史厚重感。最终完成的作品如图2-4所示,不仅准确记录了附中四次更名的重要历史时刻,还将校门的文化底蕴和精神特质展现得淋漓尽致。在欣赏这幅作品时,观众仿佛能够穿越时空,亲身感受到附中七十多年来的风雨兼程和辉煌成就。

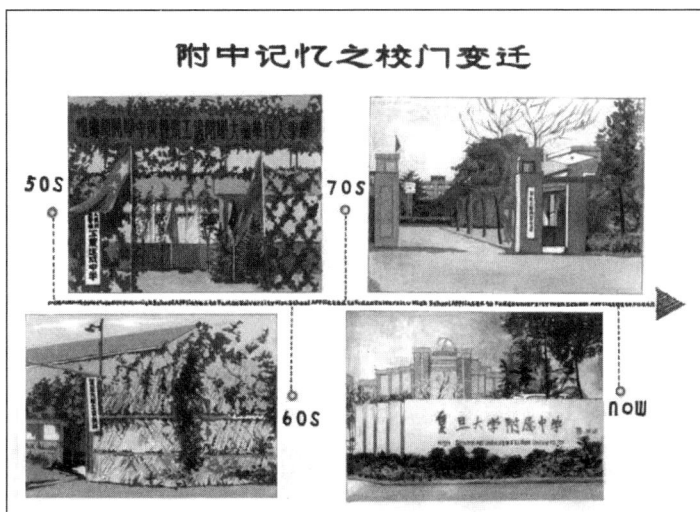

图2-4 "附中记忆"学生作业2

艺术教师和历史教师对这幅作品给予了高度评价:首先,陆颖轩同学对附中历史有着深入了解和准确把握;其次,她通过艺术手段成功地将历史文化底蕴转化为可视化的形象表达;再次,作品细腻的笔触和丰富的色彩层次,彰显了陆颖轩同学扎实的绘画功底和艺术修养;最后,作品传达出陆颖轩同学对附中的深厚情感和传承意识。

当然,可视化作业的形式并不仅限于绘画。音乐、MV等其他形式同样能够生动地呈现学生的情感、态度与价值观。高二的张圣一等同学以一部四声部合唱MV《未完成的歌》展现了自己对"附中记忆"的理解,他们用歌词和曲调描绘了附中学子的校园生活,表达了对母校深深的眷恋之情。这种以音乐为载体的可视化作业形式,不仅丰富了学生的学习体验,也为评估提供了更多元的视角。

在未来的教学实践中,教师应积极探索和推广可视化作业的应用范围和实施策略,为培养具有历史素养和创新能力的新时代人才贡献力量。同时,教师也要不断提升自己的专业素养和教学能力,从而更好地指导学生完成可视化作业,并给予他们全面、客观的评价。

🔩💡 如何通过关键能力体现历史思维的深度?

从学生成长的角度出发,我们主要聚焦于学习如何促使学生行为发生转变,并关注这些转变的具体表现、成效与效率。同时,我们也关注引发这些变化的深层原因,以及这些变化对学生个体发展的深远意义。针对课程内容,我们精心设计了多样化的作业形式,综合运用课堂互动问答、纸笔测验及综合实践等多种评价方式,并辅以证据收集与辨析、深度诠释与评价及综合能力展现等具体观测点。通过质性分析与描述、量化评分与反馈、个性化改进建议及综合发展评语等多元化结果呈现手段,我们强化了形成性评价,动态追踪学生的学习进展。

历史判断力是衡量学生综合解决问题能力的关键指标,反映了历史思维的深度与广度。我们坚持以学生为中心,关注学习过程的每一个环节,鼓励他们在真实或模拟的情境中完成富有意义的任务,激活过往经验,借助文字、图像等多种媒介固化历史记忆与思考路径,将抽象思维具象化。为了全面评价学生的历史判断力,我们构建了一个基于历史解释的评价体系,并设立了清晰的评价层级与量表,打造出针对历史判断力的完整评价框架和工具集。该体系倡导评价主体的多元化与评价方式的多样性,确保素养评价的科学性、系统性和可操作性,为学科素养的达成提供了坚实的证据和明确的路径。

值得强调的是,历史判断力的培养与评估是一个长期而复杂的过程,其成效往往体现在学生日常学习及生活的点滴中。我们构建的评价模型融合了多元评价主体与多样评价方式,各环节相互关联、相互支撑,共同为学科核心素养的培养提供全面而精准的评估依据。在评价实践中,我们超越了传统的填空、选择等单一评价形式,倾向情境化问题、实践性活动等能直观展现学生素养与能力发展的表现性任务,力求全面捕捉并准确反映学生历史思维的深度与广度。

由于素养和能力具有内隐性、发展性的特点,要想准确观察学生的素养和能力变化,我们必须基于一定的情境问题、实践性学习活动等表现性学习任务,尽可能地外显学生的思维变化、能力发展过程,以获取更全面、客观的评价依据,如图 2 - 5 所示。

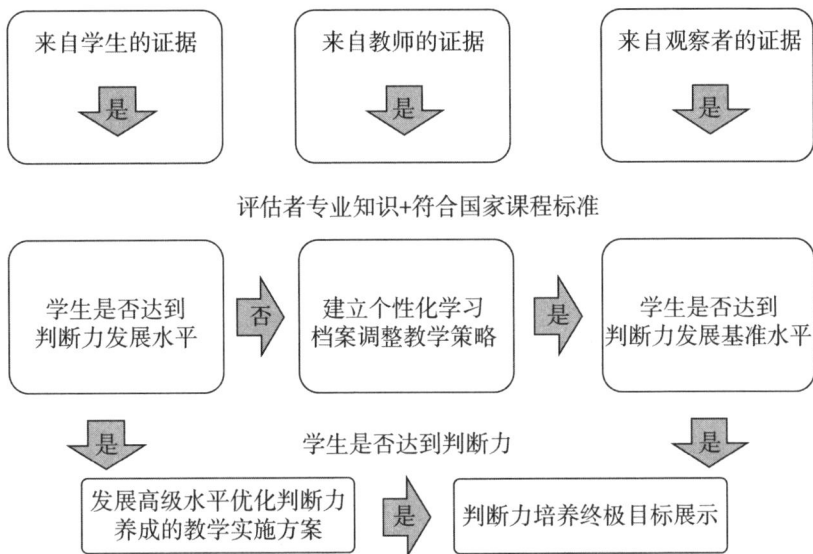

图 2-5　聚焦学生判断力的评价模型

此外,对历史判断力的评价应关注学生独立思考、辨析和评判历史问题的能力,以及他们在分析、解决历史问题时所表现出的历史观、世界观和价值观等。因此,在设计评价活动时,我们要特别关注学生在学习活动中的思维能力、情感态度的变化。

以"亚非拉民族独立解放运动"的跨单元教学为例,我们聚焦大概念"独立与平等",围绕探究性主题"亚非拉民族国家的现代抉择",整合必修课程五个单元的教学内容,从学生的学习逻辑和概念理解的便利性出发,设计了具有内在联系的问题链,包括:亚非拉是否有选择发展道路的机会? 亚非拉为何失去了选择的机会? 亚非拉如何重获选择的机会? 亚非拉应该如何进行选择? 影响亚非拉现代抉择的因素有哪些? 这些问题由点到面,由历史到未来,能够引导学生从事实性知识转向以观点为中心的概念性理解。学生解决问题时基于史实的评析、表述,不仅展示了他们对历史史实的掌握与应用能力,也反映了他们以历史的视角与问题分析的方法来评析历史或现实问题的思维路径与能力。特别是在当前的全球化背景下,对各国历史发展脉络的把握,有助于学生拓宽观察历史、评价历史的眼界,是他们坚定历史自信的源泉基础。

正如前文所述,历史判断力的培养可以通过可视化思维的方式来实现。基于思维可视化的视角,我们在作业设计中融入了思维导图、历史绘图、历史年表等多种形式,内容上侧重实践探究,注重体现个性化、生活化和社会化,旨在让学生在真实情境中经历有意义的表现性任务,调动已有经验,形成新的认识和理解,以文字、图片等形式记录和展示学生的思维发展过程。

相较于课堂教学中的问题情境,研学考察、口述史访谈等综合学习活动往往能够提供更为真实、完整的学习情境,这对学生判断力的培养与评估,以及核心素养的综合发展大有帮助。以口述史学、社会调查等表现性学习任务为例,我们指导学生进行资料收集、方案制定、自主探究、成果展示、评估反思等,聚焦问题开展探究学习,通过学生的学习表现记录来展示他们能力的变化过程。自2015年起,复旦附中通过举办"博学杯"历史人文素养展示活动,以主题阅读、课题研究等为抓手,积极探索提升高中生判断力和综合素养的有效途径。例如,历史教研组开设的选修课"探寻红色文化的历史基因",以乡土历史中的红色文化为切入点,探寻上海的红色基因。开设本课的两位教师结合文化的特性,选择文创产品设计作为学生的评估作业。在完成作业的过程中,学生将自己对红色精神、红色文化的理解、认同和追求借助文创作品的设计很好地呈现出来。在发现问题、解决问题的过程中,他们也进一步发展了历史思维能力。

基于情境的作业设计,将学生的思维过程由抽象引向具体,使学生的能力发展与学科核心素养的达成度评价变得有迹可循。这种设计在一定程度上反映了判断力培养的教学成效,更是坚定历史自信、落实学科核心素养的关键所在。

如何评价基于知识规律的情境式学习?

基于知识规律的情境式学习是一种高效的学习方法,旨在将知识规律与情境学习的优势相结合,助力学生更深刻地理解和实际应用所学知识,在面对真实或模拟的复杂情境时能综合运用各种学科知识与素养,通过独立思考、明辨是非的方式,展现出对历史或现实的深刻理解和价值判断。这种学习方法的设计始终聚焦于提升学生的集证辨据、逻辑分析、评价解释及问题解决能力。

一方面,情境式学习通过将学习置于真实或模拟的情境中,有效地打破了传统学习的抽象性和孤立性。在这种学习模式下，学生既需要将所学知识与实际情境紧密结合，又需要在解决问题的过程中不断运用和创新知识。这种学习方式不仅提高了学习的针对性和实用性，还大大增强了学习的趣味性和吸引力，从而能够激发学生的学习动力和热情。

另一方面，基于知识规律的情境式学习注重知识的系统性和规律性，强调在情境中构建和完善知识体系。通过将知识点与具体情境相结合，学生能够更深入地理解和记忆知识，并掌握知识的运用方法和技巧。这种学习方式不仅有助于学生形成完整的知识体系和知识结构，还能提升学生的知识迁移能力和创新能力，为他们未来的学习和生活奠定坚实的基础。

然而，基于知识规律的情境式学习也面临着一些挑战和限制。首先，它需要投入大量的时间和精力进行准备和实施，包括设计情境、准备材料、组织活动等。这对教师的教学能力和时间管理能力提出了更高的要求。其次，并非所有类型的知识和学科都适合采用情境式学习，有些知识可能更适合传统的讲授式学习。因此，在实际应用过程中，教师需要综合考虑学科特点和学生实际情况进行选择。

为了充分发挥基于知识规律的情境式学习的优势，我们可以从以下几个方面进行改进和完善：一是加强情境创设的针对性和趣味性，激发学生的学习兴趣和积极性；二是注重情境与知识的有机融合，避免情境与知识之间的割裂和脱节；三是加强教师的引导和支持作用，帮助学生更好地理解和运用所学知识；四是建立完善的反馈和评价机制，及时了解学生的学习情况和问题，为后续的教学提供有力的参考和依据。

例如，在"两税法的利弊"这一学习任务中，有学生注意到史料中对两税法褒贬不一。通过阅读和分析材料，学生了解到两税法在唐朝税收制度中的重要地位和影响。虽然两税法在一定程度上简化了税收名目、扩大了收税对象并保证了国家的财政收入，但它并未从根本上解决唐朝的土地兼并、藩镇拥兵自重等问题。在实施过程中，由于皇帝和官员的私欲，两税法甚至成为损害百姓利益的工具。因此，在评价两税法时，我们需要全面考虑其利弊得失，并结合历史背景和社会环境进行深入分析。

从上述案例可以看出，基于知识规律的情境式学习可被广泛应用于各种学习情境、研究情境和生活情境。在创设情境时,教师需要充分考虑学生的认知水平和知识储备,选择能够激发学生学习兴趣的材料和内容。同时,问题的设计也应循序渐进,符合思维逻辑,引导学生逐步深入思考和分析问题。通过创设历史情境和引导学生利用所学知识分析历史问题,我们可以培养学生的历史思维能力和解决问题的能力,进一步提升学生的学科核心素养。

此外,我们可以通过开展多样化的学习活动、利用现代信息技术手段来丰富和完善情境式学习。例如:组织学生进行角色扮演、模拟实验、实地考察等活动,让他们在亲身体验中感受知识的魅力和价值;或者利用多媒体、网络等现代信息技术手段创设更生动逼真的学习情境,为学生提供更丰富多样的学习资源和交互方式。

复旦附中历史教研组依托学校的研学机制,精心设计契合学生综合培养目标的研学任务。以良渚为例,我们要求学生制作视频,模拟良渚人一天的生活,实则是通过任务引导学生了解良渚人的衣食住行、社会结构、生产模式等多方面信息,涉及地理、生物、历史等多门学科。在完成任务的过程中,学生需要决定选择哪些信息,呈现哪类良渚人(贵族或平民,女性或男性)的生活,以及采用怎样的表现形式,这些都是学生对该问题综合认识与理解的表现。同样,在南京的研学活动中,我们让学生扮演某一历史时期的考生,模拟在贡院或考试院度过的一天。在探究过程中,学生不仅考察了江南贡院的号舍大小及周围环境,还深入了解了科举的相关制度,包括考试的时间、内容和考场的规则。有些学生甚至细致到主动思考考场上应该吃哪些食物、进考场需要带哪些衣物、每天的饮水量多少为宜等,充分展现了学生解决真实情境问题的能力。

总之,基于知识规律的情境式学习能够帮助学生更好地理解和应用所学知识,提高学习效果和学习质量。然而,在实际应用这种方法时,我们必须充分考虑其适用性和实施难度,结合具体情况进行选择。同时,我们还需要不断探索和创新情境式学习的方法和策略,以适应不同学科和知识类型的需求,为学生的全面发展提供有力支持。通过不断完善和优化情境式学习的方法和策略,我们可以更好地发挥其在教育领域的重要作用,为学生的未来发展和社会进步贡献更多的智慧和力量。

编外篇:教学设计 4 篇

这 4 篇教学设计是复旦附中历史教研团队在"双新"背景下,基于对核心素养的深入思考和实践探索所取得的成果,它们源自"在历史学科中培养高中生判断力"实践性研究课题,充分展现了团队将理论研究与实际教学紧密结合的创新努力。通过聚焦历史判断力的研究与探索,复旦附中不仅拓宽了深度学习的视野,还成功地将课改的核心原则转化为实际的教学成果。深入研读这些教学设计,我们可以更直观、更深刻地理解复旦附中在聚焦课程改革和深化教育改革方面的时代特征及具体做法。所有教学设计按教研活动时间排序,旨在全方位、多维度地展现从教学理念到教学实践的转化过程。希望这些具体的教学案例能够促进更多创新性的教学尝试,并进一步推动素质教育的发展。

教学设计 1

这是杨浦区新时代教师队伍建设系列展示活动"名师讲坛"历史学科专场的一堂公开展示课,深入探讨了"中华优秀传统文化在历时性中发展创新"这一重要主题。栾思源老师紧扣课程标准,创新性地实施了跨单元主题式教学,对教材内容进行了精心重组与深化处理,生动地揭示了文化与精神、现象之间的密切联系,强化了对学生历史判断力的培养,并深化了他们对"社会存在决定社会意识"唯物史观的理解。此次公开课不仅是"双新"课程改革的一次生动展示,更为历史学科教学的创新与发展提供了宝贵的示范与借鉴。

三国至隋唐的文化

执教者:复旦大学附属中学　栾思源

【内容主旨】

三国至隋唐时期,思想、文学艺术、科技等方面的文化不断发展,在从动荡纷争走向再度统一的时代背景下,与经济生活、政治生态、价值观念等时代变迁相互影响,达到新高峰,反映了中国古代顺势发展、继往开来、不断创新的文化生命力。

【教学目标】

知道三国至隋唐时期思想、文学艺术、科技等文化方面新成就的相关史实;掌握通过文献、诗歌、书法作品等相关史料判断历史观点、论证历史结论的史学方法;理解时代背景下经济生活、政治生态与价值观念等领域的变化与文化发展之间的相互影响与作用,以及这一时期中国文化能够继往开来、不断创新,进而达到新高峰的深层原因;认识文化是精神和现象的表现,两者互为表里,感悟社会存在决定社会意识的唯物史观,体会中华优秀传统文化在历时性中发展创新。

【重点难点】

重点:理解时代背景下经济生活、政治生态与价值观念等领域的变化与文化发展之间的相互影响与作用。

难点:理解社会存在决定社会意识,以及文化是精神和现象的表现,两者互为表里。

【教学过程】

环节1:导入——出示中国古代科学家纪念邮票,引出贾思勰与《齐民要术》。

设计意图:创设情境,引发学生兴趣,并引出贾思勰,借此导入新课。

环节2:介绍《齐民要术》的成就与贾思勰的编著特点。出示材料一,结合时代背景,引导学生思考贾思勰编著此书时带有怎样的思想。出示《齐民要术》的目录内容,引导学生讨论贾思勰是否真的"商贾之事,阙而不录"。结合材料一,引导学生分析贾思勰的《齐民要术》除了科技成就外所蕴含的时代精神。

设计意图:通过示范,引导学生结合时代背景理解科技文化出现新高峰的原因,培养阅读文献、提取关键信息、分析矛盾、综合判断进行历史解释的学科核心素养能力,体悟科技文化推动社会现实发展的同时也受社会意识反作用的影响。

环节3：出示材料二，阅读教材"历史纵横"栏目，结合时代背景，引导学生了解田园诗等新的文学艺术形式出现的社会原因及其背后社会意识的变化。先后出示材料三、四、五、六，并结合所学，连续提问，引导学生讨论总结哪些原因使唐朝的诗歌创作进入黄金时代。结合材料七及时代科技文化水平等，引导学生讨论书体变化的主客观原因，理解艺术文化发展与社会意识变化之间的相互作用与影响。

设计意图：通过示范—模仿，结合引导提问，培养学生综合分析各类历史信息并进行历史解释的能力，帮助他们掌握诗文互证等史学方法。引导学生体会这一时期文学艺术突破传统、达到新高峰的深层原因，感受文学艺术在反映社会现实的同时，更体现了社会意识的变迁，并在相互作用与影响中不断滋养文化生命力。

环节4：出示壁画、石窟等其他多类型文化成果，简要讲述昙曜五窟、法果、武则天以及"三武一宗灭佛"的相关事件。出示材料八，引导学生结合教材内容讨论如何看待佛教在这一时期地位的变化，理解文化是精神和现象的表现，两者互为表里，在时代变迁中顺势发展。

设计意图：通过示范—模仿，进行能力迁移，从设置讨论主题、分析历史背景，到运用史料实证、对观点作出合理解释，培养学生的历史判断力。引导学生理解文化的发展带有曲折性，始终伴随着时代变迁而适应与进化，最终与时代的发展方向相一致。

环节5：总结本课内容，完善板书，运用"社会存在决定社会意识"等唯物史观，宏观分析中国古代文化在顺势发展过程中与经济生活、政治生态、价值观念之间相互作用与影响，继往开来，生成文化生命力。最后布置探究实践作业，组织学生以石窟文化的中西交融为例，课后思考异质文化交融对中国古代文化生命力的促进作用。

设计意图：升华课堂教学主旨，引导学生运用唯物史观宏观理解中国古代文化在顺势发展中继往开来、不断发展、达到新高峰，体会文化生命力持续生成。将"中外文化交流"一目的学习设置为课外能力迁移实践，引导学生自主探究除顺势之外，异质文化交融同样是促进文化生命力的重要路径，为跨单元主题教学的下一阶段学习作好铺垫。

【教学策略】

受限于教学侧重点与课堂时间,教师针对资优学生,可贯彻历史核心素养培养目标,围绕课程标准,在跨单元主题教学中对教材内容进行重组。结合三国至隋唐时期的文化发展特点,将重点放在纵向维度上文化在时代背景下曲折发展的路径,运用教材中的典型材料与案例,辅以一手史料与历史细节的补充,引导学生理解"社会存在决定社会意识""文化是精神和现象的表现,两者互为表里",体悟唯物史观。对于教材中呈现的其他文化,可以让学生以课前预习作业的方式进行自主学习。同时,将"中外文化交流"一目置于之后"辽宋夏金元的文化"一同学习,将重点放在横向维度上异质文化碰撞对文化生命力的促进作用。

【结构板书】

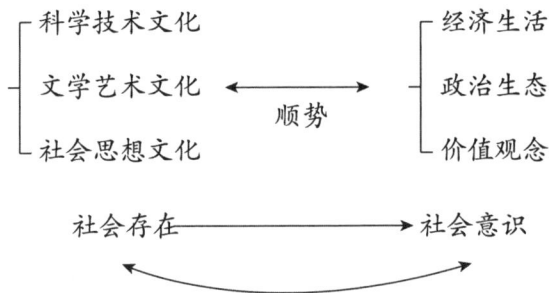

【作业设计】

1. 外来文化如何影响中国传统文化的发展?试以一种艺术类型为例结合史料进行说明。

2. 中国传统文化如何辐射影响周边文明?试以一国为例结合史料进行说明。

【资料附录】

略

教学设计 2

这是杨浦区高中历史公开教学的一堂展示课。王雯老师立足课程标准与教材,精选史料,通过两次宋太祖和赵普的对话、两次军事危机、两场北宋中期的改革、两段南宋时期的评价,引导学生基于人物身份和时代背景去读懂材料,掌握评价历史的视角。在此过程中,学生不仅理解了两宋的国家治理与时代之间的关系,还培养了历史同理心。

两宋的政治和军事

执教者:复旦大学附属中学　王　雯

【内容主旨】

宋朝自建立以来就面临来自内部与周边的诸多新问题、新挑战,两宋的政治和军事是当时内外困境交互作用的产物。宋朝强化中央集权,内部统治较为稳定。但"事为之防,曲为之制"导致制度渐趋僵化,因循的政治风气得以蔓延。面对日益严重的财政危机和边防压力,军事力量难以重振,两宋的政治和军事在因革两难中陷入困局。

【教学目标】

通过地图、文献、图表等相关史料的阅读与分析,在提取信息、归纳分析的基础上,认识两宋政治和军事的形成、发展与影响,理解制度的形成与发展体现了时代特征和国家治理的需求;学会从时代背景和客观条件出发,全面、辩证地评价两宋政治和军事的得失,认识到制度创新是推动国家治理发展的重要动力。

【重点难点】

重点:认识两宋政治制度的形成、发展与影响。

难点:理解国家制度的形成体现了时代特征和国家治理的需求。

【教学过程】

导入:宋朝印象。

通过概括中国古代一些时期的特点,以问题"提到宋朝,你又有怎样的印象呢?"导入新课。

设计意图:通过问题,引导学生回顾历史知识,并带着思考开始本课的学习。

环节 1:鼎新革故。

借由宋太祖与赵普的两段对话和地图,引导学生掌握从身份、时代去解读史料的方法,通过梳理北宋收地方行政权、财权和军权的手段与策略,分析政治改革取得成效的原因。引导学生结合《北宋地方权力分配示意图》和《北宋中央权力分配示意图》,联系所学进行对比分析,理解北宋对以往政治制度的鼎新与革故。

设计意图:通过对五代十国分裂局面与北宋建立初期社会经济的简要分析,引导学生理解北宋加强中央集权的根本原因,探讨社会存在(如分裂割据、经济凋敝)如何决定北宋的政治改革方向。

环节 2:务行故事。

结合文献材料,梳理太宗扩大文官队伍的措施,进而引出太宗对太祖制度建设的继承和完善奠定了崇文抑武的政治格局和文化格局。在对北宋建立初期制度进行小结的基础上,引导学生理解澶渊之盟后北宋逐渐形成"务行故事"的时代背景。

设计意图:在分析太宗扩大文官队伍、崇文抑武的政策时,引导学生增加对当时社会经济结构变化(如农业恢复、商业发展)的讨论,说明这些政策如何适应当时的社会经济结构,并促进文化的繁荣。引导学生探讨"务行故事"背后的社会心理与官员群体利益诉求,展现制度变迁的复杂性。

环节 3:因革两难。

通过宋夏战争中宋军惨败的材料引出北宋的"三冗"现象,结合"庆历新政"的改革主张,启发学生从时人的角度去理解北宋中期边防危机与财政危机的根源。引导学生梳理王安石变法的内容,结合变法反对派的材料和教材中对王安石变法的评价,通过问题"造成评价不同的原因是什么"启发学生结合改革的初衷与成效,认识王安石变法的成与败。

设计意图:通过图表和文献等多类型史料中的信息提取与分析,引导学生理解北宋中期危机的根源。通过唯物史观分析,引导学生理解改革不仅是政治家的主观意愿,更是社会客观矛盾的必然反映。在评价王安石变法时,强调改革的复杂性和多面性,以及不同阶层对改革的反应,体现历史发展的多样性和不确定性。

环节 4:知常明变。

以"靖康之变"作为过渡,进而展示一组质疑先南后北方略和北宋初期防弊之政的材料,在学生回答上述材料分别说了什么的基础上,请学生结合材料内容,进一步思考如何看待北宋初期的防弊之政。

设计意图:在质疑先南后北方略和防弊之政的讨论中,引导学生运用唯物史观分析这些政策的历史局限性及其背后的社会历史条件。鼓励学生从更长远的历史视角出发,思考这些政策对后世的影响及启示,培养批判性思维和历史洞察力。

环节 5:教师小结。

在教师总结的基础上,请学生为本课拟一个标题,阐述学习后的两宋印象。

设计意图:在总结两宋政治和军事特点的基础上,强调制度创新与社会发展之间的紧密联系,指出历史学习不仅是知识的积累,更是思维方式的提升。引导学生反思如何运用唯物史观指导未来的历史研究与现实问题解决。

【教学策略】

考虑到学生在环节 5 的课堂讨论中可能出现的单一维度认识问题,教师除了引导回顾板书外,还应鼓励学生进行小组讨论或角色扮演,模拟不同阶层的利益诉求和立场观点,从而更全面地理解历史事件的复杂性和多面性。同时,可通过引入更多跨学科的知识和方法(如经济学、社会学视角),拓宽学生的历史视野,提高他们的分析能力。

【结构板书】

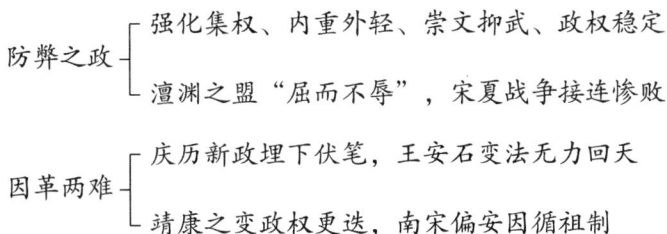

防弊之政 ┌ 强化集权、内重外轻、崇文抑武、政权稳定
　　　　 └ 澶渊之盟"屈而不辱",宋夏战争接连惨败

因革两难 ┌ 庆历新政埋下伏笔,王安石变法无力回天
　　　　 └ 靖康之变政权更迭,南宋偏安因循祖制

【作业设计】

如果你是南宋初期的大臣,你该如何说服宋高宗变革呢?请参考范仲淹的《答手诏条陈十事》,围绕主题,聚焦当时的内外局势,写出合理建议。

【资料附录】

略

📖 教学设计 3

这是一堂深入实践大概念教学理念的家常实践课,教学设计紧扣课程标准和教材文本,深入探讨了本课标题中"盛"与"危"的关系,将康乾盛世置于中国历史纵向发展和世界历史横向发展的双重维度中进行考察,关注 16 世纪世界骤变对清朝的影响,以及清朝历史整体发展大势对后世历史的影响。陈蔚琳老师以伏尔泰对中国的评价为线索,基于主旨和目标精选史料、设置问题链,引导学生理解康乾盛世何以"盛",探究盛世为何"盛",追问盛世背后潜藏的"危",进而从多视角辩证、全面地认识历史发展的复杂性。

清朝前中期的鼎盛与危机

执教者:复旦大学附属中学徐汇分校　陈蔚琳

【内容主旨】

康熙、雍正、乾隆三代君主恪守勤政之道,不断完善君主专制的政治体制,得以乾纲独断,从而实现了中国古代历史上前所未有的、稳定的国家大一统局面。然而,在乾隆帝统治的后期,世界骤变带来的新挑战与乾纲独断下初显的内在危机相互交织,为清朝的衰败埋下了隐患。

【教学目标】

通过对地图和文献史料的比较、分析、归纳与概括,知道康乾时期君主专制得以强化的史实,康、雍、乾三位君主统一全国和经略边疆的相关举措,以及乾隆帝后期危机初显的种种表象;深刻理解这一时期国家疆域的奠定对维护统一与稳定的重要历史意义,并探讨其背后复杂的社会经济根源;从中国历史的纵向演进与世界历史的横向对比两个维度,深刻剖析康乾盛世辉煌成就与潜在危机并存的内在逻辑,培养学生全面、辩证地看待历史发展的能力。

【重点难点】

重点:理解康乾盛世的成就及其背后的社会经济基础,以及乾隆后期危机产生的原因。

难点:运用唯物史观辩证地分析康乾盛世的"盛"与"危",理解历史发展的复杂性和多样性。

【教学过程】

环节 1:教师以 18 世纪法国启蒙思想家伏尔泰对中国的赞美导入,以设问"康乾盛世的中国是否如魁奈所描述的那样"过渡。

设计意图:将清朝前中期置于世界历史的宏大视野中,创设情境,激发学生对本节课学习内容的兴趣。

环节 2:出示乾隆时户部右侍郎于敏中和乾隆著述中对"盛世"的描述,引导学生理解"康乾盛世"之"盛"与清朝国家疆域的开拓和巩固紧密相连。阅读教材文本和地图,梳理清朝经略边疆的举措。出示谭其骧对清朝疆域的评价,提问:"除疆域辽阔外,康乾时期疆域的奠定还具有怎样重要的意义?"引导学生理解、归纳康乾时期疆域奠定的重要历史意义,理解为什么"盛世"的中国得到了世界其他地区的赞美和羡慕,呼应导入内容。

设计意图:通过对文献和地图史料的阅读、分析、归纳,引导学生理解"盛"不仅是政治上的统一,更是社会经济文化综合发展的结果,领会"盛世"之"盛"所展现的世界影响力。

环节 3:出示教材文本"史料阅读"栏目第一段史料,提问:"乾纲独断的特点是什么?"出示"康熙四十八年时苏州织造李煦《请安折》上的康熙朱批",提问:"康熙帝命李煦单独上呈奏折的目的是什么?"出示清朝人赵翼关于军机处的史料,提问:"军机大臣都由何人担任? 军机处的职能是什么? 军机大臣是宰相吗? 为什么军机处要设置在距离皇帝住所只有 50 米的地方?"

设计意图:通过史料分析、问题链设置,引导学生从帝王个人和制度建设两个视角分析"盛世"之因,理解中国古代专制主义中央集权在清朝达到顶峰,认识到政治制度必须适应社会发展需求。

环节 4:出示戴逸的史料,提问:"从中国历史纵向发展的脉络来看,康乾时期的中国依然呈现继续发展的态势,的确有值得称道的巨大成就。为什么在进行世界性横向比较时,18世纪中国的'巨大成就'就显得成色不足?"出示教材文本"问题探究"栏目第一段史料,提问:"根据材料,对于马戛尔尼提出的扩大贸易规模方面的具体要求,乾隆帝作出了怎样的回复?"并追问:"这段话反映出乾隆帝怎样的观念?"出示教材文本"史料阅读"栏目第二段史料,请学生阅读教材文本第三目内容,并再次思考"为什么在进行世界性横向比较时,18世纪中国的'巨大成就'就显得成色不足"。

设计意图:以问题为中心,借助对史料的深入分析与研究,引导学生从世界历史发展的横向视角审视康乾盛世,从而理解自16世纪起世界变迁对中国产生的影响,并深刻体会到变化与危机总是相随相伴。

环节5:请学生以小组为单位概括"康乾盛世'盛''危'下的时代特征:_____与_____"。教师在学生发言的基础上完成课堂小结。

设计意图:借助对康乾盛世时代特征的概括,巩固学生所学知识,深化学生对历史复杂性的认识,引导学生以辩证的视角审视康乾盛世在中国历史纵向发展与世界历史横向发展中的地位。

【教学策略】

环节5中,若学生暂时无法总结出一组对立的概念,可适时引入唯物史观的理论框架,教师借助课堂板书进行引导和提示,帮助学生构建分析框架。对于积极参与回答的学生,教师应通过追问和反馈,促使其深入思考,提升其历史素养。在各环节中,要注重史料的多元性和问题的开放性,鼓励学生自主探究、合作交流。

【结构板书】

清朝前中期的鼎盛与危机

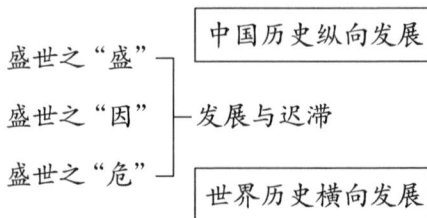

盛世之"盛" ——中国历史纵向发展

盛世之"因" ——发展与迟滞

盛世之"危" ——世界历史横向发展

【作业设计】

1. 完成本课教材配套练习册的作业。

2. 上海奉贤博物馆拟举办"康乾盛世故宫文物大展"，请为该展览撰写一段 200 字的导言。

【资料附录】

略

📖 教学设计 4

这是一堂基于大概念教学理念，指向判断力培养的家常实践课。张敏霞老师利用问题链驱动教学，旨在引导学生深入理解中古时期亚洲多元文明的兴起、交流与影响，从唯物史观的视角，探讨不同文明区域的发展动因、成就及其对人类历史的贡献，促进学生形成全球史观和多元文化认同感。

中古时期的亚洲

执教者：复旦大学附属中学　张敏霞

【内容主旨】

中古时期，亚洲区域文明各自壮大并形成文化圈。西亚兴起的阿拉伯与奥斯曼帝国，前赴后继地拓展伊斯兰文化圈，对欧亚交流产生了深刻影响；南亚次大陆受伊斯兰文化冲击，形成宗教并存共生的文化圈；东亚形成以中国文化为轴心，包容日本、朝鲜和越南的儒家文化圈。在交流互动中，这些各具特色的文明圈面貌日益丰富。

【教学目标】

知晓中古时期亚洲地区不同文化圈的国家、民族、宗教和社会面貌；观察时间轴，比较历史地图，提取文献信息，体会各文化圈的文化成就特色，发现伊斯兰文明的桥梁作用，认识东亚文化圈的中国轴心地位；辨别文献与图片材料，通过整理和比较，体会区域文化圈发展的不同特色；通过对中古时期亚洲各区域文明多元性、差异性和共容性的认识，理解各区域文明都对人类历史发展作出了贡献,加深对古代文明多元并存的民族性与互动交流的统一性并存的辩证认识。

【重点难点】

重点:掌握中古亚洲文明的多元面貌。

难点:理解中古亚洲各文化圈互动。

【教学过程】

环节1:伊斯兰文明的崛起与扩张。

1. 探究帝国的崛起。出示中古时期阿拉伯帝国和奥斯曼帝国兴衰的大事时间轴,引导学生结合所学,思考阿拉伯帝国崛起和奥斯曼帝国建立的相似之处。引导学生从地理环境、民族关系、政治制度、经济发展等视角解释两大帝国崛起的共同前提与地域特征,反思生存环境如此恶劣且处在文明边缘的阿拉伯半岛为何能够出现地跨欧亚非的大帝国,一直处于被统治地位的奥斯曼人如何逐步征服小亚细亚,甚至灭亡了拜占庭帝国,进一步理解伊斯兰帝国兴起与扩张是多种因素综合作用的结果。

设计意图:通过梳理教材内容,结合文献史料进行纵向联系与横向比较,描述中古时期亚洲不同国家、民族、宗教和社会的变化,通过问题链引导学生从多个维度分析帝国崛起的原因,从多个历史事件之间因果关系的视角理解、解释和辩证认识阿拉伯帝国与奥斯曼帝国崛起和扩张的历史进程。

2. 探寻帝国的边界。出示教材和地图册中两大帝国的疆域,引导学生辨认两大帝国的疆域边界有何不同,感受地跨三大洲帝国疆域之广和统治之难。出示"学思之窗"栏目的文献史料,解读文献中巴格达码头与哪些区域文明建立了贸易,对比地图册《6世纪欧亚非贸易路线图》和教材《(7世纪以后)阿拉伯人商业活动示意图》,引导学生分析帝国崛起后欧亚非商贸路线的变化,知道阿拉伯帝国在沟通世界贸易、传承传播文化中的桥梁作用。

设计意图:运用上层建筑的两种形式——政治上层建筑与观念上层建筑相互依赖、相互作用的关系原理,引导学生认识经济动力是社会发展的根本动力,理解阿拉伯人充当东西交流桥梁的宗教、经济因素,为下一单元将从经济、宗教动因解释历史事件的方法迁移到新航路开辟作好示范。

3. 认识帝国的面貌。介绍阿拉伯帝国的智慧宫,叙述 8 世纪起阿拔斯王朝掀起一场"百年翻译运动"(公元 750—850 年)的文献资料,引导学生思考哪些材料能够进一步印证帝国统治者对文化的开放与包容,感知阿拉伯帝国的兴起及其文明桥梁作用,认识融合形成伊斯兰文化圈具有商业拓展与武力扩张的独特特征。通过不少人认同两大帝国的征服是靠"左手拿着《古兰经》,右手拿着宝剑"这一观点,引导学生思考为什么这场征服的影响如此持久深远,初步掌握从多角度解释历史现象与事件。

设计意图:从纵向联系与横向联系着手,运用背景与条件、主观与客观等概念和范畴,分析、综合史事,引导学生掌握多角度解释阿拉伯帝国文化繁荣和奥斯曼帝国延续拜占庭帝国文化的原因的方法,理解社会存在决定社会意识的原理,进一步认识上层建筑两种形式之间的关系,辩证认识伊斯兰文化圈对东西方历史的影响,为下一单元的教学铺垫。

环节 2:儒家文化的传播与流变。

1. 认识文化传播的见证。从三首汉诗引出话题,结合东亚各国中古时期大事时间轴,以及地图册《唐时期东亚文化圈示意图》和《古代朝日发展历程示意图》,对比《唐朝中央机构示意图》《大化改新中央机构示意图》和《朝鲜统治示意图》,引导学生思考中古时期东亚各国历史发展的相似之处,并结合已掌握的知识,归纳历史上受中国政治和中华文化影响的文化区域概况(有汉字、制度、儒家和佛教四个主要领域,涉及国家管理和社会生活的基本方面)。结合学生的讲述,教师简单回顾日本中央集权兴衰与朝鲜朝代更替。

设计意图:聚焦东亚国家政治制度的变化,引导学生从社会存在决定社会意识的视角认识其特点。将大化改新等重要事件放在历史的长时段发展历程中评析,引导学生认识儒家文化为其他国家和民族提供有益启迪,具有历史意义和现实影响。

2. 了解文化传播的途径。结合中日古代交往时间轴和日本地图,讲述日本正仓院宝物的大致来源,以螺钿紫檀五弦琵琶为例,分析文物展示的文化交融,引导学生思考儒家文化对朝鲜、日本、越南等国产生了怎样的影响,了解东亚一些共同文化现象发源于中国,被东亚国家吸纳,在后来的历史演变中甚至比中国持续得更久,学会从互动视角全面认识中古东亚史。

设计意图：从时代特征、创新意义和传播交流的视角解读古代文物的内涵，进而分析文化传承、发展、创新的深层原因。从儒家文化圈交往的时间、形式、内容、结果等角度，分析朝鲜、日本与中国在儒家文化圈中的作用与影响。引导学生理解文化传承与创新的过程，认同文明交流、互鉴是社会进步的动力。

环节3：多力量冲击下的古代印度。

教师将南亚印度的历史设计为课后作业，引导学生综合所学知识，认识印度文明的特征。最后概括亚洲各区域文明的特点，引导学生了解世界历史发展的多样性及整个世界相对平衡的多元文明格局。

设计意图：呼应导入，宏观审视历史，引导学生概括文明互动交流的统一性，归纳古代区域文明多元并存的民族性，理解欧亚存在区域文明互动。

【结构板书】

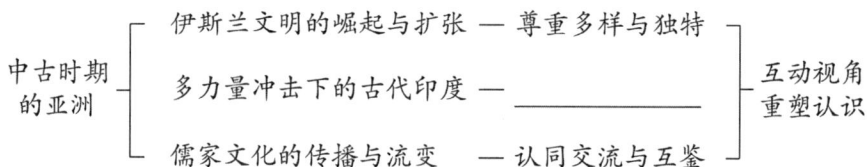

【作业设计】

中古时期，伊斯兰文明、儒家文明之外的印度经历了一次次被征服和新统治，印度的历史发展与另外两个文明有哪些相同与不同之处？为教材中的这部分内容提炼一个小标题，并简要说明理由。

【资料附录】

略

第 三 编

实践:水立方与鸟巢的启迪

图 3-1　水立方与鸟巢

　　水立方与鸟巢是 2008 年北京奥运会的主要比赛场馆,它们分别位于北京城市中轴线北端两侧,只隔着一条马路。这两个建筑一方一圆,一蓝一红,不仅在外观上形成鲜明对比,还体现了中国传统文化"天圆地方"的哲学思想。其中,水立方展现出女性般的柔美,鸟巢象征着男性般的阳刚,两者形成了一种微妙、均衡的关系,与中国传统的阴阳观相吻合。

　　历史阅读与历史写作,正如水立方与鸟巢,共同构成了中学历史教学和教研的有机整体。历史阅读是历史写作的前提和基础,是隐性的,相对私人化,如水立方,是阴的。历史写作作为阅读的表现形式之一,则是显性的,因为写作成果往往需要公开展示,所以相对公众化,如鸟巢,是阳的。两者相互促进,相辅相成:通过大量的阅读,我们可以学习他人的思想表达方式、写作技巧等,从而提高写作能力;而不断地写作又能使我们深化对阅读文本的理解和掌握,从而提升阅读能力。

　　水立方与鸟巢都展现了传统和现代的有机结合。水立方的设计灵感来自自然界中的水泡和中华传统文化中的"地方"理念,同时融入了环保元素,采用太阳能和雨水收集系统，将其变成一座可持续发展的建筑。鸟巢的设计则借鉴了中国传统的竹编工艺，同时也考虑到环保因素，采用可再生材料和节能技术，使之成为一座绿色建筑。在中学历史教学与教研中，阅读与写作同样是传统（过去）和现代（现在）的交汇与融合。英国历史学家爱德华·卡尔认为："历史是历史学家与历史事实之间连续不断的、互为作用的过程，就是现在与过去之间永无休止的对话。"①作为基础教育的中学历史教学，要体现国家意志，承担起启智增慧、培根铸魂的使命，而作为教学实践中不可或缺的方式与手段，历史阅读与历史写作也必须遵循这一理念，不断引导学生从历史中汲取智慧与养料，将其转化为个人成长的动力，照亮通向未来的道路。这个过程彰显了人不仅是认识历史的主体，更是创造历史的主体。

Ⅰ 从判断到读写：目标是一条红线

如果说历史判断力是在目标领域实现对核心素养各项内容的有机整合，历史阅读与历史写作就是将这种整合投射于具体的教学实践。从信息学角度来看，历史阅读可被视为一种接收，但又不局限于接收，或者说是接收后的转化，乃至接收本身已经包含了认识历史的思想方法。历史阅读所倡导的"围绕文本""文本自身""超越文本"的解读方式与策略，不仅反映了这种思想方法，也与历史写作的文本要求一脉相承。因此，历史判断力成为穿透历史阅读与历史写作目标的一条红线。这条红线的另一层意义在于，从对问题的初步判断到具体的读写表达，我们必须始终坚守一定的原则和标准，确保自己的观点和表达既符合实际，又符合道德和法律等基本要求，这是一个对认知、表达和行为的全面要求，体现了对问题处理的严谨性和负责任的态度。

为什么读写是判断力培养的重要抓手？

要想让学生真正理解历史叙述的本质，并将其应用于实践，提升历史学科

---

① （英）爱德华·卡尔.历史是什么？[M].陈恒，译.北京：商务印书馆，2007：115.

核心素养,从而培养和提升判断力,阅读与写作的教学实践是关键。可以说,读写是判断力培养的重要抓手。

首先,从历史学科的特点来看,师生对文本的阅读,对直接史料的分析,对历史书写类型多样性的把握,以及历史叙事和历史阐释等基本能力,都可以通过加强阅读与写作的训练来提升。在中学阶段开展历史阅读与写作的教学实践,不仅能提高教师自身的史学素养和教学基本功,还能为学生的终身发展奠定必要的文史素养。当学生能够自主探寻过去发生的事情,整理他们看到、听到、理解的知识和信息,考据其真实性与存在性,并通过自己的语言准确地表达出来,这才是真正意义上的掌握知识,形成自身缜密的历史逻辑思维,并将其转化为实际能力。因此,对于中学历史教育教学来说,培养学生的阅读与写作能力是至关重要的,这也是提升学生历史核心素养的主要途径。

然而,在我国现行的历史教学中,教师往往过于注重讲解和习题训练,忽视或不太重视学生的课外阅读与写作。这一方面源于考试模式下的成绩压力,另一方面也与长期以来应试教育模式固化,无法实现真正的转型有关。这种现状既不符合 21 世纪世界发展的趋势,也不利于对学生历史核心素养的培养。

其次,要想适应"双新"教学改革的要求,通过加强读写实践来增强学生的历史判断力是一个重要的途径。与过去相比,当前的课程改革对历史叙述的认识与实践要求发生了不小的变化。《普通高中历史课程标准(2017 年版2020 年修订)》认为:"所有历史叙述在本质上都是对历史的解释,即便是对基本事实的陈述也包含了陈述者的主观认识。"①这表明,不仅仅是被阅读的作品带有写作者的主观认识,阅读者的阅读心得也带有主观性。在中学历史阅读与写作的教育教学实践中,我们就是要让学生学会分辨、理解这种主观性,并在自己的写作中加以运用,这样学生的历史核心素养就能得到培养,判断力就能得到提升。

基于这样的认识,在中学历史教育教学中,我们不能只是简单地罗列史实,

---

① 中华人民共和国教育部.普通高中历史课程标准(2017 年版 2020 年修订)[M].北京:人民教育出版社,2020:5.

更不能像某些人那样认为罗列的史实越详细越好。实际上,不要说中学历史教学课时有限、学生能力不足等外在因素,即便是史学家也无法穷尽相关领域的所有史料,因为这受到留存史料、时代背景和个人能力等种种主客观因素的制约。因此,教师的主要任务是引导学生认识到"历史解释是指以史料为依据,对历史事物进行理性分析和客观评判的态度、能力与方法"①。通过阅读与写作的教学实践,教师能够较完整地展示相关文本的历史叙述和历史解释是如何形成的,并教会学生如何进行历史叙述和历史解释,从而培养学生的历史核心素养,提升他们的思维和表达能力。

下面是"中外历史名著导读"②这一选修课程中阅读《共产党宣言》③的教学实践案例。

教师在指导学生阅读名著《共产党宣言》并撰写阅读提纲时,不能简单地停留在对文章语言文字和行文结构的分析上,而要引导学生从历史背景、历史语境去理解作者的写作意图,学会对历史事物进行理性分析和客观评判,这样才能真正掌握历史叙述和历史解释的方法,从而满足高中历史教学的要求和目标。

以《共产党宣言》中的"资产者和无产者"为例。

在这部分,马克思、恩格斯提出了一个广为人知的重要命题,即"资产阶级在历史上曾经起过非常革命的作用"④。

根据《共产党宣言》所述,得出这一命题的论据大致有:资产阶级改变了封建社会的生产关系、阶级关系和社会结构,用雇佣制代替了封建依附关系,用基于财产的不平等代替了基于出身的不平等,是一种进步;资产阶级所采用的生产关系开拓了世界市场,使世界逐渐走向一体化;资产阶级创造了巨大的生产力;等等。

---

① 中华人民共和国教育部.普通高中历史课程标准(2017年版2020年修订)[M].北京:人民教育出版社,2020:5.
② 上海的高中课程曾分为基础型、拓展型和研究型三类,"中外历史名著导读"在当时属于拓展型课程。根据最新的课程规定,该课程现改称为选修课程。
③ 马克思,恩格斯.共产党宣言[M].北京:人民出版社,2018.下文提到的《共产党宣言》皆指这一版本。
④ 马克思,恩格斯.共产党宣言[M].北京:人民出版社,2018:30.

师生在阅读和撰写阅读提纲时都发现,这里马克思、恩格斯绝不是简单地在赞美资产阶级,从"它用公开的、无耻的、直接的、露骨的剥削代替了由宗教幻想和政治幻想掩盖着的剥削"①"资产阶级撕下了罩在家庭关系上的温情脉脉的面纱,把这种关系变成了纯粹的金钱关系"②这些语句可以看出,他们在惊叹于资产阶级历史上曾经创造的伟力的同时,也充满了对资产阶级的批判。

所以,我们必须结合马克思、恩格斯所处的时代背景、阶级立场、唯物史观等来分析这一命题。

通过学习,我们知道《共产党宣言》诞生于1848年,此时正是英国完成工业革命,工业化浪潮席卷西欧乃至全世界的时代,资本主义、资产阶级、自由主义正处于历史上的巅峰时期,正在全世界挥洒其磅礴的力量。这是马克思、恩格斯赞扬资产阶级的历史作用的时代背景。

马克思、恩格斯站在广大无产阶级的立场,看到了西欧的资产阶级对无产阶级的无情剥削,对亚非美国家和地区的民众造成的巨大伤害。这种阶级立场使他们在分析资产阶级的进步作用时夹杂着对资产阶级的批判。

马克思、恩格斯从生产力标准出发,肯定了资产阶级的历史作用,这是唯物史观的生动运用。

但师生在学习中也发现该版本的《共产党宣言》中关于"资产者和无产者"的定义有一个注释,即"恩格斯在1888年英文版上加了一个注:'资产阶级是指占有社会生产资料并使用雇佣劳动的现代资本家阶级。无产阶级是指没有自己的生产资料,因而不得不靠出卖劳动力来维持生活的现代雇佣工人阶级。'——编者注"③。

这个注释引起了师生的兴趣与讨论,大家发现恩格斯思想的一个进步在于明确定义了《共产党宣言》中"资产者和无产者"的范畴,即教材《中外历史纲要(下)》在"工业革命的影响"中提到的"工业资产阶级和工业无产阶级逐渐成为社会的两大阶级"。

---

① 马克思,恩格斯.共产党宣言[M].北京:人民出版社,2018:30.
② 马克思,恩格斯.共产党宣言[M].北京:人民出版社,2018:30.
③ 马克思,恩格斯.共产党宣言[M].北京:人民出版社,2018:27.

这说明马克思主义是不断发展进步的，马克思、恩格斯在不断地修正、完善自己的理论；同样，这条编者注也代表了后世的马克思主义者、马克思主义研究者、历史学家对马克思主义认识的不断发展完善。

所以，我们可以看出，马克思、恩格斯对资产阶级的认识，以及恩格斯对"资产者和无产者"的定义，都是基于一定的历史背景，其叙述和解释都根植于一定的时代语境。

同样，我们对马克思主义的认识，也是随着中国特色社会主义实践的不断进展而不断发展完善的。

通过读写实践，学生明白了所有历史叙述和历史解释的"合理性"都基于一定的时代背景和历史语境。所以，我们在阅读历史文本和观察世界的时候，要透过现象去看本质，揭示其表象背后的深层因果关系，从而能够培养"史识"（刘知幾语）。

中学历史教学中的读写实践使学生明白：我们无法去追寻所谓的绝对的客观真实，但可以在历史叙述和历史解释相对合理的基础上，养成全面、辩证地认识世界、表达自我的能力。

读写如何提高育人育德水平？

《普通高中历史课程标准（2017 年版 2020 年修订）》明确规定："历史课程最基本和最重要的教育理念，是全面贯彻党的教育方针，切实落实立德树人的根本任务，坚持育人为本、德育为先，使历史教育成为形成和发展社会主义核心价值观的重要途径。发挥历史课程立德树人的教育功能，使学生能够从历史的角度关心国家的命运，关注世界的发展，成为德智体美劳全面发展的社会主义建设者和接班人。"[①]立德树人是历史课程的根本任务，也是判断力培养的价值旨归。在中学历史教育教学中，如何提高育人育德水平是一项重要的课题，这个任务可以通过阅读历史名著并进行相关写作来完成。

---

① 中华人民共和国教育部.普通高中历史课程标准（2017 年版 2020 年修订）[M].北京：人民教育出版社，2020：2.

第一,基于教材的读写实践来提高育人育德水平。

在中学历史教育教学实践中,学生通过阅读历史教材,可以对中华文明一以贯之的辉煌、近代中国仁人志士的不屈不挠、中国共产党人的艰苦奋斗等形成一个框架性的了解。然而,单纯的课堂讲授难以使学生对这些问题有深刻的认识,也无法将这些内容内化为他们的信念。因为历史毕竟是抽象的,与今人之间存在天然的隔阂。尽管史学研究者通过大量的阅读、思考和人生经验的积累等努力克服这种隔阂,但对高中生来说,由于学业压力和人生经历的限制,他们很难理解前人的行动逻辑,自然无法对前人的情感、态度感同身受,对前人价值追求的认同可能也只是停留在表面。因此,只有通过历史阅读与写作实践,我们才能更好地实现育人育德目标,提高育人育德水平。

我们可以尝试以教材中出现的文献史料作为读写实践的内容。具体来说,师生先根据教材辅读栏目中出现的文献史料片段,去查找这些文献史料的全文,并进行翻译。接着,师生共同探讨这些片段在原文中的位置和意义、史料产生的历史背景等,研究这些文献史料的价值及其判断标准,即史料能呈现多大程度的历史真相、史料在历史上产生的影响和意义等。在此基础上,教师指导学生撰写习作,形成教材文献史料研读文本。师生在课堂上交流教材中的文献史料研读策略与运用原则,以实现核心素养导向下的教材文献史料研读的科学化、系统化整理汇编。教师还可以深入挖掘文献史料的相关信息,命制相关试题,让学生完成,使学生对教材中的文献史料片段有更深入的认识,进而对这些片段所涉及的历史时段有更深刻的理解。

同时,教师可以深入挖掘教材中的"学思之窗""历史纵横""学习拓展"等栏目,利用这些栏目的提示语,去寻找相关的史料或论文,进一步理解教材的内涵,推动学生领会教材反映的国家意志,从而提高育人育德水平。

例如,《中外历史纲要(上)》第1课的"学习拓展"栏目中写道:

我国考古学家苏秉琦在《关于重建中国史前史的思考》中说:"相对于世界其他几大历史文化系统而言,中国文化是自我一系的;中国古代文化又是多源的;它的发展不是一条线贯彻始终,而是多条线互有交错的网络系统,但又有主有次。各大文化区系既相对稳定,又不是封闭的……中国文明之所以独具特色、丰富多彩、连绵不断,中华民族之所以能够形成一个统一的多民族国家并在数千年来始终屹立在世界的东方,都与中国文化的传统、中国文明的多源性有密切关系。"

如何理解苏秉琦先生的这段话?

我们可以从教材文本解读入手,比如通过教材中有关龙山文化(黄河流域)、红山文化(辽河流域)和良渚文化(长江流域)的阐述,尤其是展示《红山文化牛河梁遗址的祭坛、积石冢》《良渚古城城墙分布示意图》两张图片,从辽河流域、黄河流域、长江流域等地域的广泛,以及各文明发展水平的高度等,引导学生深刻体会中国文化的传统和中国文明的多源性,从而加深对中华文明起源的认识,提高民族自豪感。

也可以引导学生阅读苏秉琦先生的《中国文明起源新探》①等书籍,做好阅读笔记,撰写读后感,深入了解和掌握相关的考古发现,拓展教材所述内容的深度和广度,进而提升历史思维水平,增强对中华文明起源灿烂、辉煌的认同感。

通过类似的读写实践,我们能够增加学生接触原始史料和历史情境的机会,拓宽他们的历史视野,提升他们的历史思维水平,从而实现历史教育中的价值追求目标家国情怀的培养,达到历史学科立德树人的要求。

第二,通过历史名著阅读与写作来培养学生的家国情怀。

在中学历史教学中,我们可以通过开设"高中历史名著阅读与写作"选修课程来推动家国情怀这一核心素养的培养。与常规的必修和选择性必修课程相比,该课程的突出特点是教学模式的转变,即从单一的以教师讲授为主的教学模式转变为以学生为参与主体的教学模式。在历史名著阅读的指导与学习过程中,学生将了解并掌握"围绕文本""文本本身""超越文本"三种阅读模式,进一步掌握阅读包括名著在内的各种文本的方法和路径。这种教学路径不再是传统的以知识掌握和习题训练为主,而是以历史名著阅读与写作为主,有助于培养学生的历史核心素养。

下面以"中外历史名著导读"选修课程中阅读《近代中国社会的新陈代谢》

① 苏秉琦.中国文明起源新探[M].辽宁:辽宁人民出版社,2010.

的教学实践为例进行简要说明①。

　　教师指导学生阅读陈旭麓先生的《近代中国社会的新陈代谢》并撰写读后感，是"中外历史名著导读"选修课程的主要组成部分。这一教学实践旨在通过让学生感悟近代中国仁人志士艰苦卓绝和不屈不挠的奋斗历程，"了解并认同中华优秀文化传统、革命文化、社会主义先进文化……认识中华文明的历史价值和现实意义"②等，增强学生的民族认同感、国家自豪感、责任意识等，坚定实现中国梦的信念，从而培养学生的家国情怀核心素养。

　　该课程以阅读历史名著文本和撰写读后感为基本训练方法，教学流程通常为：选定要阅读的历史名著；下发"历史名著阅读与写作课题组学生个人学习流程内容记录"，让学生制定阅读提纲；在课堂上交流自己的阅读心得；师生探讨阅读心得；学生回家总结，并提交阅读感想；在课程某一阶段集中展示优秀的文章。

　　就阅读《近代中国社会的新陈代谢》来说，学生需要以小组为单位，了解重要的历史事件、历史人物等基础史实，掌握近代中国各阶级救国救民思想的演进历程，并对照教材和其他历史作品，理解作者书写的技巧，包括观点提出、论证过程（论证角度、论据的选择、论点与论据的结合等），感悟文本中体现的作者对历史与现实的观照，体会历史人物与史书书写者的家国情怀。

　　从微观操作层面看，在阅读《近代中国社会的新陈代谢》并撰写读后感的过程中，教师可以通过名著引领教材文本的阅读，以落实立德树人的教学任务，推进学生家国情怀素养的培养。

　　统编教材中关于鸦片战争前中国社会的表述比较概括："欧洲资本主义不断发展，而清政府对世界形势的变化浑然不觉，中国仍然停留在封建社会，君主专制统治依旧顽固。自给自足的小农经济是主要的生产方式，科技落后。八旗和绿营作战能力低下，使用的武器主要是冷兵器，远远落后于英国的热兵器。社会阶级矛盾激化，各地农民起义此起彼伏。"

　　而《近代中国社会的新陈代谢》一书专门用"第 3 章　由盛转衰的清王朝"来

　　① 具体见本编编外篇教学设计 3。
　　② 中华人民共和国教育部.普通高中历史课程标准（2017 年版 2020 年修订）［M］.北京：人民教育出版社,2020：7.

阐述鸦片战争前清朝由康乾盛世转向衰败的社会场景。书中先大致描绘了转衰的一些表现,如嘉庆皇帝在天理教起义之后下诏罪己,谈到:"当今大患,惟在因循怠玩。"这些鲜活的直接史料诠释了政治专制的弊端及后患。书中还用大量篇幅,从人口、移民、会党等社会群体的角度,刻画了鸦片战争前中国社会存在的矛盾和表现。与教材中的结论性文字相比,这些文字更生动、鲜活,给学生留下了深刻的印象,从而能够激发学生的同理心,更好地达到德育教育的目的。

通过《近代中国社会的新陈代谢》的阅读与写作教学,师生共同学习了近代中国人在面临外国不断深入侵略的情况下,如何孜孜不倦地探索救国之道,理解了他们在现代化浪潮下对中西方文明成果选择的艰难,客观评价了其中的经验教训,认同先辈们的爱国和奋斗精神,感悟到他们的民族自豪感和自信心。这样的学习过程不仅有利于学生从历史发展的眼光去评述历史人物和历史事件,还有利于在历史学科中培养学生的家国情怀核心素养,从而提高中学历史教学的育人育德水平。

Ⅱ　从集证到辨据:求真是一种追求

历史阅读与写作所遵循的原则和方法,与核心素养中史料实证等侧重关键能力的要求紧密相关。借鉴上海近三十年的课改经验,可以发现集证和辨据的思想方法也是历史阅读与写作应该遵循的基本原则,集证和辨据背后隐含的对真理和真相的不懈追求,即历史判断力中判断本身蕴含的价值追求,自然也成为历史阅读与写作的求真诉求。

为何说读写以史料搜集、整理为基础?

《普通高中历史课程标准(2017年版2020年修订)》认为:"人们通过多种不同的方式描述和解释过去,通过对史料的搜集、整理和辨析,辩证、客观地理解历史事物,不仅要将其描述出来,还要揭示其表象背后的深层因果关系。通过对历史的解释,不断接近历史真实。"①

　　读写以史料搜集、整理为基础,只有搜集、整理尽可能多的史料,才能为后续的问题研究提供可靠的依据。虽然史料搜集、整理具有一定客观性,体现了历史学的求真精神,但如何运用搜集、整理到的史料,即在写作中呈现哪些史料,并根据史料进行历史解释,带有一定的主观性。在历史研究与认识中,史料的搜集、整理、解释遵循一定的学术规范,追求尽可能地呈现历史本来的面目,也就是求真。在中学历史教学的读写实践中,如果学生在从集证到辨据的学习中能够秉持这种求真的精神,领悟并掌握在历史学科规范内表达真相的技巧,他们的判断力水平将持续提升。

　　史料实证是历史学科素养的重要组成部分,也是很多国家历史课程标准要求掌握的一项基本技能。正如李稚勇教授所说:"史料的搜集、甄别与运用,是学习历史的基础与关键,美国历史科国家课程标准就'历史思考'所提出的五项能力,几乎每一项都与史料有关。"②因此,史料搜集、整理是中学历史教学读写实践的基础,历史教师需要在这方面努力实践。中学历史教学读写实践中的史料教学,能够将传统的被动、机械的学习方式转变为主动、探究的学习方式,从而促进学生历史学科素养的养成。

　　史料根据篇幅,大致可分为短文本、中长文本、长文本三种类型,它们各自具有不同的特点和适用性,在高中历史教学的各类课程中有着不同的应用。

　　我们先来说说短文本阅读。关于短文本史料的字数限制,历来没有统一的标准,一般可以定在100字以内。这类文本的阅读量相对较小,可以广泛应用于必修和选择性必修课程。

　　以《明朝前期的经济与政治》一课使用的史料为例:"据统计,洪武十七年(1384年)9月14日至21日,内外诸司奏事札达1660件,共3391事,即平均每日要处理奏章207件、411事。(孙承泽:《春明梦余录》卷二五)。"主要是事实陈述,阅读难度不大,阅读时间较短,是较好的短文本史料,可以较多使用。有些

　　① 中华人民共和国教育部.普通高中历史课程标准(2017年版2020年修订)[M].北京:人民教育出版社,2020:5.
　　② 李稚勇.论史料教学的价值——兼论中学历史教学发展趋势[J].课程·教材·教法,2006,26(9):61-66.

文本则不然，例如清朝保守派人士李慈铭在《越缦堂日记》中写道："鬼计本多端，使小朝廷设同文之馆；军机无远略，诱佳弟子拜异类为师。"这段史料虽然字数不多，但涉及作者的观点，理解难度相对较大。基础课上必须包含这类史料，但在课堂上不宜大量使用。

此外，教学中使用的各类图片、地图、漫画等也属于短文本，可以广泛应用于各类课程教学中。

必修和选择性必修课程任务重，授课时间相对紧张，因此可以把较长的文本缩短。例如，在《中外历史纲要（上）》中，《从明朝建立到清军入关》这一课的"探究与拓展"栏目中有摘自朱元璋《皇明祖训》中关于废丞相理由的文字：

自古三公论道，六卿分职，并不曾设立丞相。自秦始置丞相，不旋踵而亡。汉、唐、宋因之，虽有贤相，然其间所用者多有小人，专权乱政。今我朝罢丞相，设五府、六部、都察院、通政司、大理寺等衙门，分理天下庶务，彼此颉颃，不敢相压。事皆朝廷总之，所以稳当。

这段史料在课堂教学或课后练习中显得过于冗长，我们可以在不影响原意的基础上将其删减为"自秦始置丞相，不旋踵而亡。汉、唐、宋因之，虽有贤相，然其间所用者多有小人，专权乱政。我朝罢丞相，……事皆朝廷总之，所以稳当"。这样的文本既有利于教师加快必修课课堂教学的节奏，完成规定的教学任务，又能起到在课堂教学现场开展史料教学实践的作用。

尽管短文本总体字数较少，但我们有时仍然会遇到生僻或难懂的词汇。在这种情况下，可以对这些文字加注，以帮助学生理解文本。例如，对于前述文本中的"颉颃"二字，可以加注"颉颃（xiéháng），原指鸟上下翻飞，引申为不相上下，互相抗衡"。这一原则适用于各类文本的史料教学。

那么，在中学教学实践中，我们如何引导学生阅读中长文本？

当史料字数超过 100 字时，就可以定义为中长文本了。当然，课堂教学和考试的要求不一样：100 多字的史料在课堂教学中可能显得过长，但在考试中却属于常规篇幅。例如，上海近年来的高考（或等级考）试题中，最后一道给材料作文题的材料可长达三四百字。在课堂教学中，我们通常不会让学生阅读如此多的文字，但考虑到高考（或等级考）的阅读要求是教学的一个重要标准，对史料教学具有重要的指导意义，因此我们会适度使用一些中长文本，不过篇数和字数都要严格控制,这样才能保证课程的顺利推进,同时训练学生达到考核的要求。

在必修和选择性必修课程的教学实践中,通常把中长文本的史料安排在课前或课后阅读,然后在课堂上进行提问和探讨。如果课上需要使用中长文本,教师需要对文本进行处理和艺术加工。例如,讲到明朝锦衣卫无孔不入时,教师经常引用一则史料:

> 临安钱宰子予,武肃王之裔,元末老儒也。高庙礼征,同诸儒修纂尚书,会选《孟子节文》,公退微吟曰:"四鼓冬冬起着衣,午门朝见尚嫌迟。何时得遂田园乐,睡到人间饭熟时。"察者以闻。明日,文华燕毕,进诸儒,谕之曰:"昨日好诗,然朕尝嫌汝?何不用忧字?"宰等悚愧谢罪。后未几,皆遣还……①

这段古文对学生来说,阅读和理解难度较大。教师可以在课堂教学中提前将其翻译成现代文,或者安排个别学生事先准备,在课堂上以口述历史故事的形式表演出来。这种处理方式不仅不会占用过多的课堂时间,还能吸引学生的注意力,达到良好的教学效果。

选修课程的教学内容相对灵活,教学时间也比较充裕,参与的学生往往对课程表现出浓厚的兴趣,因此教师可以在课堂上直接呈现中长文本的史料,让学生共同阅读、讨论并撰写读后感,帮助他们培养史料阅读能力和写作能力,深化对历史的理解。

最后再来说说长文本阅读,即前面提到的历史名著阅读。

长本文史料通常指一本专著或专著中的某些章节,这类史料的阅读实践大多出现在选修课程或各类课程的课外阅读,某些情况下也可以出现在基础课②。

长文本阅读是培养学生阅读习惯和阅读能力的重要方法。在中学阶段,开展长文本阅读对学生养成终身学习的习惯和深层次思考问题的能力有着深远的影响,这是短文本史料教学和快餐式阅读无法比拟的。在高中历史教学实践中,在选修课课堂上指导学生阅读历史名著,如《近代中国社会的新陈代谢》,或在课堂上阅读名著中的某些章节,激发学生兴趣,引导他们课后阅读其他章节,

---

① 叶盛.水东日记:元明史料笔记[M].中华书局,1980:39.
② 具体见本编编外篇教学设计1。

都是非常有效的做法。

总之，在中学历史学科的读写实践中，根据不同课程科学安排不同类型的史料，并探索正确解读和组合史料的方法，能够提高中学历史教学的科学性，凸显历史学科的特点，实现高中历史学科核心素养的培养目标。

为何说读写的过程也是辨据的过程？

《普通高中历史课程标准(2017年版2020年修订)》中"学业质量水平4"有关于"史料实证"的描述："能够比较、分析不同来源、不同观点的史料；能够在辨别史料作者意图的基础上利用史料；在评述历史时，能够对材料进行适当的取舍；在对历史和现实问题进行探究的过程中，能够恰当地运用史料对所探究问题进行论述；能够符合规范地引用史料。"[①]

在中学历史教学实践中，读写的过程也是辨据的过程。在阅读文本时，我们需要关注史料的历史背景和相关知识，解读史料时要考察历史的一致性，同时注意史料的主观性，并在后续的写作中注意选取多样的史料。这个过程对学生来说是一个巨大的挑战，它体现了历史学科的严谨性、规范性和科学性。通过历史阅读与写作的实践，学生能够更深刻地理解历史，并在判断力上得到锻炼，从而更好地联系现实。

一是在阅读中辨据。

在阅读中辨据，要关注史料的历史背景。只有了解了史料的历史背景和相关知识，才能对史料作进一步的分析，充分挖掘史料隐含的历史信息。

例如，在学到新航路(或全球航路)的开辟这段历史时，学生通常会阅读哥伦布的航海日记片段：

所以陛下……决定派我，克里斯托弗·哥伦布，到我提及的印度各个区域，去见那些我所说的君王、民族、国家，了解他们的脾性，了解一切，了解为了让他们皈依我们神圣信仰而可以采取的措施；陛下命令我不要按照习惯的方法走陆

---

① 中华人民共和国教育部.普通高中历史课程标准(2017年版2020年修订)[M].北京：人民教育出版社，2020：43.

路去东方,而是向西取道迄今为止不为人知的海路。①

这段史料的内容十分丰富,但如果不熟悉其历史背景和相关知识,就无法深入、准确地进行阅读,更不用说以此为基础进行写作。

首先,陛下不是一个人,而是两位国王,即伊莎贝拉一世和费尔南多二世。1469 年,伊莎贝拉一世嫁给了阿拉贡的王子费尔南多二世,他们的联姻为卡斯蒂利亚和阿拉贡这两个王国的合并奠定了基础。1474 年,23 岁的伊莎贝拉被立为卡斯蒂利亚女王。1479 年,费尔南多继位,成为阿拉贡国王。两国通过卡斯蒂利亚王位继承战争排除了葡萄牙的干预,正式合并为统一的西班牙王国,夫妇二人被称为"天主教双王"。两国的联合使西班牙最终形成一个统一的实体,最初以共主邦联模式存在,直到 1837 年伊莎贝拉二世通过君主立宪的法案后,两国才正式合并为一个国家。

其次,哥伦布在日记中说出航的目的是找到印度各个区域的人,让他们"皈依我们神圣信仰",也就是天主教。虽然传播宗教的热情是哥伦布远航的一个目标和动力,但它并非最主要的。如果我们了解当时西欧正处于资本原始积累阶段,兴起了追逐财富的黄金梦,就能知道哥伦布的主要目的是去寻找、掠夺金银和香料。当然,也有一些学生将此理解成是去寻找原料,这说明他们没有很好地掌握该历史阶段的特征。因为只有在工业革命之后,基于强大的工业生产能力,英、法等国才开始到海外寻找棉花等原料,将商品输出作为主要的对外侵略方式。

再次,与哥伦布所说的不同,不是两位国王让他往西航行去寻找印度(东方)。实际上,向西航行是哥伦布自己提出的航海方案,他最初找的是葡萄牙国王,但没有成功,后来这一方案被西班牙的两位国王接受,并得到了他们的资助。

最后,之所以不走陆路,是因为 1453 年奥斯曼帝国攻占了君士坦丁堡,导致拜占庭帝国灭亡,中西商路的陆路交通受阻,因此西欧国家开始探索不经过西亚的新航路。

---

① (美)约翰逊,霍尔沃森.世界文明的源泉(下卷)[M].马婷,王维民,等译.3 版.北京:北京大学出版社,2010:6.

只有通过类似对以上历史背景和相关知识的分析,我们才能真正理解这段史料,并在阅读中领会哥伦布航海日记的书写技巧。与私人日记不同,航海日记是要给他人看的,出资的两位国王和其他相关人士也需要通过航海日记来了解他们投资的航海项目的路线、时间等具体信息,以便评估此次航海活动及未来类似项目的可行性。因此,哥伦布写在日记中的话往往比较模糊,需要我们进行深入分析,才能揭示其深层含义。

在阅读中辨据,解读史料时要考察历史的一致性。所谓历史的一致性,首先指的是教师在提供史料文本时,要对史料的真伪进行考证,避免提供错误的史料,或者能够指出史料中存在的错误,供学生阅读时参考。

例如前述钱宰的《早朝诗》,可以用来证明明朝特务统治的严密和君主专制的强化。然而,有学者考证①后发现,这则故事存在一些史实错误,钱宰并不是在编修《孟子节文》时作的这首诗,编修《孟子节文》是钱宰因《早朝诗》被遣归十几年后再次被征召时发生的事情。因此,教师可以接受学者的建议,修改所提供的史料,删除"会选《孟子节文》"这一错误且对本节课教学无用的信息。或者,教师可以在课堂上展示完整的史料,并指出这一史实错误,同时引导学生注意甄别史料的真伪。此处要特别关注叶盛《水东日记》作为私家史料可能存在的不严谨性,让学生明白官方正史虽然可能存在立场问题,但在史实的准确性上通常更为可靠,研究历史应尽量以官方正史为基础,并补充其他史料。

所谓历史的一致性,还指师生在阅读、解读、运用史料时,要考察作者的身份、立场和观点。例如 2016 年上海高考历史卷第 38 题"1886 年 8 月 7 日,《纽约时报》发表文章,对上海租界作了如下描述(原文略)",要求阅读文本后评价作者对租界的描述,这就要求学生注意作者作为外国人的身份和殖民者的立场,在此基础上进行全面的解读。

在阅读中辨据,还要注意史料的主观性。史料毕竟是人类活动的产物,尤其是文字和图片史料,它们往往掺杂了太多的人为意志,因此任何史料都不可避免地带有主观性,这是我们在历史教学中必须清醒认识到的一个前提。在史料教学中,我们要引导学生"分辨'事实'与'说法'的差异,即通过理性的思维和

①　苏向荣.明钱宰《早朝诗》史料勘误及教学应用[J].历史教学,2012(3):25-28,40.

以证据为基础的想象来理解以往的社会和历史的发展"①。即在承认史料具有主观性的前提下,通过史料的搜集、整理和辨析,去伪存真,最后才能够成一家之言。当然,认识到史料的主观性,是为了不断探索更接近历史真实的可能路径,而不是为了否定历史的客观性或历史学科操作的共同准则。我们不能随意剪裁史料,为达到自己的目的肆意组合甚至删改史料,从而歪曲历史事实。所以,一家之言的形成过程,也就是对史料的选取和解读,必须符合历史学的原则,符合逻辑的一致性,符合高中历史课程标准的规定。

二是在写作中辨据。

在写作中辨据,必须选取多样的史料。为了尽可能地实现客观性,接近历史的真实,我们必须选取包含多方观点的材料以及多种形式的史料。例如,在葛剑雄、周筱赟合著的《历史学是什么》一书中,关于唐朝建立、李渊、李建成、李世民等的叙述,作者既广泛引用了唐朝官修史料和《旧唐书》等正史记载,又采纳了私家笔记温大雅《大唐创业起居注》的记载,并经过严密考证,得出了与传统说法不同的结论。教学中,我们应该采用文字、图片、音像等多种形式的史料,这不仅能够提高教学的科学性和丰富性,还有助于激发学生的学习兴趣,从而达到更好的学习效果。

在写作中辨据,必须坚持论从史出原则。傅斯年认为,有一分材料说一分话,没有材料就不说话。这是一种理想,同时体现了严谨的治学态度。在历史研究中,我们必须坚持这一原则,中学历史教学的读写实践也是如此。

然而,我们不可能穷尽所有史料,也不可能完全解读搜集、整理的史料中的所有信息,尤其是史料的深层信息往往见仁见智。不过,对史料深层信息的充分挖掘,发现他人未曾注意到的信息,体现了历史素养的高低;同时,在写作中准确运用史料(即能够符合规范地引用史料),并依据史料得出相对公认的结论,更能体现历史水平的高低。

在写作中辨据,必须确保史料实证与历史解释的一致性。实际上,史料实证过程已经包含了写作者对历史的认识和解释。以前述哥伦布的航海日记为

---

① 李稚勇.论史料教学的价值——兼论中学历史教学发展趋势[J].课程·教材·教法,2006,26(9):61-66.

例,其解读必须建立在对近代新航路开辟时代背景的深刻认识上。只有对这段历史十分熟悉的人,才能准确解读哥伦布的航海日记。但在历史写作中,无论是对史料的解读,还是对历史的解释,都不必强求绝对的准确性、客观性,因为写作者主体的认识偏差、历史观的不同、利益关系的不同及时代的限制等因素始终存在。因此,只要写作者能够确保史料实证与历史解释的一致性,即确保论据与论点相匹配,就符合历史研究的基本规范。为了达到这种一致性,学生需要在历史学科上进行深入而艰苦的学习;而在这个不断提高一致性的过程中,学生的逻辑思维和语言表达等能力将得到培养和提升,这正体现了历史学科培养学生判断力的过程。

Ⅲ　从碎片到整体:阅读是一座桥梁

中学历史教学中的阅读与专业历史研究中的阅读有共性,也有区别。它虽然也包括传世经典、历史专业著作片段的阅读(有时也会视学情提出整本书阅读的要求,但并不普遍),旨在让学生"像史家一般阅读"和"像史家一般思考",给予他们专业历史阅读、历史研究、历史认识的体验,但由于毕竟是中学的历史教学,专业的深度和精度终究有限,相对而言,对历史阅读广度的要求可能更高。这种历史阅读的广度往往涉及学生在社会生活中所能接触到的多种读物。尽管从专业角度看,这些读物可能缺乏整体感或系统性,但我们不应将其简单地视为碎片化阅读。这种阅读至少包含三种诉求:一是如何将看似零散的历史内容通过学生大脑的运作拼接成一个结构化的认识体系;二是这种结构化过程本身蕴含着认识历史的思想方法,是史学思想方法不断训练和完善的过程,也是丰富学史经历的过程;三是它在一定程度上顺应了基础教育"生活即学问,学问即生活"的价值追求。从这个意义上说,借助历史专业阅读,尤其是广义阅读形成的思维方式和思想方法,也将成为通往历史写作彼岸的桥梁。

为何说阅读史书的过程也是体验史学思想方法的过程?

在信息爆炸的时代,阅读成为获取知识和提升个人素质的重要途径。虽然所有学科都需要进行阅读,但历史学科由于其独特的学科特性,阅读的思路与其他学科有很大的区别。阅读史书的过程其实就是体验史学思想方法的过程。

史书不是对历史事件的简单记录,而是史学家运用特定的史学思想和方法,经过筛选、整理、解释和阐述形成的。在阅读史书的过程中,我们实际上是在接触和理解这些史学思想和方法。通过阅读史书的目录、用词、章节结构、史事选取、论证逻辑等,我们将了解史学家是如何运用史学思想和方法来揭示历史事件的内在联系、解释历史发展的规律、评价历史人物的地位和作用的。此外,史学研究需要严谨的思维和逻辑推理能力,而这些能力可以通过阅读史书得到锻炼和提高。在阅读史书时,我们需要理解史书中的叙述、分析、评论等,这需要我们运用逻辑思维、推理判断等能力。同时,我们还需要对史书中的历史事件和人物进行评价和判断,这就需要我们具备独立思考和批判性思维能力。因此,教师引导学生阅读史书的过程实际上也是一个史学思维训练的过程,主要原因有以下几点。

首先,阅读史书时,我们需要审视作者选用的史料。史料是通向历史认识的桥梁,"有一分材料说一分话,有十分材料说十分话,没有材料就不说话"。如果在历史研究中使用的史料可信度不高或者甚至是虚假的,那么基于史料得出的结论也会遭到质疑,甚至完全站不住脚。郭沫若先生指出:"无论作任何研究,材料的鉴别是最必要的基础阶段。材料不够固然大成问题,而材料的真伪或时代性如未规定清楚,那比缺乏材料还要更加危险。因为材料缺乏,顶多得不出结论而已,而材料不正确便会得出错误的结论。这样的结论比没有更要有害。"[①]例如,有教师在讲授戊戌变法时使用了梁启超的《戊戌政变记》,该史料在写到光绪皇帝如何重视康有为时有这样的记载:

(光绪)命总理衙门王大臣会议,并进呈(康有为)所著《日本变政考》《俄彼

---

① 郭沫若.十批判书[M].北京:人民出版社,1954:1.

得变政考》……,上置御案,日加披览,于万国之故更明,变法之志更决。日读康书,知之更深,于时皇上久欲召见康有为,而为恭亲王所抑,不能行其志,及四月恭亲王薨,翁同龢谋于上决计变法,开制度局而议其宜,选康有为任之。乃于四月二十三日,下诏定国是,二十五日下诏命康有为预备召见,二十八日遂召见于颐和园之仁寿殿,历时至九刻钟之久,向来召见臣僚,所未有也。①

　　根据上述记载,光绪皇帝每天阅读康有为进呈之书,一直想召见康有为。第一次召见时,君臣长谈九刻钟(2.25 小时)之久,并且强调"向来召见臣僚,所未有也"。由此我们很容易得出一个结论:光绪皇帝非常重视康有为,康有为是戊戌变法的重要人物。事实上,长期以来,史学研究者可能一直被梁启超的记载所误导。有学者在阅读这段记载时提出疑问:康有为是广东南海人,说粤语,光绪皇帝听不懂粤语,双方第一次见面如何能长谈九刻钟之久?又有学者查阅了相关资料,发现光绪皇帝那天召见的并非只有康有为一人,同时受到召见的还有张元济。张元济在《戊戌政变的回忆》中这样记载这次召见:

　　戊戌年(1898)四月二十八日光绪召见康有为和我,那时我还在总理衙门供职。为什么召见呢?因为当时翰林院侍读学士徐致靖上一个折子给光绪,保举康有为和我。二十八日天还没有亮,我们就到西苑,坐在朝房里等候。当日在朝房的有五人:荣禄,二位放到外省去做知府的,康有为和我。荣禄架子十足,摆出很尊严的样子。康有为在朝房里和他大谈变法,历时甚久,荣禄只是唯唯诺诺,不置可否。召见时,二位新知府先依次进去,出来后,太监传唤康有为进去。大约一刻钟光景,康先生出来,我第四个进去,在勤政殿旁边一个小屋子里召见。②

　　在上述记载中,光绪皇帝并不是特地召见康有为,而是进行了一次例行的召见。召见的地点也并非《戊戌政变记》中所记载的正殿仁寿殿,而是勤政殿旁边的一个小屋子。此外,召见的时间并不长,只有一刻钟。如果依据这些记载,我们又会得出和《戊戌政变记》中不同的结论:光绪皇帝并没有特别重视康有为。

---

① 梁启超.戊戌政变记[M]//梁启超.饮冰室合集:专集第一册.北京:中华书局,1988:15 - 16.
② 张元济.戊戌政变的回忆[M]//中国近代史资料丛刊·戊戌变法:第四册.神州国光社,1953:324 - 325.

再如，很多教师在讲授洋务运动时，为了论证洋务运动的局限性，会引用梁启超《变法通议》中的一段材料：

昔同治初年，德相毕士麻克（即俾斯麦）语人曰：三十年后，日本其兴，中国其弱乎？日人之游欧洲者，讨论学业，讲求官制，归而行之；中人之游欧洲者，询某厂船炮之利，某厂价值之廉，购而用之。强弱之原，其在此乎？

——梁启超《变法通议·论变法不知本原之害》

根据这段材料，德国首相俾斯麦在同治初年就预言三十年后日本会变得强大，而中国会变得衰弱。他的理由是中国洋务运动时期中国人到欧洲学习的是西方造船造炮的技术，而日本明治维新时期日本人到欧洲学习的是西方的制度，由此论证了洋务运动的局限性，即只学习了西方的技术，而没有学习到西方的制度。

然而，如果我们仔细审视这段材料，会发现其中存在许多疑点：第一，这段材料并没有详细记载俾斯麦是在何时何地对何人说的这段话；第二，遍查 19 世纪 60 年代至 90 年代的文献，可发现这段材料最早出现于 1896 年梁启超在《时务报》上发表的《变法通议》一文，类似的记载也出现在康有为 1897 年完成的《日本书目志》中："昔吾中人之至德国也，必问甲兵炮械，日人之至德国也，必问格致。德相毕士马克曰：异日者，中国其为日弱乎？"①；第三，这段材料在其他文献中无记载，康、梁也未曾与俾斯麦谋过面，二人是如何得知这一预言的？

再结合这段材料诞生的时代背景和康、梁二人的政治主张，可以发现这段材料出现于 1896 年，正值维新变法运动兴起时期。当时，康有为、梁启超等维新派人士正在大力宣传变法，他们反对洋务运动只学习西方的技术，主张进一步学习西方的制度，因此这段材料很有可能是他们为了借国际知名政治家俾斯麦之口来宣传变法必要性所杜撰出来的，这种做法与康有为撰写《孔子改制考》以实现托古改制何其相似。

由此可见，在阅读史书时，我们应抱着一种去伪存真的态度去审视作者选用的史料，阅读史书的过程其实就是体验集证辨据思维的过程。

其次，阅读史书时，我们需要判断作者对史料的解读是否准确。虽然史料

---

① 康有为.日本书目志[M]//康有为.康有为全集：第三集.上海：上海古籍出版社,1992:626.

是通向历史认识的桥梁，但正如著名历史学家吕思勉先生说的"有证据者，未必尽是"，一个重要的原因就是史料运用过程中可能存在对史料的错误解读。在历史研究中，即便有的时候使用的史料是真实可信的，如果对史料的解读不准确，那么得出的结论也可能是不全面甚至不正确的。古书中的一些记载过于简略，不同的解读就会得出不同的结论。例如：

《魏书·钟会传》：初，吴大将全琮，孙权之婚亲重臣也。琮子怿，孙静，从子端、翮、缉等，皆将兵来救诞。

这里的"孙静"应该如何理解？清朝专门研究三国历史的专家赵一清认为：孙静是吴国大将全琮的儿子，名字叫全孙静。这一解释引发了一些学者的质疑：全琮的儿子全怿，侄子全端、全翮、全缉，姓名都是两个字，为什么其中一个儿子叫全孙静，名字是三个字？民国时期的著名学者卢弼经过一番考证后提出了不同的解释。他认为正确的句读应该是"孙，静"，即这里的"静"实际上指的是全琮的孙子全静。也就是说，赵一清在阅读这段材料时把表示辈分的"孙"误解为名字。

再如，史书中这样记载杀害岳飞的罪名：

《宋史·岳飞传》：狱之将上也，韩世忠不平，诣桧诘其实。桧曰："飞子云与张宪书虽不明，其事体莫须有。"世忠曰："莫须有三字何以服天下？"

材料中的"莫须有"应该如何解读？《词源》和《现代汉语词典》将其解释为"也许有"和"或许有"。《资治通鉴后编》作者徐乾学等学者认为"莫须有"三字是误写，应是"必须有"。清朝学者俞正燮、著名语言学家吕叔湘等认为应该解读为"莫，须有"，意为"不，必须有"。台湾作家李敖曾考证"莫须"是宋朝的口头语，意为"难道没"。

由此可见，对于同一条史料，不同的解读可能导致完全不同的结论。因此，在阅读史书时，需要判断作者对史料的解读是否准确，阅读史书的过程其实就是体验从材料中准确提取有效历史信息的过程。

再次，阅读史书时，我们需要判断作者对历史人物、历史事件的分析与评价是否全面。由于作者个人的观点和立场往往会影响他们对历史人物和事件的分析与评价，因此我们需要保持批判性思维，对作者的观点和立场进行独立思考和评估，判断作者对历史人物、历史事件的分析与评价是否全面。例如，康有为在 1898 年向光绪皇帝呈递了《法国革命记》和《日本变政考》,两部书稿中分别记载了他眼中的法国大革命和日本明治维新。

> 臣读各国史,至法国革命之际,君民争祸之剧,未尝不掩卷而流涕也。巴黎百日而伏尸百二十九万,变革三次,君主再复,而绵祸八十年……普大地杀戮变乱之惨,未有若近世之祸酷者矣。盖皆自法肇之也。
>
> ——1898 年康有为《进呈法国革命记序》

> 以日本明治之政为宪法……大誓群臣以定国是;立制度局以议宪法;超擢草茅以备顾问;纡尊降贵以通下情;多派游学以通新学;改朔易服以易人心……我朝变法,但采鉴于日本,一切已足……我皇上阅之,采鉴而自强在此。若弃之而不采,亦更无自强之法矣。
>
> ——1898 年康有为《日本变政考》

康有为在其著作中描述了法国大革命给法国带来的巨大灾难,大量人口死亡,政局动荡不安,绵祸八十年。相比之下,他对日本明治维新制定宪法、不拘一格提拔人才、纡尊降贵体察民情、派遣留学生学习西学、移风易俗文明开化等举措给予了肯定。在阅读时,如果不结合康有为的身份立场以及他所处的时代背景去分析他笔下的法国大革命和日本明治维新,我们极有可能被书中的描述所误导。康有为在 1898 年上呈这两部书稿,正值甲午战败民族危机加深之际。作为维新派的代表,康有为主张向日本学习建立君主立宪制。为了说服光绪皇帝变法,他有意贬低革命而鼓吹改革,对法国大革命和日本明治维新的描述并不客观。

由此可见,在阅读史书时,我们需要结合作者的身份立场和时代背景来分析作者写作的真实意图,阅读史书的过程其实就是培养辨别作者意图能力的过程。

最后,阅读史书时,我们需要分析其论证逻辑是否存在错误或漏洞。在历史研究中,假设史料的可信度没有问题,对史料的解读也是准确的,一旦论证逻辑存在错误或漏洞,最终得出的结论也是不可信的。历史研究本质上是一种逻辑推理过程,它依赖于严谨的论证逻辑从已知的事实和证据中推导出可靠的结论。论证逻辑中的漏洞可能导致研究者忽略某些重要的信息,误解证据的含义,或者得出不准确的结论。这些漏洞可能包括逻辑谬误、假设的不合理性、证据的不充分性等。例如,牧野之战是上古三代的一件大事,但古书中对于牧野之战的时间记载并不一致。有学者注意到《淮南子·兵略训》中有关于武王伐纣时间的记载:

> 武王伐纣,东面而迎岁,至汜而水,至共头而坠,彗星出而授殷人其柄。

这一记载表明:牧野之战时,木星出现在东方,同时伴有彗星出现,彗星及其柄的方向都在东方。该学者假定武王伐纣时出现的彗星为哈雷彗星,然后利用电子计算机和大行星摄动推算出三千多年中哈雷彗星的运行轨道,认为《淮南子·兵略训》中有关彗星的记载与哈雷彗星回归的年代、月份和方位相吻合。如果这确实是哈雷彗星,那么牧野之战的时间可能在公元前 1057 年至前 1056 年之间。尽管这一观点对于解决武王伐纣的时间问题具有重要意义,但这个结论存在两个逻辑漏洞:一是《淮南子·兵略训》是西汉时期的著作,并非牧野之战的一手史料,其可信度有限,如果《淮南子·兵略训》的记载不准确,那么基于本书推断的时间也不准确;二是《淮南子·兵略训》中记载的彗星是否一定是哈雷彗星尚无定论,如果不是,那么根据哈雷彗星运行轨道推算出的时间就不是武王伐纣的时间。

由此可见,阅读史书的过程其实就是循着作者的思路培养逻辑思维的过程。

综上所述,阅读史书的过程不仅是获取历史知识的过程,也是体验史学思想方法的过程。通过这一过程,我们可以提升历史素养和分析能力,从而更好地理解历史和现实。

如何引导学生在历史阅读中读透作者的意图和逻辑?

然而,并非所有的阅读都是有效的。清朝学者袁枚谈读书时曾说:"双眼自将秋水洗,一生不受古人欺。"这句话的意思是读书时要擦亮双眼,进行独立思考和判断,不可全信书中所说。历史阅读也是如此,如果在阅读过程中完全被作者的观点左右,缺乏自己的独立思考和见解,这种历史阅读就是失败的。古人云:"尽信书,则不如无书。"有些历史著作的作者可能因政治、宗教、社会或其他原因的限制,无法真实地表达自己的观点;或者作者运用了隐喻、象征、虚构人物等写作技巧来表达观点,以达到更深远的效果。因此,在历史阅读中读透作者的意图和论证逻辑至关重要。那么,如何引导学生由浅入深、层层递进地读透作者的意图和逻辑呢? 复旦附中历史教研组以蒋廷黻先生的《中国近代史》为例,进行了如下的尝试。

首先,从书中提取作者的观点和论据,也就是读懂这本书。阅读任何一本书乃至一段话、一句话,首先要读懂它是什么意思。历史阅读也是如此,在阅读一本历史著作时,我们首先要从每个章节中提取作者的观点,然后将这些观点合在一起,通过对比和分析,归纳出作者想要告诉读者什么。但历史阅读又不仅限于此,因为历史研究的一个基本原则是"论从史出",这意味着我们不仅要提取每个章节的观点,还要整理出支撑这些观点的论据。在阅读之前,我们可以先创建如下所示的表格,边阅读边填写。

表 3-1　历史阅读示例

章节	主要观点	主要论据
第一章第一节		
第一章第二节		
第一章第三节		
……		
第一章总观点		
第二章第一节		
第二章第二节		
第二章第三节		
……		
第二章总观点		
……		
全书总观点		

例如,《中国近代史》共有四章,其中"第一章　剿夷与抚夷"共有七节。第一节"英国请中国订立邦交"从外交的角度阐述了鸦片战争爆发的背景,重点分析了中国的闭关锁国政策与马戛尔尼访华,叙述了从乾隆皇帝时期开始到鸦片战

争之前的中西关系,最终得出的结论是"在鸦片战争以前,我们不肯给外国平等待遇;在以后,他们不肯给我们平等待遇",主要依据是鸦片战争前中国不承认别国的平等,对海关收入和法权并不看重。第二节"英国人做鸦片买卖"叙述了英国向中国走私鸦片的原因、历史以及清政府内部关于鸦片荼毒中国的两种应对之策,最终得出的结论是"就世界大势论,那次的战争(鸦片战争)是不能避免的",主要依据一方面是中国士大夫阶级将禁烟这个复杂的问题简单化了,另一方面是"英国对于我们独自尊大、闭关自守的态度已不满意,想要和我们算一次账"。第三节"东西对打"叙述了林则徐虎门销烟和鸦片战争的过程,最终得出的结论是鸦片战争的失败不可避免,依据是"我们的军器和军队是中古的军队,我们的政府是中古的政府,我们的人民,连士大夫阶级在内,是中古的人民"。第四节"民族丧失二十年的光阴"分析了为什么道光年间的中国人不在鸦片战争以后就开始维新,得出的结论是"第一,中国人的守旧性太重","第二,中国文化是士大夫阶级的生命线","第三,中国士大夫阶级(知识阶级和官僚阶级)最缺乏独立的、大无畏的精神",作者以林则徐在鸦片战争前后的表现为例论证了自己的观点。第五节"不平等条约开始"分析了《南京条约》及附属条约《虎门条约》的危害性,最终得出的结论是"不平等条约的根源,一部分由于我们的无知,一部分由于我们的法制未达到近代文明的水准",依据是"协定关税权和治外法权是我们近年所认为不平等条约的核心",然而当时的人最痛心的却是五口通商。第六节"剿夷派又抬头"实际上在分析第二次鸦片战争前广东的中英关系,作者认为剿夷派的抬头导致五口通商后广东的中外关系恶化,理由是两广总督徐广缙和广东巡抚叶名琛既不履行条约,也不指导舆论。第七节"剿夷派崩溃"叙述了第二次鸦片战争的经过,作者认为是清朝中央政府和两广总督叶名琛外交处置不当导致了第二次鸦片战争的爆发,依据一是英、美要求修改条约,叶名琛采取不交涉的办法,外国人在外交上行不通只好走战争这条路,二是《天津条约》签订后,清廷却不履行条约,千方百计想取消,三是当英、法各国代表进京换约时,清廷又各种阻扰。第一章七节观点合在一起,作者哀痛于在第一次鸦片战争中,中古的中国士大夫统治阶级不反思战争失败的原因,不图国家的近代化,使中国白白失去了发展的黄金二十年,更导致此后近代中国在国际竞争中的一系列弱国悲剧。在阅读完每个章节后,我们可以按照表3-1填写,以便随时查阅。本书的其他章节限于篇幅就不再一一分析。

其次,辩证地分析书中作者的观点,也就是读懂书中反馈的史事。在提取了每个章节的观点和论据之后,我们要带着质疑的精神去审视这些观点和论据,并进行辩证分析:哪些是客观的? 为什么客观? 哪些是不客观的? 为什么不客观? 是论证逻辑存在缺陷还是提供的论据不足以支持观点?

例如,《中国近代史》一书中,作者指出鸦片战争前中国与西方各国没有邦交,中国对西方各国总是以"天朝"自居,把它们视作藩属国的事实,并由此得出"在鸦片战争以前,我们不肯给外国平等待遇;在以后,他们不肯给我们平等待遇"的结论。这显然混淆了封建宗藩关系和资本主义条约制度这两种不同时代、不同性质的不平等。宗藩关系的不平等,只是礼仪制度下形式上的不平等,表现为藩属国向宗主国朝聘和宗主国对藩国的册封,是一种文化上的互动互应,不是统治与被统治、压迫与被压迫的关系。朝聘不是臣服,册封也不干涉内政。条约制度的不平等,则是在列强武力威胁下逼迫中国签订的不平等条约,损害了中国的主权,破坏了中国的领土完整,掠夺了中国的资源,属于实质性的不平等。两者之间并不具有可比性,也无法构成逻辑上和史实上的因果联系。类似的例子还有很多,这里就不一一列举。

最后,分析作者写这本书的背景和目的,也就是读懂本书的作者和时代。"文章合为时而著,歌诗合为事而作",历史言论和历史著作往往也是历史学家在特定的历史背景下,为了回答时代问题而产生的,或借古明志,或解释某件事情,或借古讽今,或针砭时弊。因此,我们在阅读一本历史著作时,要结合当时的时代背景、作者的身份立场、作者的意图等因素,分析作者为何会提出这些观点。

《中国近代史》这本书是否受到当时的时代背景、作者的身份立场、作者的意图等因素的影响呢? 我们可以通过阅读相关书籍来查找线索并找到答案。例如,通过阅读《国士无双:蒋廷黻回忆录》这本书,可以得知蒋廷黻不仅是历史研究者,还是南京国民政府的外交官员,他曾担任南京国民政府驻苏联大使,因此他经常从外交角度分析历史事件。比如,开篇第一章就是从中西邦交讲起,分析了鸦片战争爆发的背景。同样,了解作者的政治主张,也有助于我们理解他对中国近代史上一些事件的评价。《中国近代史》写于 1938 年春夏之交,正值日本侵华期间。自 1931 年九一八事变以来，面对日本的侵华活动，蒋廷黻多次公开表示"为了对日和平不惜任何代价"，并附和胡适提出的"和比战难"的观点，他不赞成对日本侵华采取强硬态度，认为"对日作战将遭失败，现代化的战争需要长期准备，然后全国总动员"，主张用外交手段解决日本侵华问题。因此，在《中国近代史》一书中，我们可以发现蒋廷黻主张对外妥协，通过外交手段解决列强侵华问题。例如，他对与英谈判的琦善赞赏有加，对主张武力收复新疆的左宗棠则持贬斥态度。

当然，正所谓"条条大路通罗马"，历史阅读并非只有一种范式。无论采用哪种阅读方法，最终都是为了更好地读懂作品、读懂作者。

Ⅳ　从选题到写作：行动是一种境界

历史写作遵循一定的规范和原则，但写作方法和结构并没有固定模式。学生在广泛阅读后，开始运用所学的历史知识、能力、方法、观念等尝试写作。从运筹帷幄到选定主题，从组织材料到擘画结构，从叙述描述到论述概述，从梳理逻辑到字斟句酌，由模仿而迁移，历史写作逐渐成为历史认识的一种习得过程。尤其是将历史发展过程的叙述与历史认识的过程相结合，这种叙述技巧与能力在一定程度上成为历史写作的新境，同时也是衡量与提升历史阅读品质的一种新尺度。

为何说选题的过程蕴含着历史认识的眼光？

对历史写作而言，选题的重要性不言而喻。如果选题不明确，写作就无法进行；如果选题不恰当，可能导致写作成果不佳甚至无法完成。"题好一半文"的说法就非常贴切，找到一个好的选题意味着任务已经完成了一半。选题的过程其实蕴含着作者历史认识的眼光，这主要基于以下几个原因。

首先，选题体现了研究者对前人研究成果认识的广度。历史研究往往都是基于前人的成果，要想写一篇有价值、有意义、有见解的文章，必须先全面梳理研究史,进行学术史的综述,也就是对某一历史问题或研究领域的研究历程进行全面、系统、深入的回顾和总结,揭示该领域的研究现状、发展趋势和存在的问题,为后续研究提供重要的参考和借鉴。在选择论文主题时,研究者需要充分了解该领域的研究现状和发展趋势,掌握相关的学术文献和研究成果。这要求研究者具有广阔的知识视野和扎实的研究基础,能够从不同于前人的角度和层面来审视和探讨问题。只有这样,研究者才能选出既有创新性又有研究价值的论文主题。例如,2015 年"博学杯"高中生历史素养展示活动的主题是"纪念世界反法西斯战争胜利 70 周年",许多学生把目光投向二战时期的政治史、经济史、思想史、战争进程,或二战时期的重要人物、事件、制度等方面的研究。以有些学生选择研究的希特勒、二战的起源、珍珠港事件的历史影响等为例,这些选题说明学生没有广泛搜集前人的研究成果,因为这些领域已有大量研究成果和有说服力的观点。选择这些题目的前提是研究者必须能够找到新的材料或提出新的见解,否则就是在"炒冷饭",毫无价值。相反,上海市实验学校的王可达同学注意到从 20 世纪 20 年代开始,上海纪念碑像出现了密集的建与毁。他意识到可以从不同视角分析这一时期的上海发展史乃至世界史的演变,于是对二战研究成果进行广泛搜索,发现这一问题鲜有前人论及。因此,他选择以"孤岛铜像:抗战时期上海纪念碑像的生与死——二战强权的一个远东样本"为题,可以说填补了该研究领域的空白,赢得了评委老师的一致赞赏,最终获得一等奖。

其次,选题体现了研究者对前人研究成果认识的深度。一个好的历史论文选题往往聚焦于前人研究中的争议、难点或不足之处。研究者需要通过对前人研究成果的深入分析和批判,找到研究的切入点和突破口。这要求研究者具备深厚的历史素养和敏锐的问题意识,能够深入挖掘历史事件的内在逻辑和深层含义,提出有深度和见解的研究问题。例如,2014 年"博学杯"高中生历史素养展示活动的主题是"阅读中国近代史",复旦附中的张吾南同学以"'肥''瘦'之间——读蒋廷黻、陈旭麓两本中国近代史著作"为题,比较了蒋廷黻的《中国近代史》和陈旭麓的《近代中国社会的新陈代谢》。这两部作品是中国近代史研究的经典之作,关于这两本书及其作者的研究成果也非常多,应该说是一个老题,但张吾南同学在认真阅读这两部著作并梳理了前人的研究成果后,发现其中仍有值得探讨的部分,他最终写成的论文荣获当年"博学杯"的一等奖。

再次,选题体现了研究者对研究视角的塑造和研究问题的设定。选题不仅决定研究的具体内容,还影响研究的角度和视角。作者在选择主题时,会基于自己的历史认识,选择一种最能揭示历史事件本质和内在逻辑的研究视角。这种视角的选择反映了作者对历史的理解和认识。例如,在现代社会,金融是现代经济的核心,金融的运行不仅直接影响经济建设的进程,还在很大程度上关系着社会的发展和政治的走向,银行家们对国家政策的制定会产生重大影响。复旦附中2018届学生傅则成敏锐地注意到了这点,选择从国际银行家势力的角度分析二战在欧洲爆发的原因,并撰写了历史论文《试析国际银行家势力对于二战欧洲战场的爆发的影响》参加2015年"博学杯"高中生历史素养展示活动。这篇论文抓住了现代战争爆发的一个重要因素,体现了作者独特的视角。再以现代经济和战争中非常重要的石油为例,现代社会的一些战争本质上是对石油资源的争夺。复旦附中2018届学生陆嘉炫选择以石油为视角,分析第二次世界大战中德国和日本成为战争策源地的原因以及战争的走势。复旦大学历史系教授冯玮评价道:"本文的选题不仅视野独特,而且涉及许多影响战争的关键问题。"

此外,在选题过程中,作者会根据自己的历史认识来设定研究问题和研究目标。这些问题和目标的选择往往与作者的历史观、研究兴趣以及对历史事件的看法紧密相关。可见,研究问题的设定反映了作者的历史认识。例如,在2015年"博学杯"高中生历史素养展示活动中,上海市进才中学的郑钰欣同学写了一篇文章——《解析与反思魏玛共和国时期德国法西斯主义滋生的土壤》。文章分为五个小节:(1)魏玛共和国的历史背景;(2)过度自由的"理想"体制;(3)战后内外交困的沉重压力;(4)经济大危机中的屈服与毁灭;(4)从过度自由到独裁备战——魏玛共和国的消亡带来的启示。这五个小节从不同角度探讨了一个长期困扰学者的难题:一个民主的共和国何以促成纳粹政权的崛起?这些研究问题的设定展现了作者对这一时期历史的深刻思考。

最后,选题体现了研究者的视野和资料掌握情况。选题时,作者需要根据研究主题和目标,选择相应的历史材料和文献。同时,作者还需要根据自己的历史认识,对这些材料和文献进行解读和分析。这一过程中,作者的历史认识会对材料的选择和解读方式产生深远的影响。例如,在 2015 年"博学杯"高中生历史素养展示活动中,上海市实验学校的王可达同学选择以 20 世纪 20 年代上海开始修建的纪念碑像作为史料,并从不同视角分析了纪念碑像修建和拆除的历史意义。他写道:"(日军)拆毁孙像,彻底暴露了日本'反抗欧美殖民者''中日亲善''东亚共荣'等口号的虚伪性。在此之前,许多人尚对日本的话将信将疑,幻想通过与日方合作来谋求'黄种人'或'东亚民族'的'共同繁荣'。""从更广阔的意义上来说,孙中山铜像的被毁可以看成是日本对中华民国主权的占有欲的一个露骨呈现。"一座纪念碑的拆毁在作者独特的视角下,竟蕴含着如此深刻的意义。对此,复旦大学历史系陈雁教授评价道:"作为一名研究战时上海历史的同行,我更惊讶于这位后生新秀对学术前沿的把握、以小见大的能力、论文写作的规范。"

综上所述,选题的过程之所以蕴含着作者历史认识的眼光,是因为作者在选题时,会根据自己的兴趣、专长以及对历史的理解来确定研究主题、选择研究视角、设定研究问题,并基于此来选择和解读历史材料与文献。这些选择与决策都深受作者历史认识的影响,体现了作者对历史的理解和认识。

为何说写作的过程体现了历史认识的境界?

假设历史阅读是历史认识的输入过程,那么历史写作就是历史认识的输出过程。在写作时,作者需要将自己对历史的理解、分析和观点以文字形式表达出来。历史写作要求作者不仅具备扎实的历史知识功底,还要有良好的逻辑思维、文字表达能力和创造力。通过写作,作者能够与他人分享自己的历史认识,同时进一步深化和检验自己的理解。历史写作的过程其实体现了历史认识的境界,这主要基于以下几个原因。

首先,历史写作体现了作者对历史的独到见解。唐朝历史学家刘知幾提出史家三长:史学、史才和史识。史识就是史家独到的见解,或梁启超所说的"历史学家的洞察力"。比如,有些历史上寂寂无闻的小人物在历史学家的眼中却成为时代的见证者。鲁西奇教授的《喜:一个秦吏和他的世界》便是典型例子。喜是睡虎地十一号秦墓的主人,是秦朝地方一个兢兢业业的基层小吏,他将一生所有为官记录和自己葬在了一起,这就是著名的睡虎地秦简的由来,其内容涵盖秦朝律法、医学、经济等多个领域。鲁西奇教授以这样一个小人物为研究对象,历经十多年,把零散材料串联起来,力图还原一个真实的喜,并在遥远而陌生的世界里找到他的踪迹。通过喜,作者阐明了秦制,剖析了大秦帝国的统治基础,描绘了秦朝这个庞大国家机器在基层的实际运作,使读者得以窥见盛世背后的复杂性,看清两千年秦制的起源。再如,一些日常生活中常见的物品在历史学家眼中却成为反映时代特征的史料。以记账为例,这是中国许多家庭的习惯,通过记录支出与收入,可以了解家庭的收支情况,从而控制开支,规划理财,达到合理配置家庭财务资源的目的。在一般人看来,账本除了有助于了解家庭财务状况外,似乎别无他用,尤其是几十年前的账本,更没有什么价值了。然而,广东省委党校经济学教研部副主任许德友却发现了账本的史料价值:"写满平日收支的账本清晰地记录了过去和现在的收入数量、收入来源、消费规模与消费构成。这能有效地反映出属于每个时代的记忆痕迹和社会水平,实际上是个研究富矿。"他编著的《账本里的中国》便是由一个个真实的账本故事串联而成。本书出版于 2019 年,以小账本记录新中国成立 70 年的大变革与大发展,讲述了新中国成立 70 年来的账本经济史及其背后的国家发展、改革逻辑与政策轨迹。另外,一些看似平淡无奇的事情在历史学家笔下却蕴含着重要的历史意义。例如,周威烈王二十三年(公元前 403 年),周威烈王任命晋大夫魏斯、赵籍、韩虔为诸侯。北宋著名史学家司马光的《资治通鉴》就从此事写起。实际上,公元前 453 年,韩、赵、魏三家共灭智氏,晋国被三家瓜分,已经名存实亡。公元前 376 年,韩、赵、魏瓜分了晋公室仅存的土地,废晋静公为平民,晋国最终灭亡。可以说,这两件事对晋国的实际意义都要大于周威烈王形式上的任命,那么司马光写《资治通鉴》时为什么要以公元前 403 年开篇,而不选择公元前 453 年或公元前 376 年呢?这正体现了司马光作为史家的独到眼光。司马光认为,虽然三家分晋已成事实,但周天子不应对此予以承认,因为整个周朝的分封制政治结构以周礼为基础,周天子若不维护周礼,任由其蒙尘,其自身也就失去了存在的价值。周威烈王任命晋大夫魏斯、赵籍、韩虔为诸侯,等于承认这种僭越礼制的行为是合法的,是礼崩乐坏的开端。

由此可见,在历史写作中,作者对史事的挑选、对史料的运用、对史事的分析，无不体现其对历史的独到见解。

其次，历史写作体现了作者的逻辑思维能力。具体来看，历史写作需要对历史事件进行条理清晰的叙述。也就是抓住历史发展的主要线索，按时间顺序或因果关系组织历史事件，使读者能够清晰地了解历史的发展脉络，这需要作者具备清晰的逻辑思维和严密的时间线索把握能力。历史写作也需要对历史事件进行深入的分析和评价。也就是分析历史事件的起因、经过和结果，并评价其在历史发展中的地位和影响，这需要作者具备分析问题的能力和判断事物的眼光，能够运用逻辑推理来得出结论。历史写作还需要作者具备批判性思维能力。也就是对历史资料进行鉴别和筛选，判断其真实性和可信度，并对不同的历史观点进行批判性思考，形成独立的见解，这需要作者具备独立思考和判断的能力，能够运用逻辑思维来分析和评估不同的观点。

总之，逻辑思维能力不仅使历史写作条理更清晰、逻辑更严密，还提高了其质量和说服力。

最后，历史写作体现了作者的历史观和价值观。在写作过程中，作者往往会根据自己的历史观和价值观来评判历史事件或社会现象，进而形成自己的观点和立场。这些观点和立场不仅揭示了作者的历史认识境界，也反映了他们对历史和现实的看法和态度。对于同一件事情或同一位历史人物，不同的评价反映出不同的史观和价值观。以五代时期历五朝事十个皇帝的"官场不倒翁"冯道为例，《旧五代史·冯道传》中将他描绘成清廉节俭、性情宽厚、直言劝谏君主的形象。然而，欧阳修编纂的《新五代史·冯道传》不仅将冯道列入"杂传"（欧阳修明确表示：夫入于杂，诚君子之所羞），而且删除了能够体现其优良品德的事迹，并在传首直接骂冯道"无廉耻"。

《传》曰："礼义廉耻，国之四维；四维不张，国乃灭亡。"善乎，管生之能言也！礼义，治人之大法；廉耻，立人之大节。盖不廉则无所不取，不耻则无所不为。人而如此，则祸乱败亡，亦无所不至，况为大臣而无所不取，无所不为，则天下其有不乱，国家其有不亡者乎！予读冯道《长乐老叙》，见其自述以为荣，其可谓无廉耻者矣，则天下国家可从而知也。

——《新五代史·冯道传》

欧阳修对冯道的评价揭示了他的价值观。儒家政治思想和儒家伦理思想的核心理论之一是忠孝论，强调事君要忠、事亲要孝。在欧阳修这样的正统士人眼中，礼义廉耻是立国之四维，没有这四点，国家必然灭亡。不知礼义廉耻的人，无所不取，无所不为，若这样的人多了，国家必将深受其害。五代时期国家政权更迭频繁、内乱不断，正是因为缺少高节之士。欧阳修重修五代史的目的是"取《春秋》遗旨"，因此冯道这种历五朝事十君之人当然会受到他的鞭笞。

综上所述，历史写作既是文字表达的过程，也是反映和提升作者历史认识境界的过程。通过写作，作者能更深入地理解和把握历史，形成更全面、深刻的认识和理解。

如何有眼光、有境界地指导学生撰写历史论文？

在信息时代，写作能力已成为每个人必备的核心能力。然而，当前的高中历史教学中，长文本的阅读与写作训练相对较少。与欧美国家相比，我国学生在长文本的阅读与写作方面存在不足。例如，法国高中学生在高三时学习一年的哲学课程，高三结束时参加高中毕业会考，第一门考试科目就是哲学，学生需在 4 小时的考试时间里，写一篇 1000—2000 字的论文①。A-Level、IB 等国际课程中都包含长文本阅读与写作的内容。近年来，上海学生在国际学生评估项目（Programme for International Student Assessment，简称 PISA）中取得的成绩，也在一定程度上反映了我们学生在长文本阅读与写作能力上的不足。虽然上海中学生整体表现较为出色，但在阅读与写作方面存在明显的短板。鉴于此，复旦附中历史教研组将历史写作引入高中历史教学，旨在培养学生的历史写作能力。历史写作与其他人文学科的写作相比，既有共通之处，也有其独特性。那么，在历史教学中，如何有眼光、有境界地指导学生撰写历史论文呢？我们可以从以下几方面进行尝试。

第一，培养学生的问题意识。

所谓问题意识，就是提出问题的自觉性。问题意识是历史论文写作的起点，它能帮助研究者确定研究主题、明确研究目的，并驱动整个研究过程。不

---

① 本刊编辑部.我们欠缺思辨性写作训练[J].上海教育，2018(2)：1.

过,学生的问题意识并非与生俱来,它需要教师在教学中采用特定的方法示范、引导,学生在模仿中迁移、生成。

比如,可以引导学生在阅读时质疑史书中那些有悖常理的记载。史书通常由特定的记录者编写,他们可能有自己的政治立场、宗教信仰或文化偏好,有时甚至可能为了维护自己的利益或推广自己的信仰而篡改或歪曲历史事实。但真实的历史具有内在的逻辑性,经过篡改或编造的历史往往违背常理。因此,教师在引导学生阅读时可以示范如何质疑那些有悖常理的史书记载。例如,某教师在讲解陈桥驿兵变时,有意让学生阅读《宋史·太祖本纪》中的记载:

> 七年春,北汉结契丹入寇,命出师御之。次陈桥驿,军中知星者苗训引门吏楚昭辅视日下复有一日,黑光摩荡者久之。夜五鼓,军士集驿门,宣言策点检为天子,或止之,众不听。迟明,逼寝所,太宗入白,太祖起。诸校露刃列于庭,曰:"诸军无主,愿策太尉为天子。"未及对,有以黄衣加太祖身,众皆罗拜,呼万岁,即扶太祖乘马。太祖揽辔谓诸将曰:"我有号令,尔能从乎?"皆下马曰:"唯命。"太祖曰:"太后、主上,吾皆北面事之,汝辈不得惊犯;大臣皆我比肩,不得侵凌;朝廷府库、士庶之家,不得侵掠。用令有重赏,违即孥戮汝。"诸将皆载拜,肃队以入。副都指挥使韩通谋御之,王彦升遽杀通于其第。太祖进登明德门,令甲士归营,乃退居公署。有顷,诸将拥宰相范质等至,太祖见之,呜咽流涕曰:"违负天地,今至于此!"质等未及对,列校罗彦瑰按剑厉声谓质等曰:"我辈无主,今日须得天子。"质等相顾,计无从出,乃降阶列拜。召文武百僚,至晡,班定。翰林承旨陶谷出周恭帝禅位制书于袖中,宣徽使引太祖就庭,北面拜受已,乃扶太祖升崇元殿,服衮冕,即皇帝位。

> ——《宋史·太祖本纪》

学生读完后,教师提问:"材料中记载陈桥驿兵变是突发事件还是有预谋的?"

学生回答:"突发事件,赵匡胤是被兵变士兵所裹挟,被迫称帝。"

教师追问:"事实果真如此吗? 我们会发现在陈桥驿兵变中存在一些有悖常理的记载。"接着,教师向学生出示材料中有悖常理的记载:(1)黄袍在中国古代是违禁之物,为何军中能迅速拿出? (2)赵匡胤率领兵变士兵返回东京时,为何没有遇到什么抵抗就成功入城?(3)为何翰林承旨陶谷在赵匡胤进入东京城时已将周恭帝的退位诏书准备于袖中?(4)赵匡胤奉命出征是为了抵御北汉联合契丹的进攻,为何在陈桥驿兵变之后,契丹和北汉的进攻突然停止了?

总之,在历史教学中,教师可以将史书中的一些记载作为切入口,鼓励学生大胆假设并质疑这些记载,以培养开放性思维和质疑精神,激发进一步阅读和探究的欲望。

又如,可以引导学生阅读不同文本的记载。历史学者王立群先生曾经说过:"'历史'一词的建构实际上包含着四个层次:一是'真实的历史',二是'记录的历史',三是'传播的历史',四是'接受的历史'。'真实的历史'是指曾经发生过的历史事件和已经逝去的历史人物。'真实的历史'具有两大特点:一是唯一性,二是不可重复性。"[①]"记录的历史""传播的历史""接受的历史"都是后人根据自己掌握的资料和对"真实的历史"的理解所重新建构的历史,历史在传播的过程中又会经过传播者的加工处理。因此,同一历史事件在不同文本中的记载可能存在显著差异,甚至截然相反。教师可以利用这一点,引导学生阅读同一事件的不同文本记载,以激发他们的问题意识。例如,某教师在讲授唐朝的建立时,引导学生比较《旧唐书》《新唐书》与《大唐创业起居注》中对李渊形象的不同记载。教师首先出示《旧唐书》史官对李渊的评价:

史臣曰:……然而优柔失断,浸润得行,诛文静则议法不从,酬裴寂则曲恩太过。奸佞由之贝锦,嬖幸得以掇蜂。献公遂间于申生,小白宁怀于召忽。一旦兵交爱子,矢集申孙。匈奴寻犯于便桥,京邑咸忧于左衽。不有圣子,王业殆哉!

教师提问:"《旧唐书》中记载李渊是一个什么样的皇帝?"

学生回答:"做事犹豫而失去决断,宠幸小人;如果没有唐太宗李世民这个儿子的话,帝王大业可就危险了。"

接着,教师出示《大唐创业起居注》中对李渊的记载:

(李渊和王仁恭一起攻打突厥,王仁恭兵少害怕)帝知其意,因谓之曰:"突

---

① 王立群.历史建构与文学阐释——以《史记·司马相如列传》为中心[J].文学评论,2011(6):147-154.

厥所长,惟恃骑射。见利即前,知难便走,风驰电卷,不恒其陈。以弓矢为爪牙,以甲胄为常服。队不列行,营无定所。逐水草为居室,以羊马为军粮,胜止求财,败无惭色。无警夜巡画之劳,无构垒馈粮之费。中国兵行,皆反于是。与之角战,罕能立功。今若同其所为,习其所好,彼知无利,自然不来。当今圣主在远,孤城绝援,若不决战,难以图存。"

教师提问:"《大唐创业起居注》中记载李渊是一个什么样的形象?"

学生回答:"能够准确分析战场形势,绝非优柔寡断之人。"

教师又出示《旧唐书》《新唐书》中关于晋阳起兵的记载:

《旧唐书·高祖本纪》:太宗与晋阳令刘文静首谋,劝举义兵。

《新唐书·太宗本纪》:初,高祖起太原,非其本意,而事出太宗。

教师提问:"两书中记载晋阳起兵是谁的主意?"

学生回答:"完全是唐太宗李世民的功劳,李渊是被动的。"

接着,教师出示《大唐创业起居注》中关于晋阳起兵的记载:

帝遂私窃喜甚,而谓第二子秦王等曰:"唐固吾国,太原即其地焉。今我来斯,是为天与。与而不取,祸将斯及。"……帝自以姓名著于图箓,太原王者所在,虑被猜忌,因而祸及,颇有所晦。时皇太子在河东,独有秦王侍侧耳,谓王曰:"隋历将尽,吾家继膺符命,不早起兵者,顾尔兄弟未集耳。"

教师提问:"《大唐创业起居注》中记载晋阳起兵是谁的主张?"

学生回答:"李渊。"

在引导学生对比阅读上述文献中的不同记载后,教师可以示范如何从这些差异中提出问题:(1)历史上的李渊到底是一个什么样的形象?(2)上述记载中哪一个更可信?如何证明?(3)能否找到材料证明某些可信度低的记载被篡改过?(4)可信度低的史料为何要篡改李渊的形象?

总之,在历史教学中,教师通过引导学生对比阅读不同文本,可以让他们认识到"记录的历史""传播的历史"不一定就是"真实的历史",在历史阅读中应该不偏信、不迷信。经过教师的引导和示范,学生将逐渐产生问题意识。

此外,还可以引导学生批判他人的观点。在历史写作中,对他人观点的批驳也是激发问题意识的有效方法之一。比如,对于某个问题,前人的研究是否存在空白或不足,史料解读是否准确,论证逻辑是否严密,所用材料是否全面,等等。在前人研究的基础上提出不同见解,同样能激发问题意识。因此,教师可以利用学术界的研究成果,向学生示范如何对他人的观点进行批驳。以广为人知的马可·波罗及其著作《马可·波罗游记》为例,有人对马可·波罗是否真的来过中国表示怀疑。英国历史学家弗朗西斯·伍德在其著作《马可·波罗真的到过中国吗?》中提出几点质疑:(1)马可·波罗在中国生活了17年之久,为何游记中没有提及汉字、筷子、中医、茶叶等中国独特的文化产品?(2)马可·波罗经陆路来到元朝都城大都,为何没有记载长城?(3)马可·波罗在游记中说元军在他所献抛石机的帮助下才攻下襄阳城,但事实上1273年蒙军攻襄阳时,他还在来中国的路上。(4)游记中称马可·波罗做过扬州总管,为何地方志、史书等中国文献中没有相关记载? 在罗列了弗朗西斯·伍德的观点后,教师向学生展示了南开大学杨志玖教授是如何逐一反驳这些观点的:(1)马可·波罗在中国主要与蒙古上层社会人士打交道,生活中很少接触汉字、筷子、中医、茶叶等;(2)当时的长城是金长城,非砖石结构,而是土城墙,经过风雨侵蚀已不再壮观;(3)马可·波罗是旅行家而非历史学家,将他人功绩移花接木到自己身上从而吹嘘自己很正常;(4)后人误将马可·波罗的原话"奉大汗命'居住'扬州三年"抄成"奉大汗命'治理'扬州三年",造成了误会。教师告诉学生,批驳他人的观点只是间接论证自己的观点,要使自己的观点站得住脚,还需要提供直接证据。例如,杨志玖教授为了证明马可·波罗来过中国,找到了一份出自《永乐大典》的史料。据记载,元朝时期有一位外国人护送公主至伊儿汗国,且随行人员的名字和路线与《马可·波罗游记》中的记载基本吻合。

第二,指导学生论文写作的基本技巧。

学生产生问题意识后,接下来就可以在教师的指导下进行论文写作。教师可以从选题、史料搜集、史料辨析和整理、写作规范等方面指导学生,帮助他们掌握历史论文写作的基本规范、方法和路径。

先来说说论文选题。历史论文的选题通常遵循三大原则。一是从小切口看大历史。在指导高中生选题时,建议尽量选择一些小题,小题大做,小题深做,而不要大题小做。那么,哪些题目是小题,哪些题目是大题呢? 以2016年"博学杯"高中生历史素养展示活动为例,这一年的主题是"中国近代历史上的个人:行为、作用和影响"。某学生的选题为"论林则徐",这就是一个很大的题目,如果改为"论林则徐暮年堪地戍边举措之历史影响",则更为聚焦。二是尽量选新题而不选老题。在正式选题前,应先进行学术史综述,了解前人的研究成果。尽量选择前人没有研究过或还有很大空白的选题,给自己以充分发挥的余地。以研究二战时期的历史为例,如果选题为"论二战的起源"或"英法实施绥靖政策的原因",前人的研究极为丰富,若没有新材料的支撑,最终很有可能是拾人牙慧。再以2015年"博学杯"高中生历史素养展示活动为例,很多学生的选题让人眼前一亮,如"第三帝国地下歌曲的发展历史及其影响""纳粹统治下的德国儿童生活状况研究及反思"等。三是要根据个人能力强弱、时间多少、材料多寡量力而行。如2015年"博学杯"高中生历史素养展示活动中,某学生的选题为"诺门罕战役对日本战争决策的影响",该选题以小见大,资料也很丰富,但大量原始史料都保存在日本和俄罗斯的档案馆中,如果作者无法获得这些材料或读懂这些材料,研究结论就会大打折扣。

再来说说史料搜集。傅斯年曾说:"历史学家的责任就是上穷碧落下黄泉,动手动脚找东西。……只要把材料整理好,则事实自然显明了。"的确,史料的搜集有时决定着历史论文写作的成败。选题再好,如果没有搜集到足够多的史料,最终也只能望洋兴叹。那么,在历史论文写作中,应该如何搜集史料呢?首先,要了解研究领域的史料特点,包括该领域有哪些类型的史料,具体有哪些书籍。对入门者来说,可以通过查找该领域的史料学书籍来入手。例如,研究唐朝历史的人可以参考陕西师范大学黄永年教授的《唐史史料学》,该书结合作者自己的心得,详略得当地介绍了史料的源流、价值和使用方法,是一部精当而实用的唐史研究入门读物。其次,要熟悉该研究领域每本书的内容和特点,以便确定研究对象后查阅可能有用的史料。接着,可以通过通读或重点阅读的方式,搜集与研究对象相关的史料。此外,现代社会的信息技术非常发达,许多古籍已被录入电子书库供读者查询,因此也可以通过电子检索来搜集史料。电子检索的优点是速度快、省时省力,但比较机械,容易遗漏或误读。因此,电子检索只能作为一种辅助手段。

接下来说说史料辨析和整理。搜集到史料后,首先要进行辨析,去伪存真。中学生可以从以下几个角度进行基本的史料辨析:(1)考察史料诞生的背景,包括分析记录者所持的立场、观点以及为谁说话,同时要考虑记录者在历史事件中的参与程度及其与他本人的利害关系；(2)注意不同类型史料价值不同，通常来说，实物史料的价值高于文献史料，文献史料的价值高于口述史料，但不绝对；(3)注意史料作者的身份也会影响史料的可信度，史学论著的史料价值一般高于文学作品。在史料整理中，则应注意以下几点：(1)古代典籍在流传过程中，由于多次传抄和刊印，难免会出现错误，因此要尽可能使用原始或接近原始的史料；(2)从今人论文或论著中转引史料时，务必要核对原文；(3)在使用网络材料时需要格外谨慎。一般来说，政府机构的官方网站或经过认证的权威学术网站可信度较高，但引用时必须标明网址和更新时间。

最后来说说写作规范。一篇历史论文的基本结构包括标题、摘要、关键词、引言、正文、注释、参考文献等。

第三，进行论文写作训练。

要提高学生的历史论文写作能力，必要的训练少不了。对于从未接触过历史论文写作的高中生，可以采取由浅入深、由易到难的系统训练方法。在基础阶段，可以让学生撰写人物小传，以培养他们的写作兴趣和基本能力；在进阶阶段，当学生具备一定基础后，可以提高难度，让学生阅读一本史书并撰写读后感，主要目的是培养学生的立论和论证能力；在提高阶段，可以布置一些考证类文章的写作任务，如考证一个制度或一种风俗习惯的演变过程，主要目的是培养学生搜集史料、辨析整理史料，以及根据史料提炼观点和运用史料论证观点的能力。在学生写作的过程中，教师应及时给予指导和反馈，帮助学生解决写作中遇到的问题。同时，要求学生定期提交论文草稿，以便教师进行评估和指导。还可以组织学生进行论文交流和展示活动，促进学生之间的相互学习和借鉴。上文提到的"博学杯"就是复旦附中历史教研组自2014年起组织的高中生历史素养展示活动，它为学生提供了一个历史阅读与写作的平台，鼓励学生多读历史、多思考历史，从历史中汲取养料，并邀请专家学者对学生的论文进行点评和指导，以提高学生的论文质量和水平。

以上是复旦附中历史教研组将历史写作引入高中历史教学的一些初步尝试。如何进一步改进、完善，仍需在后续的教学过程中不断探索。

编外篇：教学设计5篇

这5篇教学设计选自复旦附中历史教研组开设的"历史阅读与写作"选修课，从中我们既能看到不同主题的阅读课如何落地，也能看到历史论文写作课如何实践。

教学设计1

这堂课属于"德国反犹太主义"主题系列课之一。该系列课为期三个月，是一次在基础课上推进历史名著阅读与写作教学的尝试。李峻老师基于课程标准，从教材与名著的阅读入手，引导学生探讨众多历史名著中对反犹太主义的不同写法，掌握作者的思考与写作路径，培养历史阅读与写作的技巧与方法。

为什么是他们？

执教者：复旦大学附属中学　李　峻

【内容主旨】

纳粹德国反犹太主义有着复杂的历史背景，并产生了深远的历史影响。历史名著中呈现的这段历史场景，不仅是对当时历史的再现，还融入了学者对这段历史的思考。阅读和理解相关历史名著，初步尝试小论文的写作方法，有助于培养学生的历史思维和核心素养。

【教学目标】

通过阅读教材与名著，掌握纳粹德国反犹太主义历史事实，以及不同历史名著对这段历史的呈现方式和反思内容；探讨不同历史名著写法的不同，掌握名著作者的思考与写作路径；在师生探讨与总结中，初步掌握历史阅读与写作的技巧与方法。

【重点难点】

重点：探讨不同历史名著写法的不同。

难点：掌握名著作者的思考与写作路径。

【教学过程】

环节 1：教师结合教材内容，从"德国女子因否认二战时期纳粹对犹太人的大屠杀获刑"新闻入手，提问："为什么是他们？"引导学生阅读《安妮日记》《像自由一样美丽：犹太人集中营遗存的儿童画作》《辛德勒名单》《汉娜的手提箱》《钢琴师》等著作。

设计意图：在导入环节，用新闻、问题激发学生研究反犹太主义以及犹太人被屠杀历史的兴趣。通过推荐著作中引人入胜的故事和真实的口述、绘画记载等，激起学生阅读的兴趣。

环节 2：教师提问："是谁在何时写下了这部作品？这部作品是有意还是无意留下的？作者是目击者还是从别人那里听来的？作者写这部作品的目的可能是什么？你想通过这部作品解答什么问题？在预测阶段，你还有其他的想法吗？"引导学生在阅读前思考以上问题。

设计意图：通过文本纲要，加强对学生的阶梯式阅读指导。在正式阅读前的预测阶段，教师通过一系列问题，引导学生有准备地阅读，在阅读前想清楚自己要解决的问题。这些问题有助于学生从被动吸收知识转变为主动探索问题，从而在阅读过程中与文本作者进行理性的对谈。

环节 3：教师设计文本阅读笔记记录表，学生摘录阅读时印象深刻的文本信息。

设计意图：在正式阅读阶段，学生可通过教师设计的记录表发现文本背后的深层信息，在阅读中不仅和作者对话，也和历史对话。

环节 4：在小组讨论阶段，教师要求每位学生在小组口头交流时思考并记录下自己对作品哪些方面的理解得到了加深。

设计意图：当学生阅读完经典著作并写下他们希望和同伴探索的问题后，教师的要求可以帮助他们反思自己陈述的过程，促进他们理解他人的观点，并确保自己的观点也能被他人理解。

环节5：教师引导学生进一步思考："还有哪些问题是你感兴趣且想要深入研究的？请说出一个问题，列出你的研究思路和方法。"

设计意图：引导学生拓展思路，习得史学研究的基本方法，形成自己的观点。

环节6：教师组织小组讨论，学习共同体之间相互交流、争论、质疑、补充。

设计意图：深化学生对阅读材料的理解，帮助他们更广泛地提取文本信息，确保理解准确到位，表达流畅完整，为后续的个人写作奠定基本的思路和框架。

环节7：小组根据历史名著的文本内容，选择一个角度，围绕一个总观点（论点）来组织各种论据。在挖掘论据的过程中，学生从多个角度搜集史料，力求论据的准确性，完整表达文本中的信息，并联系学过的史实，做到论从史出。最后，小组用一两句小结概述总观点，进一步升华总论点，以激发其他学生的发散性思考。

设计意图：小组展示成果是学习共同体的智慧结晶，它体现了小组成员对主题的把握和理解，旨在通过集体力量厘清主题脉络，扩大学习成果，分享学习体会，引发更多思考。小组展示成果是在团队做课题时形成的，这一过程也为学生的学术研究提供了示范。

环节8：教师紧紧围绕历史课程标准的要求，引导学生独立运用写作技巧。在听取小组成果交流和探究之后，学生搜集史料信息，结合自己的感受，以客观辩证的方式表达某一论点。

设计意图：撰写历史小论文能够培养学生以理性的眼光和历史的思维去看待问题。通过有方向性的阅读和有目标性的写作，学生将形成"论从史出，史论结合，史由证来"的知真、求通、立德的学科精神。

环节9：教师围绕基于史实的描述性表达、基于史实的完整性叙述、基于印证的逻辑性阐述、基于逻辑的质疑性议论等方面来确定个人成果的评估重点。最基本的评价原则和标准包括：文字表达流畅，历史书写规范，思想立意清晰，质疑创新凸显。

设计意图：通过阅读—记录—讨论—反思—展示—写作的过程，教师逐步引导学生像历史学家那样去阅读，模仿并迁移在这一学习过程中学到的史学方法，学会独立寻找更多的学术著作，以丰富和充实自己的思想。

环节 10:教师围绕"第二次世界大战反犹太主义"的主题,进一步推荐《他们以为他们是自由的》(米尔顿·迈耶)、《历史思考的新途径》(约恩·吕森)、《上海犹太人社会生活史》(王健)等专业书籍。

设计意图:教师推荐理论性、学术性更强的著作,有利于学生进一步学习和思考。

【作业设计】

师生共同参观上海犹太人纪念馆,从感性和理性的角度审视相关问题,并结合阅读所得,写一篇参观感想。

【资料附录】

略

教学设计 2

这堂课是校本选修课"中外历史名著导读"系列"《近代中国社会的新陈代谢》导读"的一节课,所探讨的主题是"历史阅读如何开展"。叶朝良老师以《近代中国社会的新陈代谢》的"第 6 章 十二年之后"为例,引导学生通过阅读教材与名著,培养从基于"文本本身"上升到"围绕文本"等初步的历史阅读的技巧与方法。

十二年之后①

执教者:复旦大学附属中学　叶朝良

【内容主旨】

鸦片战争之后,中国社会发生了缓慢的变化,但传统的思维、对外交往方式等仍然在惯性的影响下占据主导地位,导致鸦片战争后的十二年间进退失据。第二次鸦片战争带来了更大的耻辱和更深的震撼。中国社会的地主阶级开始分化,革新思潮进一步萌发。中国社会开始了更大规模的新陈代谢。

---

① 陈旭麓.近代中国社会的新陈代谢[M].北京:生活·读书·新知三联书店,2017:81-95.

【教学目标】

通过阅读教材与名著,掌握第二次鸦片战争前的中外交涉、战争过程与结果,以及地主阶级分化、革新思潮进一步萌发等具体史实;了解第二次鸦片战争前后清朝对外交涉思维、体制及部分统治阶层人员思想的变化,理解第二次鸦片战争带来的影响及对后世的启示,初步掌握历史阅读的技巧与方法。

【重点难点】

重点:了解第二次鸦片战争带来的变化。

难点:理解第二次鸦片战争对中国社会的影响。

【教学过程】

环节1:师生共读陈旭麓的《近代中国社会的新陈代谢》的"第6章 十二年之后",总结第二次鸦片战争前中外交涉的具体内容,了解两次鸦片战争之间清朝统治者仍然用传统的方式来处理中外事务,其思维仍然停留在华夷之辨及朝贡秩序,这是第二次鸦片战争前中外交涉失败的原因之一,另一个原因则是英法等西方殖民者蓄谋扩大在中国的权益。

设计意图:通过总结第二次鸦片战争前中外交涉的具体内容,引导学生理解鸦片战争后中国社会的惯性思维和变化缓慢的特点及原因,为后面比较两次鸦片战争的影响埋下伏笔。

环节2:阅读"'庚申之变'"这一节,总结第二次鸦片战争的过程及士大夫的感受。本章对第二次鸦片战争过程的描述并不是特别详细和系统,只是通过叶名琛个人的经历,以及北京被攻占、圆明园被焚毁后曾国藩等人的感受(日记、信件所记)概述了第二次鸦片战争的大致过程,重点在士大夫的感受上。

设计意图:通过阅读第二次鸦片战争的过程及士大夫的感受等具体内容,引导学生学习史学家叙史的方法,增强对学习历史的感觉。

环节3:阅读"地主阶级的分化"这一节,总结变化的内容和原因。地主阶级分化为顽固派、苟且派、洋务派等,以《清史稿》等资料为证据,通过对第二次鸦片战争前后地主阶级这几派的详细描述,展现了中国地主阶级古来未有的一种变化格局。

设计意图:通过分析第二次鸦片战争期间和结束后地主阶级的变化,为后面学生理解洋务运动作铺垫,同时引导他们学习史学家证史的方法。

环节4:阅读"革新思潮的萌发"这一节,总结革新思潮的内容,分析两次鸦片战争后新思潮的异同。革新思潮主要是突破了传统的华夷之辨及朝贡秩序,越来越多的有识之士认识到要向西方学习,且有了明确的方向,即学习西方的器物。

设计意图:通过分析两次鸦片战争后新思潮的异同,引导学生理解第二次鸦片战争对中国社会的影响。

环节5:结合名著的论证及师生的总结,探讨如何评价两次鸦片战争的影响。第二次鸦片战争带来了比鸦片战争更深刻、更广泛的影响。

设计意图:通过学习、实践具体的历史论证过程,引导学生学习评价历史事件的方法。

环节6:师生共同从《近代中国社会的新陈代谢》一书形成的历史背景、作者的史观等方面探讨书中对地主阶级变化的认识。本书成书于20世纪90年代初期,正值中国改革开放逐步深入之际,随着西方先进的东西被引进,中国逐渐富裕起来,改革和推进现代化建设成为时代的主题,对改革的评价也随之升高,这决定了本书对学习西方的派别和主张持肯定态度。

设计意图:从环节1—5的基于"文本本身"的阅读进展到"围绕文本"的阅读,引导学生进一步掌握阅读包括名著在内的各种文本的方法与路径。

环节7:回归教与学的过程,初步总结阅读历史名著的过程与方法。

设计意图:通过总结升华认识,提炼路径与方法。即教学设计1所说的,通过阅读—记录—讨论—反思—展示—写作的过程,引导学生像历史学家那样去阅读,模仿并迁移在这一学习过程中学到的史学方法。

【教学策略】

第二次鸦片战争这部分历史在不同版本的高中历史教材中占有不同的篇幅。例如,华东师大版高中历史教材中单列一课(第五分册第2课《第二次鸦片战争》),对第二次鸦片战争进行了比较完整的阐述。而统编高中历史教材《中外历史纲要(上)》把两次鸦片战争放在一起,叙述也较为简单,且专门论述了第二次鸦片战争的影响。

在历史阅读与写作教学实践中，由于不同届的学生使用的教材不一样，教师必须在教学策略上进行相应的微调。对使用统编教材的学生来说，阅读《近代中国社会的新陈代谢》第 6 章大大丰富了他们对历史细节的了解，如战争的过程、清政府的外交思维和策略、士大夫的分化等。此外，书中对第二次鸦片战争影响的深入阐述，有助于学生更深刻地理解洋务运动的起因和条件，同时也有助于学生学习史学家叙史的方式和证史的路径。

【结构板书】

文本本身	围绕文本
第二次鸦片战争的史实论述	背景：改革开放初期
第二鸦片战争失败原因探讨等	目的：推进现代化建设

【作业设计】

"只有在实现自身近代化的过程中，中国才能真正抵抗一个近代化了的侵略者。"

——陈旭麓《近代中国社会的新陈代谢》

你如何理解以上这段名家史论？以所学来论证你的观点。

【资料附录】

略

📖 教学设计 3

这堂课是校本选修课"中外历史名著导读"系列"《近代中国社会的新陈代谢》导读"的一节课，所探讨的主题是"历史阅读如何开展"。叶朝良老师以《近代中国社会的新陈代谢》的"第 13 章 假维新中的真改革"为例，引导学生通过阅读教材与名著，培养从基于"文本本身"上升到"围绕文本"再提高至"超越文本"等进一步的历史阅读的技巧与方法。

假维新中的真改革①

执教者:复旦大学附属中学　叶朝良

【内容主旨】

清末新政在改革内容上存在保守与激进的两面性,还存在改革目的与改革效果的背离。通过具体措施来认识清末新政,同时理解史家对清末新政"假维新中的真变革"这一认识的理论依据。学习名家的论证方法,有助于学生掌握历史阅读的技巧与方法。

【教学目标】

通过阅读教材与名著,掌握清末新政的具体措施;在了解清末新政的改革目的、效果等基础上,理解清末新政的历史地位、变革的经验教训及对后世的启示,初步掌握历史阅读的技巧与方法;认识名家史论的形成过程,感悟历史评价的复杂性。

【重点难点】

重点:了解名著中对清末新政具体内容的论述。

难点:认识名著中名家史论形成的依据及过程。

【教学过程】

环节 1:师生共读陈旭麓的《近代中国社会的新陈代谢》的"第 13 章　假维新中的真改革",总结清末新政的具体内容。清末新政的改革措施相当广泛,既有除旧也有布新,其中不少措施符合历史前进的方向,但核心的君主专制制度并没有改变。

设计意图:通过总结清末新政的具体内容,为后面学生探讨如何评价清末新政打下坚实的基础。

环节 2:总结第 13 章对清末新政失败原因的探讨。失败的原因很多,因为许多改革措施实际上都指向旧的专制制度,但"旧人办新政""传统和既得利益的双重阻力"等因素阻碍了改革的进一步推进,激化了社会矛盾。

---

① 陈旭麓.近代中国社会的新陈代谢[M].北京:生活·读书·新知三联书店,2017:214-238.

设计意图:通过分析名家史论的论证思路和过程,为后面学生模仿论证"假维新""真变革"这些论点提供示范。

环节3:从改革措施、结果等方面论证"真变革"这一说法的合理性。军制改革、政治体制改革、法制改革、奖励实业、教育改革(废科举等)这五大方面的改革都有一定的新意,代表了当时历史的方向。

设计意图:通过分解名著内容,引导学生论证观点。

环节4:从改革目的(维护和加强清政府专制统治)、内容(政治改革中君主集权不动摇、立宪中皇族内阁的出笼等)、效果(激化了社会矛盾)等方面论证"假维新"这一说法的合理性。

设计意图:通过分解名著内容,引导学生论证观点。

环节5:结合名著的论证及师生的总结,探讨如何评价历史事件。例如,即便对最被人诟病的政治体制改革,作者也认为"这种政治体制的改革尽管是表面的,有形式而无实际效能,但它已触动了传统中最保守的东西,相对于那种'权限不分''职任不明'的旧政治体制来说,无疑是一种进步"。师生要从时空现场的角度去理解这种辩证的说法。

设计意图:通过学习、实践具体的历史论证过程,引导学生学习评价历史事件的方法。

环节6:师生共同从《近代中国社会的新陈代谢》一书形成的历史背景、作者的史观等方面探讨"假维新中的真改革"这一名家史论形成的原因。该环节参照教学设计2的说法。

设计意图:从环节1—5的基于"文本本身"的阅读进展到"围绕文本"的阅读,引导学生进一步掌握阅读包括名著在内的各种文本的方法与路径。

环节7:从"假维新中的真改革"这一名家史论产生的影响,探讨如何正确认识和使用名家史论。了解名家史论产生的影响,辩证认识名家史论,理解历史解释的相对性。

设计意图:从"超越文本"的阅读高度,引导学生深入掌握历史名著阅读的内涵和外延。

环节8:回归教与学的过程,初步总结阅读历史名著的过程与方法。

设计意图:通过总结升华认识,提炼路径与方法。即教学设计1所说的,通过阅读—记录—讨论—反思—展示—写作的过程,引导学生像历史学家那样去阅读,模仿并迁移在这一学习过程中学到的史学方法。

【教学策略】

清末新政这部分历史在不同版本的高中历史教材中占不同的篇幅。例如,华东师大版高中历史教材中单列一课(第五分册第 9 课《清末新政》),对清末新政进行了比较完整的阐述。而统编高中历史教材《中外历史纲要(上)》将其作为辛亥革命的背景,只有两段文字。

在历史阅读与写作教学实践中,由于不同届的学生使用的教材不一样,教师必须在教学策略上进行相应的微调。对使用华东师大版教材的学生来说,可以把重点放在阅读《近代中国社会的新陈代谢》第 13 章,较完整的关于清末新政的教材内容则作为阅读的前提。对使用统编教材的学生来说,除了阅读第 13 章,还需要补充其他关于清末新政的背景知识。

学生还需要阅读资料附录中的文章,以了解《近代中国社会的新陈代谢》一书产生的影响。

教师与学生共同阅读,教师进行提示、示范,由学生小组完成阅读笔记或提纲,充分体现"以学生发展为本"的设想及做法。

【结构板书】

文本本身	围绕文本	超越文本
清末新政的史实论述	背景：改革开放初期	名家史论产生的影响
清末新政失败原因探讨等	目的：推进现代化建设	

【作业设计】

以本课所学的路径与方法,阅读《近代中国社会的新陈代谢》的"第 17 章'揖美追欧,旧邦新造'",提取其中的名家史论,并对其进行分析。

【资料附录】

略

【《近代中国社会的新陈代谢》课程教学说明】

1. 课程性质

《近代中国社会的新陈代谢》是选修课程"中外历史名著导读"的一部分,该课程还包括《共产党宣言》等历史名著的阅读指导。

2. 学情

高一或高二已上过中国近代史的学生结合初中所学,对中国近代史前期(1840—1919年)的历史比较熟悉,这为阅读《近代中国社会的新陈代谢》奠定了良好的基础。

3. 课程目标

通过与学生共同研读《近代中国社会的新陈代谢》等名著,教师指导学生撰写读书笔记、读后感,并以小组为单位,在课上领读名著相关章节、交流阅读心得。改变以教师讲授为主的单一教学模式,树立以学生为参与主体的教学模式;改变以知识掌握和习题训练为主的传统教学模式,树立以历史名著阅读与写作为主的教学模式,培养学生的历史核心素养。

(1) 通过指导学生阅读《近代中国社会的新陈代谢》等历史名著,引导他们深入了解中国近代历史的发展脉络,进一步熟悉中国近代史上的重要事件、重要人物、重要思想及其产生、发展的促成因素,从中感悟唯物史观的基本原理和写作方法。在历史名著阅读与写作中,学生联系历史背景来探索重要事件、重要人物、重要思想的发展过程,从而培养时空观念核心素养。

(2) 在培养学生历史阅读与写作兴趣的基础上,引导他们进一步运用史学思想和方法去品读著作,接近历史和作者,并从质疑、包容、发展、建构的视角审视著作的相关内容,提出自己的见解和观点,提升历史思维能力,从而培养历史解释核心素养。

(3) 引导学生感悟近代中国仁人志士艰苦卓绝和不屈不挠的奋斗历程,"了解并认同中华优秀文化传统、革命文化、社会主义先进文化……认识中华文明的历史价值和现实意义"[①]等,进而增强学生的认同感、责任意识等,坚定实现

[①] 中华人民共和国教育部.普通高中历史课程标准(2017年版2020年修订)[M].北京:人民教育出版社,2020:7.

中国梦的信念,从而培养家国情怀核心素养。

4. 教学进度安排(或教学计划)

(1) 教师介绍作者和书籍出版背景、写作特点及社会影响。(2课时)

(2) 教师与学生一起研读《近代中国社会的新陈代谢》部分章节,深入了解中国近代历史的发展脉络,进一步熟悉中国近代史上的重要事件、重要人物、重要思想及其产生、发展的促成因素等。(10课时)

(3) 学生动手搜集资料,以小组为单位,探索中国近代社会发展脉络及其对我们的启示,在课堂上展示、辩论,并形成报告。(2课时)

教学设计 4

这堂课是校本选修课"高中历史论文写作指导"的一节随堂课,所探讨的主题是"历史论文写作如何选题"。刘先维老师以2015年"博学杯"高中生历史素养展示活动中参赛学生的论文选题为例,通过具体的案例分析,引导学生理解历史论文写作选题的基本原则和方法,为学生后续的论文写作奠定基础。

历史论文写作的选题

执教者:复旦大学附属中学 刘先维

【内容主旨】

论文选题是论文写作的一个重要环节。论文写作选题应该小题大做,小题深做;选题应尽量具体化,角度、内容力求新颖;同时要考虑到个人能力强弱、时间多少、材料多寡等因素,量力而行。

【教学目标】

理解历史论文写作选题的重要性,掌握选题的基本原则和方法;通过案例分析、小组讨论等形式,学会自主探索和思考,提高选题能力;培养对历史研究的兴趣和热情,树立严谨的学术态度和创新精神。

【重点难点】

重点:掌握历史论文写作选题的原则。

难点:掌握历史论文写作选题的方法。

【教学过程】

环节1:导入新课。

创设学习情境:小明要参加××学校举办的历史论文写作比赛,但不知道该如何选题。今天我们就以2015年"博学杯"高中生历史素养展示活动中同学们的论文选题为例,谈谈历史论文写作选题的原则和方法。

设计意图:创设学习情境,导入新课。开门见山,直奔主题。

环节2:论文写作选题的重要性。

举例说明论文选题不当导致写作无法完成,以及论文选题得当使论文写作变得精彩的情况。

设计意图:通过具体案例说明论文写作过程中选题的重要性,为后面讲解论文写作选题的原则和方法作铺垫。

环节3:论文写作选题的原则。

以2015年"博学杯"高中生历史素养展示活动中的参赛论文选题为例,具体说明历史论文写作选题的原则。

设计意图:通过具体的案例讲解,引导学生理解论文写作选题应该小题大做,小题深做,尽量具体化,角度、内容力求新颖,同时要考虑到个人能力强弱、时间多少、材料多寡等因素,量力而行。

环节4:论文写作选题的方法。

以2015年"博学杯"高中生历史素养展示活动中的参赛论文选题为例,具体说明历史论文写作选题的方法。

设计意图:通过具体的案例讲解,引导学生理解论文写作选题可以根据当前历史研究领域的趋势和热点,抓住与时代相关的重要议题,选择有潜力和前景的选题。也可以在广泛阅读相关文献的基础上,尝试发现历史学研究中的空白和缺失,提出新的角度和研究问题。或者借鉴其他学科的观点和方法,将不同领域的知识与历史学结合,以开拓新的研究领域。

环节5:小结。

以教师提问、学生回答的方式总结历史论文写作选题的原则和方法。

设计意图:通过教师提问、学生讨论总结全课,让学生在分析讨论中落实本课的内容主旨。

【教学策略】

由于学生没有历史论文写作的经历,因此教师可以在环节 3 出示 2015 年"博学杯"高中生历史素养展示活动中一些成功和失败的具体案例,以教师启发、学生讨论的方式引导学生思考历史论文写作选题的原则。

【结构板书】

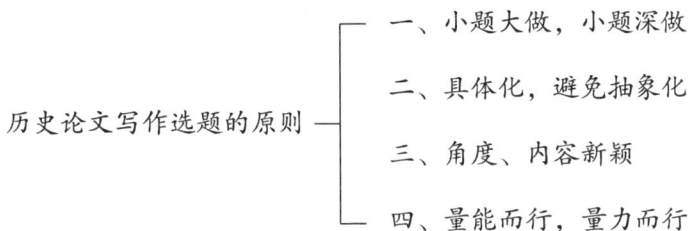

历史论文写作选题的原则

一、小题大做,小题深做

二、具体化,避免抽象化

三、角度、内容新颖

四、量能而行,量力而行

【作业设计】

2016 年"博学杯"高中生历史素养展示活动的主题是"中国近代历史上的个人:行为、作用和影响",请选择中国近代史上的一位人物作为研究对象,拟一个论文选题。

【资料附录】

略

教学设计 5

这堂课是校本选修课"高中历史论文写作指导"的一节随堂课,所探讨的主题是"史料的类别与价值判断"。刘先维老师基于课程标准,以《新唐书·太宗本纪》和《大唐创业起居注》中关于唐朝建立的不同记载为切入口,引导学生从来源、性质、目的等方面说明导致这些差异的原因并加以评析,从而认识到影响史料可信度的因素,培养史料实证核心素养。

史料的类别与价值判断

执教者:复旦大学附属中学　刘先维

【内容主旨】

史料是通向历史认识的桥梁,历史研究应尽可能运用可信度高的史料。然而,史料的可信度会受到史料来源、性质及史料作者的目的等因素的影响。

【教学目标】

了解史料的多种类型,知道不同类型史料的价值是不同的;在探究特定历史问题时,能够对史料进行整理和辨析,从中提取有效的历史信息;能够通过对史料的辨析和对史料作者意图的认知,判断史料的真伪和价值,并在此过程中增强实证意识。

【重点难点】

重点:从史料中提取有效的历史信息,整理辨析史料。

难点:通过对史料的辨析和对史料作者意图的认知,判断史料的真伪和价值。

【教学过程】

环节 1:导入新课。

出示关于重庆"胖猫"事件两则不同的叙述,提问:"为什么同一件事情,网络上会有截然不同的描述? 应该如何辨别所获得信息的真伪?"

设计意图:从日常生活中的新闻事件导入新课,既可拉近历史与现实的距离,又可激发学生的学习兴趣。

环节 2:史料的分类。

教师讲解史料按照存在形态可分为口述史料、文字史料、实物史料和图像史料,按照史料来源可分为一手史料和二手史料,按照史料作者的意图可分为有意史料和无意史料。

设计意图:引导学生了解史料的分类,为后面辨析史料的价值奠定基础。

环节 3:同一件事情不同史书的不同记载。

出示《新唐书·太宗本纪》和《大唐创业起居注》中关于唐朝建立的记载,提问:"两段材料中关于唐朝建立的记载有何不同?"

设计意图:引导学生比较、分析不同来源、不同观点的史料。通过提供同一事件的不同记载,造成认知冲突,激发学生的探究兴趣。

环节 4:《新唐书·太宗本纪》和《大唐创业起居注》的史料来源、性质和目的。

教师引导学生寻找《新唐书·太宗本纪》和《大唐创业起居注》的史料来源,了解玄武门之变等相关史事,提问:"结合两段材料的史料来源、性质和目的,判断哪一则材料记载更为可信,为什么?"

设计意图:引导学生寻找史料来源,掌握史料搜集的基本途径。引导学生从史料来源、性质和目的等方面说明导致这些差异的原因并加以评析。

环节 5:《新唐书·太宗本纪》关于唐朝建立的记载可信度低的旁证。

教师出示《贞观政要》等材料,为证明《新唐书·太宗本纪》关于唐朝建立的记载可信度低提供旁证。

设计意图:引导学生利用不同来源的史料,对所探究的问题进行互证,对该问题形成更全面、丰富的解释,增强实证意识。

环节 6:小结。

教师提问:"通过唐朝建立的不同记载这一案例的分析,你认为可以用哪些方法判断史书中记载的真伪?"

设计意图:通过教师提问、学生讨论总结全课,让学生在分析讨论中落实本课的内容主旨。

【教学策略】

在环节 4 中,教师通过引导学生梳理《新唐书·太宗本纪》和《大唐创业起居注》的史料来源、性质及史料作者的目的,让学生讨论分析哪一则材料的记载可信度更高,并阐述理由,从而归纳影响史料可信度的因素。

【结构板书】

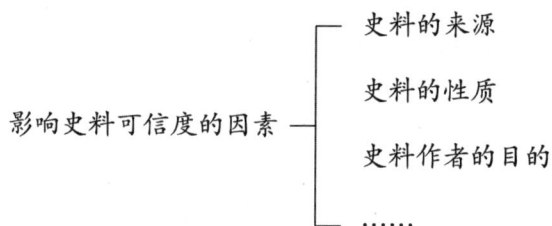

影响史料可信度的因素 —— 史料的来源

史料的性质

史料作者的目的

……

【作业设计】

影响史料可信度的因素有很多,除了课堂上归纳的几种因素外,你认为还有哪些因素? 请举例说明。

【资料附录】

略

第 四 编

跨越:盲人摸象与
给大象设计房子的启导

图 4 - 1 盲人摸象

如图 4 - 1 所示，盲人摸象是一个家喻户晓的寓言故事。大象长什么样在每个盲人的感知中是不同的：摸到象腿的认为大象像根柱子，摸到象鼻的认为大象像根棍子，摸到象身的认为大象像堵墙……由于每个盲人只能通过触觉感知大象身体的一部分，即他们对大象的认知是不完整的，因此他们的判断都局限于自己摸到的那部分。这是盲人摸象给我们的第一个启示：人们往往会基于自身的经历和知识来理解世界万物，但也容易忽视探索同一事物的不同侧面。在认识世界万物的过程中，我们需要纵观整体，把握事物的全貌，避免囿于枝节碎片，陷入"窥一斑而知全豹"的误区。

从整体和局部的辩证关系，我们可以联想到学校的课程建设。如果把必修、选择性必修、选修等不同类型的课程视为课程设置中的局部，教师应该如何从课程的整体设置出发，来认识这些不同类型课程的价值和作用呢？同样，如果把历史、语文、数学、外语、思想政治、地理等不同学科视为学科设置中的局部，那么这些学科对于立德树人育人目标的整体达成，又各自展现出哪些价值和作用呢？在人工智能时代，一些学科的特色可能被人工智能工具所取代。例如，通过手机下载的翻译小程序能够帮助人们进行即时翻译对话，那么从语言沟通工具的角度来看，英语学科未来的价值何在？即便学生掌握了所有学科的知识，他们能够灵活运用相关知识来解决实际问题吗？

再来说一个给大象设计房子的寓言，如图 4 - 2 所示。一个由建筑师、设计师、工程师、社会学家、心理学家组成的团队准备为一头大象设计房子。建筑师提出了两个问题："大象准备花多少钱来建造这个房子？大象的房子准备建在哪里？"心理学家和社会学家则问："这间房子要住多少头大象？"因为如果房子里只住一头大象，那就是心理学问题；如果许多大象住在一起，那就变成社会学问题了。设计师也提出了问题:"大象们在房子里会做什么呢?"他坚信大象会在房子里交配,因此屋顶必须足够高。而工程师认为大象会靠在墙上,所以墙应该用混凝土来建造,这样才足够结实。心理学家还认为房子需要一个绿色的大餐厅。基于这些专家的建议,房子最终盖好了。作为房子的主人,大象搬了进来。但专家们发现,这些在城市长大的马戏团大象总是在外面

图 4-2　给大象设计房子

进食,对绿色没有特别的喜好,而且高高的屋顶所产生的回声让它们感到烦躁不已。大象在这间专家们运用专业知识设计的房子里住了不到半年就搬走了。这个故事告诉我们一个道理:要想有效解决问题,仅仅综合运用多学科的知识就行了吗?仅仅从不同角度和侧面寻找适配性的方法就行了吗? 如果大象代表问题,房子代表解决问题的结果,那么我们作为解决问题的人,是否提供了真正符合需求的结果,是否真正解决了问题的本质? 要想认识到问题的本质,不停留在解决问题的表象,我们需要怎样的思维方式呢?

让我们回过头来,立足当下的课改,看看《普通高中历史课程标准(2017 年版 2020 年修订)》中的一些新说法和新要求。课标指出,历史学科要"重视以学科大概念为核心,使课程内容结构化","历史课程的设计,既要注意与思想政治、语文、艺术(或音乐、美术)、地理、信息技术等课程的关联,又要有助于学生对其他课程的学习,力图使其与相关课程发挥整体作用,共同促进学生人文素养的发展",并针对学业质量水平 2 提出"将历史知识与其他相关学科如地理、语文、艺术等知识加以联系"的评估目标。这些新要求无疑对历史学科的育人价值和功能提出了更高的标准。在历史阅读与写作、历史判断力培养的基础上,如何聚焦核心素养,借助大概念将历史思维与其他学科思维相融合,通过跨学科的教学与学习活动,在加强学科间的联系、推动综合课程实践的同时,引导学生从学科概念的视角去发现世界、理解世界,并通过亲身实践探索来解决问题,发展跨学科理解问题能力,这成为我们面向未来的教学新思考和新探索。

Ⅰ 从离散到整合:聚焦价值引领

在开设校本选修的拓展型课程和研究型课程的过程中,历史的综合性特点日益引发关注。也正是在此过程中,专题史教学所聚焦的问题发现、问题提炼、问题解决的学习流程,推动了跨学科课程意识的萌芽与生长。从"为什么要学习那么多学科"到"历史学科和其他学科有壁垒吗",再到"历史跨学科教学的价值在哪里",对这些话题的逐步深入思考,不仅展现了跨学科概念从理论到实践的探索过程,更为中学历史教学聚焦学生社会生活,打破学科藩篱,扩展、整合、融通多学科思想方法,展示了跨学科的价值取向和实践操作的可能性。

为什么我们要学习那么多学科?

盲人摸象的故事告诉我们,看待世界需要有整体意识,不可一叶障目。叶澜教授说过:"任何一门学科的教学,都要认真分析本学科对于学生而言独特的发展价值,它除了指该学科领域所涉及的知识对学生的发展价值外,还应该包括服务于学生丰富对所处的变化着的世界的认识;为他们在这个世界中形成、实现自己的意愿,提供不同的路径和独特的视角;学习该学科发现问题的方法和思维的策略、特有的运算符号和逻辑;提供一种惟有在这个学科的学习中才可能获得的经历和体验;提升独特的学科美的发现、欣赏和表现能力。"[1]将学科的独特学力内化为学生的综合学力,这种综合学力正是"双新"课程改革所强调的提高学生综合运用知识解决实际问题的能力。我们之所以要求学生从小学习众多课程,目的就是让他们知道、掌握每门学科的知识、技能,形成核心素养,为解决未来可能出现的问题储备必要的综合能力,以及在判断、决策、解决问题过程中所需的情感、态度与价值观。这一方面是为了实现学科价值和育人目标,另一方面也是为了帮助学生全面发展,实现其个人价值,即在正确的"三观"

---

① 叶澜.新基础教育发展性研究报告集[M].北京:中国轻工业出版社,2004:21.

指导下进行科学思维、理性决策、解决问题、实践反思的个人素质和社会担当。可以说,多学科学习不是学科知识的简单叠加,也不是单纯指向高考的应试学习,而是基于学生发展核心素养的全人培养的必要路径,是对"为谁培养人、培养什么人、怎样培养人"这一时代之问的深刻回答。

20世纪下半叶,中国流传着这样一句话:"学好数理化,走遍天下都不怕。"这反映了那个年代国家发展的时代特征,即国家非常重视重工业发展,而数理化学科与之密切相关。然而,如果将这句话放到今天的社会,可能会遭到质疑。21世纪是信息化时代,我们不可能仅凭理科思维和知识来应对复杂的社会和技术挑战。我们需要打破学科边界,运用多学科知识,基于整体意识和系统思维来解决难题,更好地应对现实和未来的复杂性、综合性问题。以人工智能为例,计算机科学家和工程师往往运用理科思维和知识结构来开发先进的算法、深度学习模型等,但这些技术背后还涉及一系列伦理问题,如隐私保护、算法歧视等。要想使人工智能沿着正确的轨道发展,就必须考虑伦理、法律、社会等多学科的参与,寻找更全面、可行的解决方案,以确保技术的发展符合人类整体利益和法律规定,同时保障社会的公正与安全,而这些规定和保障需要多学科知识的融合。

因此,教师在"教—学—评"一体化的过程中越发重视教学的情境化、问题的真实性以及评估的多元化,目的是培养能发现问题、解决问题,甚至创造新问题的人。例如,在进行城市可持续规划时,规划者不能只考虑城市建设的单个方面,而要综合考虑人口增长、环境保护、社会公平、经济发展等多个因素。当然,仅仅考虑到这些因素还不够,规划者还需要思考这些因素之间的相互关系,以及它们如何影响城市的整体可持续性。在此过程中,规划者的知识结构变得更为综合,涵盖了城市规划、环境科学、社会学、经济学等多个领域的知识。但是,这些学科知识是否适合被规划的城市?规划方案是否符合城市的气质?这就要求我们反思给大象设计房子的故事。显然,仅仅拥有多学科知识是不够的,我们还需要将这些知识联结起来,特别是要找到最适合解决问题的办法。这需要我们具备一种科学的思维方式,尤其是在解决问题的过程中要有系统思维的意识,建立起各学科之间的有机联系,使解决问题的过程更科学、解决问题的办法更精准。

　　解决问题的综合能力本质上反映了综合思维的能力,它是基于学科思维的一种系统思维。多学科学习便是学生获得系统思维的必要条件。《上海市义务教育项目化学习三年行动计划(2020—2022年)》提到:"基于课程标准的跨学科项目化学习,整合不同学科的知识和方法,以系统的思维解决真实问题,……建立各学科之间的有机联系,提高学生创造性解决问题的能力。"

　　在新课程改革的背景下,各学科的新课标都提出了学科核心素养,其中大部分学科在表述中都提到了"思维",比如语文学科的"思维发展与提升"、英语学科的"思维品质"、地理学科的"综合思维"、物理和生物学科的"科学思维"、信息科技学科的"计算思维"、通用技术的"工程思维"。尽管历史学科在核心素养的表述中没有直接使用"思维"一词,但史料实证、时空观念、历史解释等关键能力指向的都是历史思维。这些课程标准中的表述体现了培养学科高品质思维的迫切性和重要性。多学科的学习和思维训练,并不是为了让所有学生都成为物理学家、历史学家等专家,而是要丰富他们的思维品质,使他们解决问题的方式更科学。当学生能够运用学科思维,像物理学家或历史学家那样思考问题时,在一定程度上说明他们已经获得了一种多视角看问题的思维方式。在解决问题的过程中,他们会关注问题的整体性、相互关系和动态变化,并尝试运用系统思维来处理问题的复杂性和不确定性。因此,每门学科的思维方式都为学生培养系统思维奠定了必要的基础。

　　以生态文明建设为例,中国并不是一个在自然生态系统方面具有显著优势的国家。通过"胡焕庸线",我们可以看到中国人口东密西疏,中国发展东强西弱,这反映了中国社会经济与生态环境的不平衡。要改变这种不平衡,我们必须站在与自然和谐共生的高度,运用整体意识和系统思维来谋定而后动,处理好高质量发展与高水平保护之间的关系。不能采取"单要素治理"或"多要素简单加和"的方法,比如路不通就开山填河,地不够就围湖填江,水不够就挖湖造景等,这些都是只顾局部不顾整体、只顾眼前不顾长远的粗暴做法。"山水林田湖草是生命共同体",在人类为了发展而改造这些生命共同体时,我们应该尊重并顺应它们的自然发展,画好生态发展的底图,防止大象寓言的重演。这要求我们具备系统思维,并用它来解决现实中的复杂问题。当一个人拥有了系统思维能力,他在解决问题时会考虑到事物的多个方面,包括它们之间的相互关系和整体影响,将不同领域的知识相互联系起来,形成一个更为综合、全面的知识结构。良好的知识结构使个体能够更有效地理解问题,从而作出明智的决策。

历史学科和其他学科有壁垒吗?

在回答这个问题前,我们首先需要回答另一个问题:学科之间的壁垒是否可以打破?随着新课程改革的深入,越来越多的教师已经理解了"超学科""跨学科""多学科"教学的内涵,并在深度学习、项目化学习等实践中感受到学科之间本质上并无不可逾越的壁垒。因为所有学科的教学目标都是立德树人,培养能够创造性解决实际问题的人。因此,无论是系统思维形成还是知识结构建构,各学科都能有意识地培养学生。而且,知识结构的贯通在一定程度上对创新思维的发展起到了决定性的作用。

达尔文之所以能够提出生物进化论,是因为他受到了地质学和人口发展等知识的启发。尽管这些知识的内容各不相同,但达尔文洞察到知识结构之间潜在的共性,并将其进行了远迁移,从而提出了革命性的进化论。例如,达尔文观察到地球上岩石堆积和断裂的地质地层现象,推断出地球的年龄可能远比当时普遍认为的要老,也就是说,地质演变为物种演化提供了足够的时间,使其能够逐渐改变并适应环境。此外,达尔文观察到生物种群的过度繁殖和资源有限带来的竞争,这种类比促使他深入思考生物种群间的竞争和适应机制,为他发现资源和人口增长之间的关系提供了新的视角。在加拉帕戈斯群岛的考察中,达尔文发现不同岛上的物种适应了各自岛屿的环境,形成了独有的特征。这一观察结果进一步加深了他对地质学中地理环境的影响和对人口学中资源竞争的理解,从而构成了他对适应性和自然选择的综合认识。结合其他领域的观察和研究,达尔文基于知识结构的共性,将这些看似独立的领域联系起来,如时间的作用、资源竞争、适应性等,最终构建了一个一体化的生物进化理论框架。

达尔文的例子展示了系统思维和知识结构的内在关系,以及知识结构如何帮助个体更好地运用综合思维,提升其深度和广度。在解决问题和应对复杂情境时,系统思维和知识结构相辅相成,共同构成了一个有力的认知工具,使个体能够更好地理解和应对复杂的现实世界挑战,建构并创新自己的观点。

因此,历史学科和其他学科之间不存在壁垒。在学习历史的过程中,借助非历史学科的理论、方法来探索特定的历史研究对象,同时联系非历史学科的知识与能力,不仅能够在一定程度上避免学科之间的割裂、不衔接,或者出现跳跃、重复等问题,还有利于学生知识与技能之间的相互联系与正确迁移,从而加强课程的整合和有机联系。

以历史学为例,学习历史就是为了接近历史真相,发现历史发展规律。虽然历史探究应基于史料实证,尽可能在占有史料的基础上对历史事实进行解释,但历史解释不可避免地带有主观色彩。问题在于如何接近历史真相,以及是否存在一个普遍认可的接近真相的隐喻公式。物理学里有一个欧姆定律,公式为电流=电压/电阻。哈佛大学教育学院的教授戴维·珀金斯将这一定律迁移为气流量=气压/导管阻力,用来计算热导管的气流量,从而使家庭供暖系统更为有效。按照定律,大幅提高屋内的气流量,并重新配置通风系统,可以提高屋子的保暖效果。欧姆定律从电学定律转变为改良通风系统的有效做法,展示了如何将物理学知识转变为可迁移解决问题的知识结构。这一结构甚至可以延伸到社会学领域,比如将欧姆定律演变为贪污=权力/法律约束,这个公式解释了"权力使人腐败,绝对的权力导致绝对的腐败",进而凸显了完善法律制度的重要性。将欧姆定律应用于历史学科,是否可以推导出接近历史真相的方法?有人提出了"真相概率=客观证据/主观解释"的隐喻公式。客观证据越多,研究者越能从多元证据中经过分析、比较和判断,形成基于客观史实的主观解释,证据的多元性使主观解释中的臆断成分相对较少,因此接近历史真相的概率也就越高。由此可见,当我们深入理解欧姆定律后,这一知识就能超越单一领域的局部认知,形成更为全面和有机的知识结构,帮助学生更好地理解和应对复杂挑战。

无论从学科思维还是知识结构来看,每个学科之间都有着不同程度的联系和贯通。从育人价值的角度来看,所有学科都可以被视为跨学科的学科。那么,历史跨学科教学的价值体现在哪里呢?

历史跨学科教学的价值在哪里？

第一，培养批判性思维，助力思维技能的跨学科运用。

历史学科本身具有跨学科的特性，与常规的历史教学不同，历史跨学科教学是基于历史学科，引用其他学科的知识与理论、技能与方法，从跨学科的视角出发，帮助学生认知历史，接近历史的真相。在这种教学模式中，历史学科作为主学科，其他学科则作为辅助学科。历史学科五大核心素养中的时空观念、史料实证、历史解释虽是学科关键能力的具体体现，但它们背后蕴含着丰富的历史思维。从跨学科的视角来看，这些素养实际上也是高阶思维的体现，包含批判性思维和创造性思维。这两种高阶思维不但体现了历史学科的教学价值，而且在跨学科教学中为其他学科提供了提升思维品质的脚手架。

以批判性思维为例。大多数学者认为，批判性思维是有目的的、通过自我校准的判断。这种判断可以表现为解释、分析、评价、推断以及对该判断所基于的论据、概念、方法、标准或语境的说明。批判性思维有技能和意识两个层面：技能包括阐释、分析、推理、评估、解释和自我调整六个方面，意识包括寻求真理、思想开明、分析推理、系统化能力、自信心、求知欲和成熟度七个方面。① 可以看到，专家提出的批判性思维的六个技能与历史学科要培养的关键能力高度一致。历史学科中的批判性思维主要聚焦于独立思考、理性看待历史的过往和客观评价人与事，其前提是基于多领域获取的不同类型的史料，理性倾听他人的观点与论证过程，判断史料信息的可靠性，寻找不同身份背景的人的观点及其论证过程中的不足，能调整自己的成见，并且不轻易下结论。这种批判性思维不也是每个人在生活中应有的处事方法和思考技能吗？这些技能同样也是其他学科追求的思维技能目标。比如，在新课程标准中，语文学科提出"思维发展与提升"，倡导建立思辨性阅读与表达的学习任务群，这就是指向批判性思维的培养。思辨性阅读与表达的实质就是从不同领域、不同时空维度、不同人物

---

① 　彼得·范西昂.批判性思维：它是什么，为何重要[J].都建颖，李琼，译.工业和信息化教育，2015(7)：10-27.

立场审视文本的来龙去脉,发现作者的写作意图,感悟不同时代语境下对文本的不同理解及其背后的原因,这需要读者持有谨慎、明辨、不盲目接受也不盲目否定的理性和审辩式思维。而这种批判性思维阅读方式在历史学科中是作为"理性思维、批判质疑、勇于探究"的中国学生发展核心素养来培养的。再如,物理和生物学科都提到要"培养学生的科学思维",这种思维培养应基于实验和推理的"大胆假设,小心求证"。生物学可以提出"微生物群落会影响人类的认知和情绪"的假设,物理学可以提出"引力波的探测与宇宙中的时间—空间结构有关"的假设。在 21 世纪的大数据时代,我们可以基于数据进行逻辑推理,也许这些假设很快就能成为科学观点。需要注意的是,这种"大胆假设,小心求证"的探究意识正是历史学科的重要思想和方法,它包含问题意识、思辨意识、求证意识、反思意识、创新意识,更强调在意识培养中的集证辨据、求真务实、基于史料的解释、分析、评价、推理、说明及自我校准。[①] 因此,包含批判性思维的历史思维意识和探究问题的史学方法技能,在一定程度上促进了其他学科批判性思维的养成。我们要让学生认识到,批判性思维既可以是质疑、分析和批判已有的观点或结论,也可以是认可、充实和完善已有的观点。真正的批判性思维是发现观点和结论的不合理之处,提出优化建议,寻找更合理的解决方案,以达到更深刻、准确和全面地认识事物的目的。

以历史跨学科教学为例,学生认为文学作品中的语言选择和用词变化反映了社会文化的演变。在大数据时代,学生可以借助数字化的文学作品、语料库以及自然语言处理技术,更大胆地提出"不同时代文学语言的变迁受到社会文化变革的影响"这一观点。从唯物史观层面理解,其本质是对"社会存在决定社会意识,社会意识反作用于社会存在"这个观点的认识。学生通过分析文学作品等文化载体中的语言变化来理解社会文化的演变,从量变到质变,从局部到整体,从表象到本质。再如,学生可以大胆地提出一个观点"饮食结构的变化与社会革命的发生存在密切关系"。在过去,要验证这一假设可能需要对有限的历史文献进行深入研究,同时面临着获取足够大样本量的困难。但在大数据时

---

① Facione P A. Critical Thinking: A Statement of Expert Consensus for Purpose of Educational Assessment and Instruction—Executive Summary [R] // "The Delphi Report". Millbrae, CA: The California Academic Press, 1990: 4.

代，学生可以通过分析数字化的历史档案、口述历史、食谱、考古发现等大量数据，挖掘不同时期的饮食结构变化。然后，结合社会事件的时间线，使用大数据分析工具，如文本挖掘或网络分析，来验证或推翻饮食结构与社会革命之间的关系。在确保数据可靠性、文献信任度等基础上，基于大数据的使用，让学生能够更广泛地考察不同社会和时期的饮食文化，进而提出更大胆的假设，并对其进行验证。

第二，为跨学科教学提供概念性理解的设计思路。

康德说，思维即通过概念而认识。概念无经验则空，经验无概念则盲，概念与经验的结合即理解或知性的发生。跨学科视角下理解的概念应该与单一学科视角下理解的概念有所不同。跨学科大概念应该是各学科都可以用学科概念来帮助学生建构的一个具有生活价值的观点。跨学科大概念既保持了学科概念的抽象特征，又反映了事物的共性，并且随着人的认知水平而变化，是一个动态的概念化过程，也是对概念进行持久深化理解的过程。历史学科遵循国家课标，形成了"分类—分层—分配"的素养目标化分解理路：分类指向核心素养的内涵，分层体现核心素养落实的不同层次要求，分配则是在具体课程内容中寻求实施的载体和条件。这不仅为素养目标化分解的校本实施提供了基本路径，还为跨学科教学设计的概念性理解提供了思路。判断一个人是否真的理解了大概念，关键在于理解大概念为什么是这样的，理解支撑大概念的各知识点之间的内在联系，而不仅仅停留在知识是什么的层面。

那么，如何将概念性理解从"是什么"推进到"为什么"，再深入到"怎么样"呢？我们可以采用"分类—分层—分配"的素养目标化分解理路，在跨学科视角下对大概念进行目标化分解。概念的理解需要基于思维的进阶和观点的深化。从历史学科的视角来看，概念性理解可以划分为三个层级：第一层是"是什么"，主要从历史的历时性和共时性来理解事物动态发展的表象，是指向史实的概念性理解；第二层是"为什么"，主要从可持续发展的视角来理解事物发展的因果关系，是指向史识的概念性理解；第三层是"怎么样"，主要从价值取向和价值判断来认识事物发展的普遍性和规律性，超越时空，用敬畏之心和仰视之态理解历史过往和历史人物，增强对未来的责任感，是指向现实的概念性理解。概念性理解就是通过史实、史识、现实这三个相互关联、螺旋上升的向度来综合生成概念图谱。

《普通高中历史课程标准(2017年版)解读》对大概念的理解是"在掌握具体历史史实的基础上,通过抽象概括而形成的对历史史实本质性的认识",大概念具有少而精、能迁移的特点。"'大概念'可以被界定为反映专家思维方式的概念、观念或论题,它具有生活价值。"①历史学科的大概念从某种程度上来说也可以成为跨学科大概念。例如,唯物史观维度下的诸多理论观点,都可以成为政治、语文等学科的大概念。

上海市位育中学李倩夏老师基于选择性必修3第10课《近代以来的世界贸易与文化交流的扩展》,以"文化"为跨学科大概念,基于历史与思政学科的共性概念,即"世界是普遍联系和永恒发展的",结合思政学科的"文化的民族性与多样性"、历史学科的"人类文化的多样性与历史传承,文化交流传播的主要途径、方式及其历史流变"等能生成学科概念的维度,进行了以历史学科为主导的跨学科教学设计。

她设计的三层概念性理解如下所示。

第一层级:文化在共时性中相互影响,在历时性中创新发展。

第二层级:人通过主观能动性来推动文化在共时性中交流,在历时性中发展。

第三层级:尊重不同文化,增进跨文化理解,以包容、合作的精神推动全球和平与可持续发展。

这三层概念性理解最终指向:近代以来,贸易活动从古代区域、平面的东西之"路"逐渐扩展为全面、立体的全球之"网"。随着交流的广度与深度不断扩展,商品的经济属性与文化特色相互交织,推动文化作为一种风尚在普及中彰显时代特征,满足民众和社会的精神文化需求。这一概念性理解中含有的思政"哲学与文化"思想是:发展的实质是事物的前进和上升,是新事物的产生和旧事物的灭亡;新事物在旧事物的母体中孕育产生,它克服了旧事物中消极、过时、腐朽的元素,吸收了其中积极、合理的因素,并增添了旧事物无法容纳的新

---

① 刘徽."大概念"视角下的单元整体教学构型——兼论素养导向的课堂变革[J].教育研究,2020(6):64-77.

内容,因此具有旧事物所不可比拟的优越性。通过对概念性理解进行分层,李老师将"文化"这一跨学科大概念与各学科进行联结,同时建立了结构化知识和碎片化知识之间的关联。她还将这些不同的知识结构进行迁移,使其能够应用于不同领域。要判断学生是否真正理解了大概念并能将其迁移运用,关键在于观察学生能否运用这些大概念来解决问题。因此,作业设计成为教师检视学生概念生成的重要路径之一。

跨学科主题学习活动"'桥'见历史——家乡古桥文化的探索与传承"以"文化传承"为跨学科大概念,结合家乡古桥文化的特色,旨在引导学生通过梳理家乡古桥不同历史时期的发展概况,综合历史、语文、地理、艺术等学科的知识与能力,对古桥文化的探索与传承进行综合探究,以加深对本土文化遗产的认识,探讨和实践"文化传承"的概念性理解:作为一种建筑形式的桥,不仅是连接两个地点的物理结构,更是社会生活的重要纽带,承载着丰富的社会价值和文化价值;作为一个概念的桥,连接着过去、现在与未来,象征着人类文明的传承与发展;作为一种文化符号的桥,其可持续发展受到政治、经济、科技、思想观念等多种因素的影响。

根据"是什么""为什么""怎么样"三个层级划分的概念性理解如下所示。

第一层级:中国古桥是古代人民智慧和创造力的体现,反映了不同时期的社会状况、经济发展和技术水平。

第二层级:中国古桥作为一种文化符号,承载着人们的情感以及社会发展与治理的需要,是连接历史和现实的文化纽带。桥文化的可持续发展受到政治、经济、科技、思想观念等多种因素的影响。

第三层级:保护和修复中国古桥,是传承中华优秀传统文化精神的行动,也是增强文化自信、保护人类文明的重要路径。人类文明的传承与发展离不开人的创造力。

可见,理解是一个从基础认识、深入探究到实际应用的过程,每一层都与其他层紧密相连,形成了一个相互依赖、相互增强的整体。这种螺旋上升的理解超越了对事实的简单记忆,有助于学生建立坚实的知识基础,发展跨学科思维,并能将所学应用于新的情境。

复旦附中国际部的科学教师薛骁南设计了面向 7 年级学生的"石器进化"

主题学习活动,旨在通过文献研究、石器制作及实验、展览策划等学习活动,结合历史学科进行跨学科教学。这项主题学习活动融入了实验设计、运用、研究、交流等学习方式,目的是引导学生初步形成史料实证意识和历史解释能力,初步理解"生产力决定生产关系"的唯物史观。在参观博物馆时,学生仔细观察不同的石器类型,自然而然地提出了一些问题:考古学家如何知道这些石器的用途,又如何知道旧石器时代的人类以渔猎、采集为生呢? 石器作为工具,其类型的变化对远古人类产生了什么影响? 这些问题本质上探讨了生产工具、生产技术、生产力和生产关系之间的内在逻辑,从唯物史观的视角来看,指向"生产力决定生产关系"的理论。在开展这项主题学习活动时,薛老师将概念性理解分为以下三个层级。

第一层级:人类进步离不开生产工具的革新。

第二层级:生产力的发展是人类创新和社会发展需求的结果。

第三层级:生产力的水平决定了人与人之间的生产关系。

基于每个概念性理解层级,薛老师都设计了相应的学习活动。以第一层级的概念性理解为例,学生围绕问题"我们如何区分石器和普通石头? 考古学家如何知道不同石器的用途?"开展探究。学生很难在博物馆的展览中找到这些问题的答案,即便查询文献和史料,可能也无法找到满意的答案。因此,他们进行了实验考古,根据了解到的旧石器时代人类打造出的不同石器设计实验,以获得对石器应用场景的全面认识,并利用科学知识解释实验结果。学生发现:砍砸器通常具有较锋利的边缘和较大的尺寸,足以砍断木料;刮削器的边缘极其锋利,很适合切割肉类;锯齿刃器在切割纤维方面有独特优势;尖状器穿刺皮革的能力很强,适合安装在矛头或箭头。根据这些实验结果,学生理解了考古学家石器分类的科学性,认识到知道石器的使用方式并据此分类需要经过科学验证而不是仅凭经验推断,从而提升了史料实证的学科素养。此外,通过比较各类石器出现的时间线,学生发现石器早期主要用于获取植物资源和处理动植物资源,后期则帮助人类获取原本难以得到的动物资源,大大增加了猎物的种类。由此,引导学生形成一个初步的概念性理解:作为工具的石器不断革新,使人类能够获取更多资源,改变了生活方式。通过这个活动,学生对旧石器时代人类的生活方式以及能够获取的资源有了更深刻的认识,不仅培养了求证意识,还认识到在历史学科中仅仅靠查询资料是不够的,还需要运用科学的实验方法来生成新的知识。

值得一提的是,在上述这个环节的学习活动中,教师引导学生将研究成果迁移到现实生活中。薛老师向学生展示了厨房里各式各样的刀具,并询问他们哪种适合砍骨头,哪种适合切牛排。大部分学生在研究了石器后都能够正确选择刀具。接着,薛老师又展示了从锯子到电锯再到石油钻井平台的各种工具,并提问:"工具带来了什么?"学生能够回答出工具在帮助人类获取资源方面的作用。这实际上是将基于石器研究的概念性理解抽象并泛化到工具使用的过程,能够帮助学生进一步将"工具帮助人类获取资源"的理解泛化成"生产力决定生产关系"的概念。通过这样的学习活动,学生观察到不同时空和领域中的相似规律,进而形成了一些规律性的认识,并产生了可以迁移的概念性理解。

Ⅱ　从内涵到外延:侧重概念流变

从跨学科的实践探索出发,立足唯物史观,从时代发展的视角来认识概念的流变,破解大概念对于认识跨学科学习的意义。可以从主题导向和观点引领两大路径,指导跨单元教学中的大概念实践和跨学科视角下的大概念教学。在策略上,我们提出:立足生成视角,善于发现、引导自下而上的草根型学习主题;立足丰富视角,关注过程,给予学生自上而下的雨点型指导和帮助;立足深化视角,聚焦概念,推动彩虹型跨学科融合。在引导学生生成、丰富、深化大概念的过程中,我们能够体会到思想方法的融通对于跨学科的价值与意义。

大概念是固定不变的吗?

概念教学在基础教育领域,尤其是在小学和初中的一些学科中,已经得到了实践并取得了一定的成效。教师基于大概念的本质性、统摄性、迁移性等特点,引导学生进行深度学习,形成不同层次的概念性理解,从而帮助学生生成大概念,并能运用大概念解决现实中的真问题。大概念需要知识和知识结构的支撑,随着科学技术的不断发展和新知识的不断涌现,学科大概念的内涵也会不断丰富和更新。

以历史学科为例,学生对历史最基本的认知包含时间、地点、人物、行为、效果等构成历史的诸多要素,在此基础上理解历史长河中的史实及其因果关系,进而理解我们从哪里来、我们要走向何处,结合历史经验、历史大观念,获得面向未来的思想启迪。正如《普通高中历史课程标准(2017 年版 2020 年修订)》中所指出的:"历史学是在一定历史观指导下叙述和阐释人类历史进程及其规律的学科。探寻历史真相,总结历史经验,认识历史规律,顺应历史发展趋势,是历史学的重要社会功能。"[①]在探寻历史真相的过程中,随着考古新发现和科学技术的新发展,一些史实遭到质疑或得到更新,一些旧观点被不断修正,新观点变得更科学、理性、全面。所以我们不难发现,古代的历史记载经历了从结绳记事到简要记录时间、地点、人物、行为,从呈现更多细节与评价思考到逐步形成对同类问题的一般认识的过程,概念得以在经验总结中不断变化和完善。

因此,从历史发展的视角来看,学科大概念并非坚如磐石、一成不变。从学生培养的视角来看,学科大概念也不是一步到位生成的。面对多门学科的学习任务与要求,学生很难记住和理解这些零散的、不断涌现的学科概念,更别说内化为自己的逻辑评判标准,甚至学以致用了。在进行概念教学时,基于跨学科大概念的学科概念教学能够帮助学生构建更系统的知识结构,使学科大概念更具价值。

例如,"制度"是一个跨学科大概念,在社会学中泛指规则或运作模式。早期的人类社会并无"制度"这一概念,后来随着社会组织关系的逐渐完善和社会形态的日益成熟,为了维系社会秩序,人们形成了一系列用于约束、规范个体行为的准则,这些准则的内容也在不断丰富,故而出现了各类制度。这些制度由具体的行为规范构成,具有明确的指向,如选官制度、赋税制度、军队编制等。通过归纳这些制度的共同特征,我们可以将它们分为政治制度、经济制度、军事

---

① 中华人民共和国教育部.普通高中历史课程标准(2017 年版 2020 年修订)[M].北京:人民教育出版社,2020:1.

制度等大类。"制度"作为跨学科大概念，会因学科属性不同而形成不同视角的学科大概念。历史学科对"制度"的学科观点可以是"社会制度是随着生产力的发展和生产关系的变化而不断演变的。在特定的时代背景下，个人的行为在一定程度上会影响制度的发展"。因此，教师可以聚焦于大一统国家的建立与巩固，以及君主专制中央集权制度的不断强化等史实内容，帮助学生理解这一学科大概念。政治学科则可以从国家与政府、政治参与、国际关系等视角，围绕政治体系如何随着时间和社会条件的变化而发展变化，国家的性质、功能以及政府的组织结构和运作方式是如何形成的等来设计与制度相关的大概念。通过跨学科大概念教学的联动，学生能够更好地体会到制度建设对个体、群体和社会的重要引导作用，并从制度的发展与演变中总结出影响其变化的要素，进而感悟社会发展的基本规律。

如何设计大概念呢？复旦附中历史教研组对此进行了长期的探索和实践。自2014年起，教师们开始聚焦判断力培养，并围绕大概念进行研究。由于当时基础教育领域缺乏深入的相关研究，尤其是指向历史学科的大概念教学研究，教研组对大概念的认知还停留在类似学习主题而非学科观点的层面。例如，把"中华优秀传统文化"定义为大概念，把"百家争鸣"等定义为子概念，虽然看起来层级清晰、逻辑自洽，但从大概念的少而精、统摄性、可迁移性等特征来看，"中华优秀传统文化"并不适合作为一个大概念，因为它是具象的，特指中华的优秀传统文化，没有抽象的、可迁移的观念。不过，它可以作为一个跨单元的学习主题，围绕"文化"这个抽象的、可迁移的跨学科大概念进行教学设计。随着近几年对概念教学认识的不断深化，教研组在实践中越来越感受到，由于不同历史认知视角的影响，对历史发展的认识以及背后相关概念的内涵，教师们的理解会有所不同。但无论大概念外在表现为什么形式，比如观点、概念或论题，我们都应明白大概念不是固定不变的，其观念的科学性和精准性会与时俱进。比如中国古代长期占主流地位的天命史观、复古循环史观，夸大个体价值的英雄史观，认可不断发展的进步史观与进化史观，以及聚焦某一角度甚至可能存在淡化价值判断等局限性的文明史观、现代化史观等，这些观点本身就在不断变化。那么，随着史料掌握程度的丰富全面、研究方法的科学进步、认知思维的深邃思辨，历史大概念也在不断地完善和发展。

对于基础教育的教师来说，他们迫切需要一套可操作的历史大概念生成路径与标准，以及关于如何设计大概念的指导。基于近四年的学科实践，我们认同跨学科教学领域方美玲、张华等专家的共识，将唯物史观作为哲学层面的历史大概念，围绕唯物史观发展出若干适合中学生理解的历史唯物主义和辩证唯物主义观点。这与历史课程标准的要求相呼应，即"历史课程要以唯物史观为指导，对人类历史发展进行科学的阐释，将正确的思想导向和价值判断融入对历史的叙述和评判中"[①]。历史学科教学指向学生的核心素养培养，包含唯物史观、时空观念、史料实证、历史解释、家国情怀五个方面。其中，唯物史观是素养养成的理论保证，"人类对历史的认识是由表及里、逐渐深化的，要透过历史的纷杂表象认识历史的本质，科学的历史观和方法论是非常重要的"[②]。可以说，唯物史观体现了大概念的所有特征，因此历史大概念最终应当是指向哲学层面的唯物史观。

在学科实践中，历史大概念教学实际上也是一个指向考查学生能否运用唯物史观解决真问题的过程，大概念在这里成为学生借助唯物史观进行历史判断的落脚点。学生的历史判断力相当于科学、系统的认识与评价，唯物史观是总体原则和方向旗帜，大概念则是两者之间的桥梁。例如，聚焦"中华优秀传统文化"这一主题，教师在《三国至隋唐的文化》一课中，以"社会存在决定社会意识"的唯物史观为引导，借助"文化是精神和现象的表现，两者互为表里"来理解文化生命力在历时性发展创新中的不断生成，从而形成对中华优秀传统文化发展的一般认知，体会中华优秀传统文化的价值所在。这种价值判断源于学生在大概念教学下的自主生成，最终指向的是对文化和人类文明的基本观念与价值导向。

当然，围绕"中华优秀传统文化"主题展开的大概念还有很多。教师可以引导学生从时间尺度来看数千年之久的漫长岁月中不断变化发展的传统文化，或从空间尺度来看数百万平方公里疆域内相互碰撞交融的传统文化，它们共同构

---

① 中华人民共和国教育部.普通高中历史课程标准（2017 年版 2020 年修订）[M].北京：人民教育出版社,2020:2.

② 中华人民共和国教育部.普通高中历史课程标准（2017 年版 2020 年修订）[M].北京：人民教育出版社,2020:4.

成中华文明形成发展的核心成果。唯物史观的解读赋予客观文化内涵更生动的表达形式，将文化的形成、发展、碰撞、交融与人类社会发展的因果交织在一起。学生从更深刻的视角解读文化的表象，形成对其发展本质的理解，从而能对时人的行为与思想有更深刻的了解，并解决现实生活中的真问题。例如，在辽、宋、夏、金等多民族政权并立时期，我们可以看到少数民族政权的统治者常常会采取措施遏制汉族文化在其统治区域内的推广。教师通过呈现史实并引导提问，如"为什么要遏制汉族文化的推广""遏制这一行为本身说明了少数民族群体对汉族文化持有怎样的态度"，能够帮助学生理解统治者出于政权巩固的需要，通过思想文化方面的强制管控来实现意识形态的控制。学生也能从这一现象背后体悟到民众对优秀文化的朴实向往与自然追求，感受到当时少数民族与汉族文化交融的大势所趋，从而进一步体会中华优秀传统文化的强大吸引力与生命力，并从更深层次理解中华文明形成与发展的特点。

历史是一门研究过去的学科，但面向的是未来。通过历史大概念教学培养历史判断力，其本质是对大概念的内化与应用。学生将学科大概念自然地融入自己的行为和判断的准则，教育也就在真正意义上促成了学生对概念、大概念和价值观念的动态理解，影响着他们的成长与发展。然而，随着学生面临的问题日益复杂，他们期望理解的层次也更加深入，加之历史学科本身具有跨学科的特性，研究对象往往需要借助历史学科以外的知识来辅助解答。为了实现对历史大概念的认知和理解，学生不得不采用跨学科工具等多种路径和方法。如何在有限的学习时间内，既体现各学科的属性，又避免各学科的侧重点变得模糊，这就需要我们在形成历史大概念的同时，寻找历史学科与其他学科之间的关联，形成超越历史学科的跨学科大概念，从更高层级进行统摄和引导，以实现大概念的进一步流变。

在唯物史观的指导下，历史大概念得以在实际教学中被不断应用。新世纪需要培养复合型人才，在基础教育阶段，我们要帮助学生通过学科学习来掌握解决社会实际真问题的能力，而这些问题通常需要综合多门学科的知识来解决，所以我们要打破传统学科学习的界限，引导学生学会运用跨学科思维进行探索和实践。我们可以通过引入跨学科大概念，为理解学科大概念创设更多的探究可能。跨学科大概念，既能在不同学科大概念中抽象出共性特征，又能利用不同的学科工具,从不同形式、不同角度,甚至不同层级进行解释和表达,使学生不仅能在工具层面运用多学科知识,还能在理解层面对问题进行全面性认知和综合性解答。

仍以《三国至隋唐的文化》一课的教学为例,该课涉及书法、绘画等文化成果,传统教学设计中往往将这些内容边缘化,仅仅强调它们的艺术价值,认为它们代表中华优秀传统文化中艺术的新高峰,认知停留在较浅的层面。然而,如果我们在探讨书法字体的演变时引入书写工具这一要素,并结合纸张与竹简等对书写体验的影响,就能帮助学生更好地理解社会存在决定社会意识,认识到艺术表达源于生活实际。书写工具本身属于材料的范畴,学生需要运用物理、化学、艺术等多学科知识来进行探究。如此一来,原本仅从字形风格的历时性变化来看时代对文字及文化的影响,现在转变为更多地探讨"为什么"。基于"结构与功能"这一跨学科大概念,借助多学科工具与认知方式进行探究,也进一步丰富了课堂学习形式。例如,学生可以通过实际体验在竹简和纸张等不同材料上书写,从书写便利性等实效功用的角度分析字体变化的原因,字体的高矮胖瘦不仅反映了审美情趣的变化,也可能源自书写习惯的特点。将类似的科学实验应用于历史课堂,不仅能提升学生的学习兴趣,还能强化他们的实证观念,并让他们体验到运用多学科工具综合解决问题的过程。

当然,运用多学科工具解决问题并不意味着完全模糊学科界限,当前的学科教学仍然需要凸显明确的学科属性,因此我们不能为了跨学科而将历史课变成"四不像"。跨学科大概念强调,多学科围绕一个核心内容,基于各学科的大概念认知,同时提炼出共性特征,以实现对内容的全方位认知。由此,跨学科大概念成为解决综合性问题的抓手,助力学生形成解决复杂问题的一般经验。但在实际探究过程中,我们还是要保证核心学科的地位,即使在运用跨学科大概念的教学过程中,也应以具体学科的大概念为指导。跨学科大概念为大概念教学提供了新的方向,但也必须遵循相应的原则和标准。在此过程中,大概念获得了更多的发展可能性,学生的素养也随之提升。我们需要警惕在运用跨学科大概念时出现核心学科的错位或缺位,防止其他学科喧宾夺主,导致理解视野变得狭隘。例如,在探究"文化交融"这一核心概念时,"五胡何以入华"是一个常被提及的经典议题。在分析过程中,地理因素确实非常重要,但如果我们过多地运用地理知识,从气温骤降、草场环境恶化等方面去进行细节分析,而忽视了对经济、政治等其他方面的进一步探究,或者只考虑游牧民族的军事优势,而忽略了他们放弃游牧区域,大规模迁徙到不熟悉的农耕区域的原因,都有可能造成认知上的偏差。

⚙💡 跨学科与历史概念流变有什么关系?

《普通高中历史课程标准(2017 年版 2020 年修订)》指出:"重视以学科大概念为核心,使课程内容结构化,以主题为引领,使课程内容情境化,促进学科核心素养的落实。"①大概念能够将不同学科的知识和概念有机地联系起来,构建一个完整的知识体系,促进学生形成系统性思维模式,从而更全面、深入地理解知识。在实施大概念教学的过程中,由于切入点不同,大概念的内涵会呈现出多样的变化,这意味着教师需要在深入理解大概念本质特征的基础上,根据不同的教学情境和学生特点,灵活地运用大概念,并不断补充和完善其内涵,以达到更好的教学效果。

历史教研组在进行主题式跨单元教学实践时,基于课程标准的专题,结合唯物史观来提炼历史学科的大概念。围绕着这些大概念,教师会选择一个或多个能够整合跨单元内容的论题或观点作为主题,并开展基于对学科本质、特点以及学科核心素养的深入理解的教学活动。这种选择是综合考虑教材与学情的结果。由于高中历史统编教材课程容量大,专有名词多,如果教师试图将教材所有知识点都一一落实,学生所获得的核心知识或概念就会淡化,甚至碎片化,可能无法形成一个完整且有逻辑的知识框架。以"大概念—多主题"为教学设计理念,突破了原有单元与下属单课固有知识点的限制,通过围绕主题的知识点调动与迁移,不仅向学生示范如何驾驭知识结构,也凸显了教师在教学设计上的灵活性和覆盖广度、解释深度。② 这种教学设计理念强调了知识的连贯

---

① 中华人民共和国教育部.普通高中历史课程标准(2017 年版 2020 年修订)[M].北京:人民教育出版社,2020:4.

② 李峻,张曦琛.看得见的思维:核心素养视域下的历史学科判断力培养[M].上海:上海教育出版社,2023:40.

性与整体性,有助于学生建立更稳固的历史认知框架,促进他们批判性思维、跨学科思维和创造性解决问题能力的培养。

具体而言,在通史体例下,高中历史课程标准精选了 24 个专题,基本涵盖了中国历史和世界历史最重要的内容,每个专题都提炼了较长时段历史发展的主要特点,各专题的名称则力求凸显历史发展阶段的重要特征。以"辽宋夏金多民族政权并立与元朝的统一"和"西方人文主义的发展与资本主义制度的确立"为例,据此可进一步提炼出单元的核心概念"分立与统一"和"思想、革命与制度"。由于上述专题的主旨较好地反映了中国历史和世界历史发展的主线,因此可以将课程标准的专题作为基准进行再加工,进而提炼出学科大概念甚至跨学科大概念。① 例如,围绕"人类命运共同体"这一学习主题,可以从"革命""交流"等跨学科大概念出发,设计历史学科大概念:无论是在文化、科技、经济还是政治领域,全球各民族和地区的交流与合作都是推动人类社会进步和文明发展的关键力量。这个大概念也是从"世界是普遍联系和永恒发展的"唯物史观出发来设计的。基于这样的大概念,教师可以从纵向联系的视角出发,把分散于不同单元的知识点整合起来,包括"亚非拉国家的现代抉择"等前后史实有着内在历史逻辑的内容,形成更为有机的知识结构,通过有效地划分教学内容的逻辑层次,使学生能够更系统地组织和理解所学知识,深化对知识之间内在联系的理解。教师还可以根据不同学生的学习能力,拓展探索民族与国家形成、文明交流互鉴、科技革命与人类进步等相关学科内容。教师要有意识地对主题式跨单元教学进行高位设计,在保持学科主体性的前提下,有意识地进行学科知识的交叉融合,拓展学生的认知边界,结合跨学科学习的目标从多角度审视,以形成更全面、深刻的认识。在这个教学过程中,学生对大概念的理解会进阶和优化。由于学情不同,教师需要提炼更高阶的跨学科大概念,设计有坡度的概念性理解,构建历史学科与跨学科之间的桥梁,在运用历史思维方式解决学科问题的同时,也综合其他学科的思维方式,更灵活地运用所学知识解决问题,提升解决问题的能力,实现跨学科意识和概念教学的相辅相成。

---

① 李峻,张曦琛.看得见的思维:核心素养视域下的历史学科判断力培养[M].上海:上海教育出版社,2023:29.

　　前文已经提及,历史学科中能满足"大""意义""少而精"的大概念是唯物史观。唯物史观不仅是学生对历史形成本质性认识的基础,更是在这一认识基础上积聚成的有统摄力、有生活价值并可跨越时代、可迁移的深度哲学认知。从生活价值的维度来看,唯物史观也是跨学科大概念,它体现了学科综合思维的辩证统一。① 在跨学科学习中,将唯物史观作为大概念工具,无论是历史、物理、经济学,甚至体育等学科,都可以借助唯物史观来进行教学设计和研究。这种跨学科学习有助于学生从哲学角度审视历史、科学、经济等领域,从而促进他们对世界和人类社会发展的深层理解。唯物史观的重要性在于它不局限于历史学科的范畴,而是一种可以贯穿多个学科、多个领域的思维方式和方法论。基于对大概念流变的研究,我们认为唯物史观不仅是历史学科的核心素养,更是一种具有普适性和跨学科应用性的大概念。

　　以唯物史观为基础形成的历史学科大概念统领着教学,在此过程中,大概念在跨学科视野下不断流变,为学生提供了更广阔的学术视野进行思考。例如,在"文化"这一跨学科大概念的引领下,纵向可以整合初高中历史课程,并延伸至大学相关专业课程,横向则可以融通高中政治、历史、地理等学科的理论知识。再以"世界是普遍联系和永恒发展的"历史大概念为例,在唯物史观的统摄下,教师可以引导学生在新航路开辟、工业革命、经济全球化等具体的时空框架和历史史实背景下,分析、综合、比较近代文化交流在广度与深度上的扩展,深刻认识在文化的共时性交流与历时性发展中人的主观能动性所发挥的作用。这种跨学科视角下的大概念教学,超越了传统教学仅传授学科事实与常规思维的界限,通过大概念将多而散的学科知识聚集起来,从而促进学科理解、发展核心素养、解决真实问题。基于跨学科视角的大概念教学,还有助于学生将所学内容与现实世界相联系,更符合学生的心理特征和认知规律。

　　总的来说,大概念在教育实践中展现出多样性和变化性。它不是一成不变的,而是随着学科发展和教学需求不断调整和演变。基于不同学科的视角和立场,大概念的内涵和理解方式也会出现差异。跨学科大概念教学促进了知识的整合和学科思维的交叉,从而推动学生的全面发展和深度理解。教育者应认识

---

① 李峻.用大概念建构概念教学和深度学习的关联[J].中学历史教学参考,2024(8):32-35.

到大概念的灵活性和可塑性,将其灵活运用于教学实践,引导学生从不同角度理解和应用知识,从而提升综合素养和解决问题的能力。通过这种方式,学生不仅能获得更全面的知识体系,还能培养解决问题和创新思维的能力,从而更好地适应未来社会的发展和变化。

如何生成、丰富、深化历史大概念?

刘徽指出:"大概念可以被界定为反映专家思维方式的概念、观念或论题,它具有生活价值。"以概念为驱动的教学是生成、丰富和深化大概念的重要路径。从"教—学—评"一体化视角来看,除了课堂常规教学方式,我们还可以从学生学习方式的转变来思考如何生成、丰富和深化历史大概念,特别是跨学科学习的新方式。《义务教育历史课程标准(2022年版)》首次提出:"设立跨学科主题学习活动,加强学科间相互关联,带动课程综合化实施,强化实践性要求。"①跨学科主题学习本质上是学生在"做中学"的过程中生成、丰富和深化历史大概念的项目化学习活动,在此过程中,学生是主体,教师是引导者和支持者。教师设计开放的、可迁移的并具有生活价值的跨学科主题,是生成、丰富、深化大概念的必要前提。

从生成视角看,教师要善于发现、引导自下而上的草根型学习主题。所谓草根型学习主题,有两层含义:一是这一主题要以教材为依托,基于课标不断深化知识点;二是学习主题要切实体现学生感兴趣的、有疑惑的问题,注重学习主题的延展性和通识性,通过主题学习让学生真正学有所获、学有所思、学有所悟。

以统编教材中有关古典希腊罗马文化的内容为例,学生对欧洲古典艺术表现出浓厚的兴趣,尤其在当前的博物馆热潮下,各种艺术文化展览层出不穷,吸引了不少人前去观摩。在实际教学中,学生结合生活实际,可能会提出这样的问题:"我们如何欣赏雕塑作品?"这个问题涉及历史、艺术乃至文学等人文学

---

① 中华人民共和国教育部.义务教育历史课程标准(2022年版)[M].北京:北京师范大学出版社,2022:前言.

科。如果深入思考,可以将其抽象为我们如何理解、传承和创新人类的文化。这个基于真实问题的现代思考完全可以成为历史跨学科主题学习的内容。假设以"透视古代埃及、希腊人体雕塑"为学习主题,学生可以基于"欧洲古典雕塑是否是一种原生的艺术形式? 它是否受到其他文明的影响?"这一问题展开系列探索。这样的探索不仅从史学视角来分析欧洲古典雕塑风格形成的原因和过程,还从美学和艺术史的视角来欣赏雕塑作品,剖析雕塑作品背后所蕴含的丰富的历史信息,从而改变了历史学科视角下的文化史传统教学方法。一方面,通过欣赏古代埃及、希腊人体雕塑的代表作品,学生将了解古埃及和古希腊人体雕塑的主要风格和特点,提高对人体雕塑作品的感知力和审美力。另一方面,通过比较古埃及和古希腊人体雕塑的异同点,学生将发现古希腊文明深受埃及文明等诸多西亚和北非文明的影响。这样的学习让学生进一步认识到:艺术的魅力不在于模仿的对象,而在于如何去模仿对象;艺术风格的形成都有其特定的历史渊源和环境,文化的发展离不开交流和融合。

从丰富视角看,教师应关注过程,给予学生自上而下的雨点型指导和帮助。雨点型指导和帮助,强调教师用"雨水"(教师自身的学科素养)不断灌溉草根型学习主题,并在此过程中提供支持学生完成主题学习的脚手架。这里的"雨水"不只是提供给学生的知识,更是引导学生进行科学探究的方法和路径,以及当学生在探究过程中遇到问题时提供的技术支持和情感互动。教师要了解学生在探究过程中的主题学习进展,自上而下地给予学生相应的脚手架,及时发现学生学科思维的亮点,培养他们系统思维的意识。

例如,在进行"透视古代埃及、希腊人体雕塑"主题学习时,学生可能会提出这样的问题:"为什么古希腊人体雕塑都突出男性的肌肉感,而且肌肉的刻画如此惟妙惟肖呢?"有的学生试图从人种角度去进行研究,以证明古希腊男性的体格普遍健壮,但这样的研究很难做到论从史出。这时,教师应该及时引导学生转变研究方向,寻找新的研究途径。学生发现古希腊人崇拜优秀的运动员,裸体运动的普及为雕刻艺术家提供了大量活生生的模特,使他们对人体有了直观认识。当学生沉浸在找到答案的喜悦中时,教师可以质疑:"夏天的海滩上有很多男性往往是半裸的,但我们很少看到肌肉突出的男性,即便有肌肉,在松弛的状态下也很难清晰地显现,因此光靠看裸体就能刻画出如此逼真的人体吗?"在教师的循循善诱和启发式引导下,学生进一步深入思考和研究,最终发现人体解剖在古希腊人体雕塑中的重要作用。就这样,教师密切关注课题的进展,不断提供新的思考角度,帮助学生突破思维的局限和知识的边界。

从深化视角看,教师要聚焦概念,推动彩虹型跨学科融合。彩虹型跨学科融合,是指学生运用地理、美术、音乐、政治等多学科的知识来解释学习主题的相关问题,突破历史思维与史学思想方法的局限,在相同的情境下运用多学科领域的知识与技能共同解决问题,进而形成对研究问题全面而客观的认识。

在"透视古代埃及、希腊人体雕塑"学习主题探究过程中,学生运用了美术、地理、音乐、文学等多学科知识,感受到打开不同学科的窗户可以看到不同的风景,就像彩虹那样绚丽多彩。这种小切口、大视野的主题,不仅让学生领略到知识的无穷魅力,还增强了他们学习历史的兴趣。

学生在探究时发现,古希腊雕塑风格的发展与演变受到希腊神的影响。他们结合影片《特洛伊战争》,阐述了希腊神话"神人同形同性"的特点,说明了希腊神话如何引导希腊艺术家走上以人为中心的现实主义道路,进而真正理解了马克思所说的"希腊神话不只是希腊艺术的武库,而且是它的土壤"。学生还发现,古希腊的地理、气候条件对古希腊人体雕塑有着重要影响。古希腊属于地中海气候,适宜的温度和充足的阳光造就了古希腊人喜欢裸体锻炼的风俗。奥运会上的运动员裸体竞技为艺术家提供了人体素材,使他们对人体构造有了深刻的感性认识。希腊作为一个开放性的海洋国家,其贸易与航海造就了希腊人勇于探索的性格。为了寻求知识,他们甚至拜东方文明为师,东西方文明的交融形成了古希腊独特的雕塑风格。更让学生眼前一亮的是,他们结合史学,发现城邦制度导致各城邦之间存在竞争和对抗,战争需要强壮的士兵,而希腊人体雕塑的完美形体正是城邦希望公民能达到的身体目标。因此,当强健的身体与城邦的安危联系在一起时,希腊形体艺术从某种程度上来说也是政治的需要。学生还结合史实,指出希腊人体雕塑的黄金作品集中产生于希波战争后的雅典,这与雅典杰出政治家伯里克利的引导和支持紧密相关,而后期雕塑题材的多样化则与亚历山大远征有着密切的关系。

对跨学科主题学习来说,每个学习过程都应具有研究的现实意义,研究的成果不应只是从理论到理论,从过去到过去,而应能感悟现实,启迪未来。在"透视古代埃及、希腊人体雕塑"主题学习中,学生没有停留在对问题的表面讨论,而是深入挖掘主题学习的深层内涵。他们认识到:艺术作为文明传承的一个载体,是特定时代政治、经济、文化的综合反映;在文化的传承中,只有创造者才是真正的继承者。关注当今世界的发展,我们可以从一个国家的公共艺术品,如现代城市雕塑等来了解这个国家的文化底蕴和社会发展主题。以上海的街头雕塑为例,它们的一个共同点在于突出上海发展的日新月异和寻求和谐社会的主题。而在引导学生生成、丰富、深化大概念的过程中,教师也能体会到恩格斯在《反杜林论》中的观点:"思维既把相互联系的要素联合为一个统一体,同样也把意识的对象分解为它们的要素。没有分析就没有综合。"

Ⅲ 从课内到课外:立足社会生活

在跨学科学习中,我们从大概念出发,深入探索并突破学科之间的界限,关注的焦点也从学校逐渐转向社会。学生通过感知、解决和反思周遭的社会生活问题,更深刻地体悟到历史即生活、生活即教育、教育即学问之间的关系,从而为践行与达成基础教育终极目标积累了实证。育人的视角也逐渐聚焦到提升学生应对社会现实问题的综合素养,学以致用、活学活用的理念成为看得见、摸得着的诉求。而人们常说的通过历史看现实、透过现象看本质的能力,在跨学科学习中得以彰显。

历史学习如何体现"生活即教育,教育即生活"?

人的生活离不开各种活动,人及其活动的过程就构成了历史。简言之,历史即生活,它绝非简单的规则、空洞的说教或苍白的结论,而是人们在与时间和空间交互的过程中所创造的精彩纷呈的舞台。这个舞台上演绎的每一个事件,不仅是个体生命的点滴,也是整个人类社会的缩影。习近平总书记指出:"重视历史、研究历史、借鉴历史，可以给人类带来很多了解昨天、把握今天、开创明天的智慧。所以说，历史是人类最好的老师。"

历史具有过去性和开放性，我们的行为、选择和经历都会对未来的历史产生影响。同时，历史也深刻地影响着我们的思想、文化和价值观。因此，学习历史绝非止于历史，而是反思过去、洞察现在、塑造未来的重要途径。通过学习历史，我们不仅能理解过去事件的背景、原因和后果，还能从中获取智慧和教训，分析和评估不同选择的后果，从而更明智地面对现实生活中的决策和挑战。可以说，学习历史不仅是我们认识过去的必经之路，更是引领我们探索未来的指南针。

2017 年，教育部的新课程标准指出，历史教师要准确把握历史学科的性质及其功能，深刻领会历史课程的本质和教育价值，全面认识历史学习对学生全面发展、个性发展和持续发展的重要意义。[①] 授课过程中，教师应结合历史学科核心素养，以唯物史观为指导，也就是基于时空观念、史料实证和历史解释，通过课堂教学和课外活动的结合，引导学生用习得的史学思想和方法去解决新情境下的现实问题，甚至是未来问题。这一过程注重培养学生的综合素养，为培养全面发展的人才打下了坚实的基础。而以大概念教学为抓手，历史教学能更好地连接学科知识与社会生活，让学生在真实情境中经历完整的问题解决过程，实现知识的有机整合。

例如，在高一年级的历史暑假作业中，以跨学科大概念"文化与变化"为基点，请学生围绕"中华优秀传统文化"这一主题，结合传统文化、本地文化和非遗文化，设计并绘制一条文化行走路线，并阐述线路特色及设计理由。要想完成这项作业，学生首先需要了解文化的概念，然后以此为基点，探究中华传统文化的丰富内涵和演变历程，对若干文化元素进行深入探究，如具有本地文化特色的洋房和弄堂、传统文化艺术等，从而形成对中华传统文化的深刻认识。接着，学生需将传统文化、本地文化和非物质文化遗产的元素结合起来，运用历史、地理、艺术等学科知识，进行跨学科的有机整合，形成一条具有特色的文化行走

---

① 中华人民共和国教育部.普通高中历史课程标准（2017 年版 2020 年修订）[M].北京：人民教育出版社，2020：45.

路线。最后,学生需要思考选择背后的理由,以及这些选择如何体现"文化与变化"这一跨学科大概念的内涵。在上述活动中,大概念发挥了整合学科概念和日常概念的作用,使其不再是零碎的知识片段,而是需要学生运用跨学科知识解决生活中的真实问题,从而深刻理解文化对社会变迁的影响。这样的学习体验不仅增强了学生对传统文化的认同感,还培养了他们的创造性思维和团队协作能力,为后续更深入的学科学习和实际生活中的问题解决打下了坚实的基础。

学习历史既是对过去人类社会经验的深刻反思,也是对当前生活的有意义延伸。在历史的长河中,我们汲取先人的智慧,理解不同时期的文化、制度和变革。与此同时,历史教育不仅限于战争、政治和重大事件的堆砌,它还细致地描绘了人类的情感、价值观念和社会的演变,提供了对生活各个方面的洞察。在历史学习中,学生是知识的接收者,更是社会生活的积极参与者。在"生活即教育,教育即生活"的理念下,2017年复旦附中历史教研组举办了以"寻踪:上海历史文化地图"为主题的"博学杯"高中生历史素养展示活动,对综合性、实践性学习方式进行了尝试,旨在帮助学生塑造全面发展的个性,为未来的社会参与和终身学习打下坚实的基础。

以生活情境激发学习动机。以"寻踪:上海历史文化地图"为学习主题,教师引导学生将视野拉回自己身边,深入挖掘家乡的历史底蕴,将学科知识与日常生活紧密结合。正如复旦大学历史学系陈雁教授所言:"城市的主体是人。上海人的特征是什么,上海人和海派文化的特色是如何形成的,这都需要我们从历史和地理的角度去追寻答案。"学生通过撰写论文或制作微视频,实地探访街道的历史沿革、公园的起源、老建筑的往事等,不仅加深了对家乡历史的了解,还将上海放在中国历史长河中去观察,思考上海作为中国近代史缩影的意义。这种与现实生活紧密相关的学习任务,充分激发了学生的学习动机,唤起了他们的学习兴趣。

在任务布置阶段,教师从熟悉的事物入手,以"是否了解上海滩的由来?为什么上海有一条重要的河流叫苏州河?"等问题,引起学生对城市历史的浓厚兴趣,在他们心中埋下深入思考家乡成长与变迁的种子,为进一步探究留出空间。如此一来,历史课堂不再是死板的知识传授,而是变成一个充满生活情感和发现乐趣的学习空间,学生能够更为积极主动地投入到历史学习中。这种投入不是靠外在的"胡萝卜"或"大棒"来维持,而是基于学习本身的吸引力。当学生漫步在外滩、南京路、淮海路时,他们会自然而然地回想起曾被称为"东方巴黎""十里洋场"的近代上海,无论是土山湾还是外滩源,这些历史遗迹都深深地融入了上海这座城市的文化气质,也引发了学生对城市变迁和文化传承的关切。

将学习与生活情境相结合,学生能够在学习过程中始终保持较高水平的动机,通过探究—发现新问题—解决问题的循环,找到学习对真实生活的意义和价值,从中获得实实在在的成就感。正如一位参与活动的同学所说:"过程中难免会遇到一些我们绕不过去的问题。通过对这些问题的一次次解决,我们不仅制作出了想象中的成品,还获得了不少心得和体会。"

历史教师要充分发掘和利用乡土历史资源,并鼓励学生将历史学习与日常生活紧密结合,展现跨学科主题学习的实践性和可操作性。这表明,本土的文化遗产是开展历史跨学科主题学习的重要资源。

文化遗产是中华优秀传统文化的重要载体,我们理应给予充分重视和精心保护。这些宝贵的遗产不仅承载着中华民族的历史记忆,也是我们文化自信的源泉。古桥建筑作为文化遗产的重要组成部分,是中华优秀传统文化的杰出代表之一。跨学科主题学习活动"'桥'见历史——家乡古桥文化的探索与传承"的研究对象就是学生身边常见的场景。上海的古桥资源丰富,其中青浦区的古桥在上海具有很高的代表性。这些古桥不但年代跨度大,涵盖了宋、元、明、清等不同历史时期,而且结构多样,包括拱式、梁式等多种类型的桥梁。青浦古桥是上海历史发展的实物见证,不仅代表了上海地区的桥梁建筑艺术,还承载着丰富的文化内涵,具有历史、科技、艺术、文化、社会等多方面的重要价值。随着时间的推移和社会的发展,一些古桥已被列为市级或区级文物保护单位,得到了妥善的保护。不少古桥及其所在的古镇也成为著名的旅游景点,吸引了众多游客前来观赏。然而遗憾的是,还有一些古桥已经消失或面临坍塌的风险。由此可见,古桥文化的传承和保护迫在眉睫。本案例旨在校本化实践《义务教育历史课程标准(2022年版)》中提出的"在身边发现历史"这一主题,通过具体的教学活动,使学生能够在日常生活中发现并探索历史的痕迹,从而增强他们的历史意识和文化自信。

值得注意的是,在完成任务的过程中,教师需要引导学生充分调动已知的知识和技能,结合个人感受和经历,使学习更具深度和个性化。教师应以学科核心素养为指引,引导学生以唯物史观为指导,聚焦时空观念、史料实证、历史解释等学科核心素养,从身边的历史表象中发现问题。例如,学生可以通过采访家人,收集老照片、家谱、信件等历史文献,了解家族中长辈或亲戚的生活经历,从家族的小历史来透视大历史。将个人经历与历史主题联系起来,以此为学习的起点,有助于学生更深入地理解历史事件的影响和意义,逐渐发现并理解个人经历与历史之间的联系,并从相关图片、视频或文献资料中获得更直观的感受。

综合性学习活动需要与不同学科相结合,以明确学习方向,形成具有跨学科特点的实践成果。在教师的引导下,一名学生选择探究杨树浦路的前世今生,他这样叙述自己的理由:"杨树浦路是一条很可爱的路。奶奶家就在杨树浦路上,我住得也离它不远。记忆中,我和爷爷奶奶的对话总是离不开这条路。小时候我就听说了许多关于它的故事,比如爸爸小时候买大饼时跑得太急摔断了门牙,计划经济时代大家挤在粮铺前换米,小朋友们在粮铺里收集落在地上的米粒……还有很多很多。"在回忆中,他赋予了杨树浦路具体而生动的面貌,并进一步探索了这条路的历史沿革、文化特色、地理环境等。从已知的历史、地理学科知识入手,他通过查阅资料了解到杨树浦是沪东地区的主要河道之一,西北起于走马塘,东南注入黄浦江。随着杨树浦路两侧及黄浦江沿岸的逐渐繁荣,杨树浦已不仅仅是一个路名,而成为这一区域的俗称。杨树浦见证了近代上海的风云变幻,以及新中国成立后棉纺织业的发展历程。这段历史沿革背后蕴含着丰富的人文和社会发展内涵,使学习不再只是书本上的知识,而是一场充满温度和故事性的探索之旅。

此外,历史教研组还同步开展了"博学杯"系列讲坛活动,邀请相关领域的专家为学生提供全面、深刻的学科学习经验。该系列活动搭建了一个与专家交流的平台,使学生能够深入了解历史领域的前沿研究、理论观点和实际案例。例如,复旦大学历史学系朱荫贵教授在讲座"近代宁波商人在上海崛起和成功的原因——以黄楚九为例"中,详细介绍了史料搜集的方法,包括报刊、个人收藏、传记等途径,并演示了如何利用这些史料来论证观点,以及如何通过个人经历和小人物的视角反映大时代,为学生提供了研究上海近代史的优秀范例,同时增强了他们应对复杂任务的信心和能力。

在活动开展过程中,教师以大概念引导学生进行深层思考,帮助他们探究历史因素与当代社会的联系,理解历史事件、社会演变和文化发展之间的关系,从而获得更有意义的历史学习体验。例如,"文化与变化"这一概念指的是社会和人类群体在历史演变中所经历的文化形态和社会结构的变动,涵盖了社会制度、价值观念、艺术、科技、语言、风俗习惯等多个层面。除了提出一系列引导性问题,如"文化是如何随着时间推移而变迁的""社会制度和文化是如何相互影响的",以激发学生的好奇心和思考欲望,教师还提供相关的历史文献、书籍、文章或多媒体资料,引导学生深入阅读并分析。阅读材料涵盖了不同历史时期、不同地域的文化与变迁案例,有助于学生理解文化与变迁的复杂性和多样性。

又如,教师聚焦"文化与变化"视角下的"文化传承",选择古桥文化遗产开展教学。文化遗产不仅承载着中华民族的历史记忆,更是我们文化自信的源泉,古桥建筑正是文化遗产的重要组成部分。学生通过制作古桥微视频、创意手工和古桥文创产品等,用实际行动践行对古桥文化的传承。

有一名学生用镜头捕捉到城市现代化与老城厢之间引人注目的对比——从浦西的高楼上俯瞰,以独特的视角展示了隐藏在寸土寸金的 CBD 旁的一片古老而珍贵的旧建筑,让人在视觉上感受到城市发展的巨变与老城厢的历史沉淀。他坦言,这种深入挖掘城市底层的经历让他认识到城市的真正内涵不仅是高楼大厦,更是隐藏在街巷之间的历史印记和人文风情。他深有感触地写道:"只有真正在街巷弄堂中穿行时,你才能体会到老城厢的魅力。甚至可以说这里不是树的烂心,而是树的根基。"这一表达不仅将个人情感与历史主题融为一体,也展现了他在亲身考察和实践后对"文化与变迁"这一大概念的深刻理解。

通过这样的学习方式,学生不再是被动地接受历史知识,而是成为历史的实践者和探索者。他们通过思考、体验和记录,将历史概念与实际生活相结合,形成了独特的历史认知和体验。

通过以上三个方面的引导,历史学习不再是孤立的知识获取,而是与学生的日常生活紧密相连,成为他们生活的一部分。这种融合式的历史学习方式既符合"生活即教育,教育即生活"的理念,使学生摆脱了"填鸭式""拼图式"教学,又能激发学生更深层次的学习兴趣和理解。这种历史学习方式如同奏响了一曲悠扬的交响乐,各种乐器在一片和谐中演奏出美妙的旋律。历史知识、学科技能和个人经历构成了交响乐的不同音符,教育者则是指挥家,巧妙地引导学生在音乐中找到和谐与共鸣,实现知识、技能与情感的有机融合。学生从传统的课堂中解放出来,从课堂走向课外,从学校走向社会,从书本走向生活,历史学习因此成为一种富有创造性和互动性的体验。

实现"让世界走进我们的历史课堂"可能吗?

21 世纪以来,全球化已成为不可逆转的趋势。中国作为全球化进程中的关键一环,与世界各国相互依存、共同发展。在这一浪潮中,中国必须抓住机遇,迎接挑战,积极参与国际事务,发出具有中国特色的声音,以更好地适应国际形势的变化,实现国家长远发展的目标。因此,培养具备国际视野的人才变得至关重要。

2003 年,高中历史课程标准提出培养学生开放的国际视野,引起广泛关注。2017 年,高中历史课程标准对国际视野的培养提出了更为具体的要求,明确了"了解世界历史发展的多样性,理解和尊重世界各国、各民族的文化传统,具有广阔的国际视野,树立正确的文化观"的课程目标,为学生培养全球意识和国际竞争力提供了重要的指导和支持。高中生国际视野的培养不应局限于理论层面,而应与教学实践紧密结合。通过这种方式,学生不仅能参与其中,关注全球事务,还能培养全球视野和全球责任意识,为未来成为具有国际竞争力的人才打下坚实的基础。在基础课和选择性必修课之外,我们还希望通过选修课来加深学生对中华优秀传统文化的理解,引导他们走出校园,走向世界,自觉树立对本土文化的自信与认同,拓宽跨文化交流与理解的视野。

2022 年,复旦附中历史教研组综合课程标准的要求、地域特色、校园文化以及学生个性化的学习需要,开设了"现代都市中非遗文化的传承与传播"课程。这门选修课与基础课、选择性必修课等不同类型的课程相呼应,围绕"中华优秀传统文化"这一主题,将高中多种历史课程串联起来。例如,在选择性必修课程《文化交流与传播》中,学生从文化的视角探讨不同文明、不同人群之间的联系与互动,从而理解了文化交流与传播在文明进步中的重要作用。必修课和选择性必修课之间的关联性、层次性和渐进性,为我们设计有关中华优秀传统文化的选修课提供了有力的支持。由于中华优秀传统文化内容极为丰富,涵盖了文学、艺术、科学等多个领域,因此在教学中,教师需要对各学科进行统整,通过跨学科主题学习的方式,引导学生从多个维度理解和把握传统文化的精髓,实现知识的融合与创新。选修课"现代都市中非遗文化的传承与传播"通过实际的探究活动,为学生提供了更为丰富、深入的学习体验,这不仅增强了学生对中华优秀传统文化的认同感和自豪感,还提升了他们对文化自信的认识。

在确定该选修课的教学目标时,教研组综合考虑了地域特色、学校文化特色及学生的学情,力求找到合适的切入点。一方面,上海历史悠久,拥有丰富的历史文化遗产。外滩的西式建筑、豫园的古典园林、精湛的海派绒绣技艺……这些都承载着上海的过去与现在,展现了上海独特的城市风貌和文化特色。另一方面,复旦附中学生涉猎广泛,对中华优秀传统文化的学习和传承有着较高的热情和积极性,但往往缺少深入接触、体验和挖掘的机会。尤其在当今全球化的时代背景下,跨文化交流日益频繁,各种文化思潮相互激荡,对本土文化的自信与认同成为国家软实力的重要组成部分。因此,学生需要更深入地理解和欣赏中华优秀传统文化,树立对本土文化的自信与认同,培养全球视野和跨文化交流能力,为将来走出校园、走向世界打下坚实的基础。

正是基于这样的考虑,教研组选择"中华优秀传统文化"这一主题开设非遗选修课,进行跨学科尝试,旨在为学生提供更多自主学习和实践的机会。课程主题确定后,需要进一步围绕"文化与变化"这一跨学科大概念来确定课程目标,既为课程活动的开展提供指引,也为课程活动的评价提供参照。我们依据课程标准的要求,从跨学科大概念、关键学科知识、关键学科能力及评估三个方面来设计教学目标(见下表)。

表 4-1 非遗选修课课程目标

跨学科大概念	文化与变化	深化对非物质文化遗产（非遗）作为人类文化多样性重要组成部分的理解，认识到非遗在全球化和现代化进程中所面临的挑战与机遇	
关键学科知识	地理	理解非遗具有的地域特色以及地理环境对非遗发展和传承的影响	掌握非遗的基本概念、分类和特征，了解非遗保护的国际公约和国内政策；对至少一种非遗项目进行深入研究，分析其技艺特点、传承现状以及在现代社会中的意义和价值
	历史	理解非遗产生及发展的历史背景，认识到非遗保护及传承对研究历史、理解文化多样性具有重要意义	
	美术	理解非遗项目的艺术风格、造型特点、色彩运用等艺术特色	
关键学科能力及评估	地理	理解和分析非遗传承中人类与地理环境之间的关系，具备在真实情境中观察、感悟、理解非遗及其与地理环境关系的能力	具备跨学科整合能力，能够综合运用不同学科的知识和方法进行非遗研究
	历史	具备历史分析和批判性思维能力，能够客观、全面地评价非遗的历史价值和现实意义	
	美术	通过绘画、雕塑、剪纸等形式，以文创作品的形式表现非遗美术项目的艺术特色和文化内涵	

在历时 7 周共 14 课时的教学时长内，我们建构了如图 4-3 所示的课程大纲。

```
                                                    ┌─────────────────────┐
                            ┌──────────────────┐    │ 1.1非遗文化的界定      │
                            │了解非遗：主题导入   │────├─────────────────────┤
                            │与课程前瞻          │    │ 1.2非遗文化的价值探讨   │
                            └──────────────────┘    ├─────────────────────┤
                                                    │ 1.3非遗文化在上海      │
                                                    └─────────────────────┘

                                                    ┌─────────────────────┐
                            ┌──────────────────┐    │ 2.1非遗文化在上海      │
                            │探究非遗：对非遗文化 │────├─────────────────────┤
                            │的调查分析          │    │ 2.2非遗文化的现状分析   │
                            └──────────────────┘    ├─────────────────────┤
                                                    │ 2.3小组讨论：有哪些呈现  │
                                                    │ 和宣传非遗的途径？如何   │
                                                    │ 提升人们对非遗的兴趣，   │
                                                    │ 让非遗"活"下去或"火"     │
                                                    │ 起来？                │
                                                    └─────────────────────┘

                                                    ┌─────────────────────┐
                            ┌──────────────────┐    │ 3.1小组汇报：为什么我们  │
                            │选择非遗：项目合理性 │────│ 选择研究这一非遗文化？  │
                            │阐述及潜在问题分析   │    ├─────────────────────┤
                            └──────────────────┘    │ 3.2小组讨论：如何更好地  │
                                                    │ 宣传非遗文化？          │
                                                    └─────────────────────┘

              ┌────┐                                ┌─────────────────────┐
              │课程 │        ┌──────────────────┐    │ 4.1文化策展人的经验分享 │
              │大纲 │────────│探索非遗：寻找精彩的 │────├─────────────────────┤
              └────┘        │文化宣传设计方案     │    │ 4.2小组讨论：如何策划一 │
                            └──────────────────┘    │ 个可行且引人入胜的文化  │
                                                    │ 宣传设计方案？          │
                                                    └─────────────────────┘

                                                    ┌─────────────────────┐
                            ┌──────────────────┐    │ 5.1参观文化艺术展       │
                            │观察非遗：文化视野的 │────├─────────────────────┤
                            │拓宽与宣传策略的探索 │    │ 5.2小组讨论：该展览如何 │
                            └──────────────────┘    │ 呈现和宣传某一主题？如  │
                                                    │ 何将其运用到非遗文化的  │
                                                    │ 宣传上？               │
                                                    └─────────────────────┘

                                                    ┌─────────────────────┐
                            ┌──────────────────┐    │ 6.1文化宣传设计方案的展示│
                            │呈现非遗：文化宣传设 │────├─────────────────────┤
                            │计方案的展示        │    │ 6.2师生讨论：如何让非遗 │
                            └──────────────────┘    │ 文化获得持久的生命力？  │
                                                    └─────────────────────┘

                                                    ┌─────────────────────┐
                                                    │ 7.1小组活动回顾        │
                            ┌──────────────────┐    ├─────────────────────┤
                            │回望非遗：课程总结与 │────│ 7.2课程总结           │
                            │整体思考            │    ├─────────────────────┤
                            └──────────────────┘    │ 7.3师生讨论：中华优秀传 │
                                                    │ 统文化如何在世界舞台上  │
                                                    │ 走向未来？             │
                                                    └─────────────────────┘
```

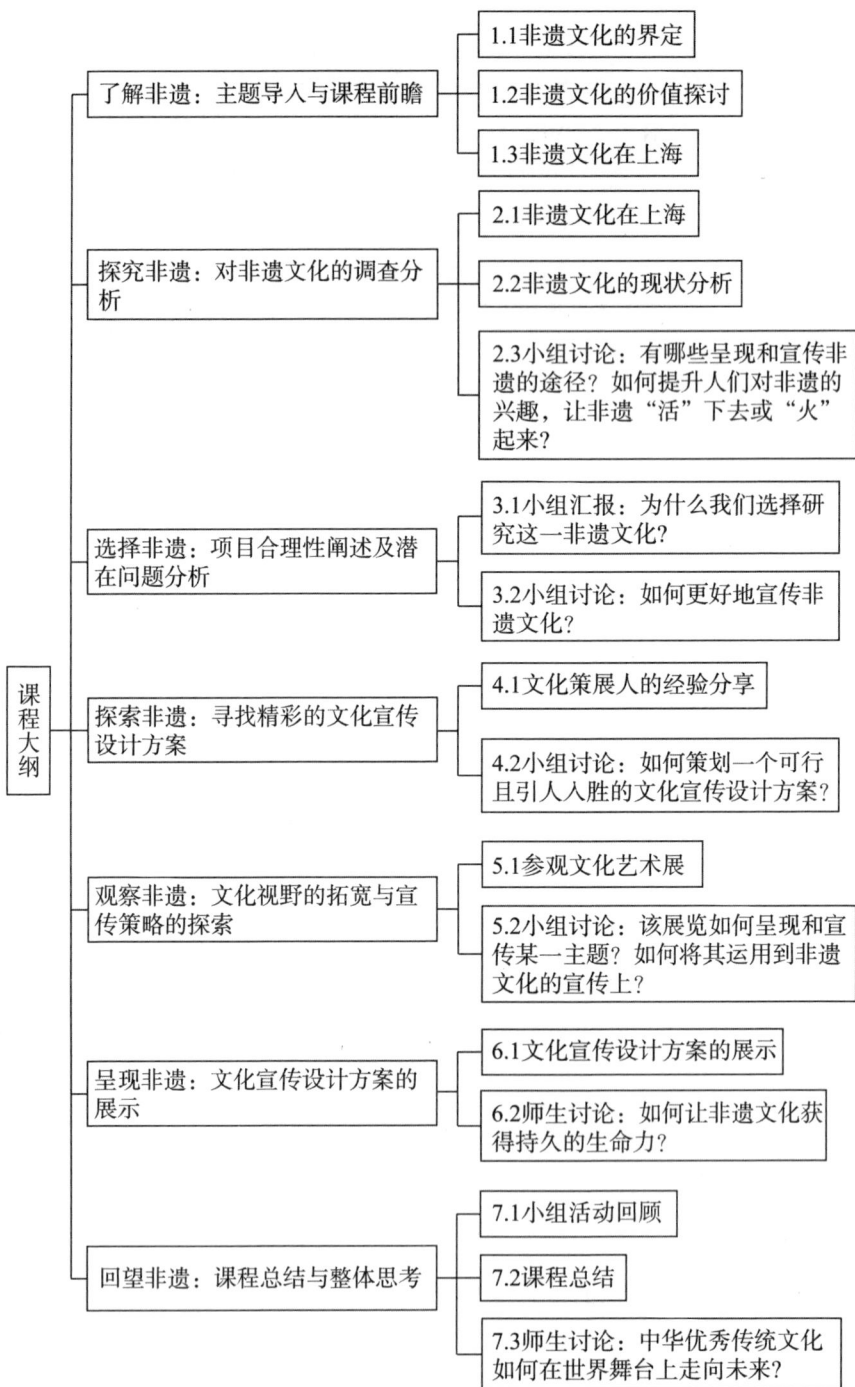

图 4-3 非遗选修课课程大纲

教师基于真实情境开展教学活动,采用项目式学习方法,循序渐进地围绕非遗文化的多元议题,如非遗文化的界定、历史与现状、保护与宣传方案等,引导学生以团队合作的方式逐步探索与解决问题。该课程以学生为主,以教师为辅,鼓励学生主动探索现实世界的问题和挑战,教师选择具有代表性的非遗文化作为案例,结合学生现有的认知水平和具体议题进行讲解与引导。这种跨学科的方法不仅提升了课程的深度和广度,还有助于学生在锻炼综合能力和创新思维的同时,通过不同学科知识的交叉融合,更深入地理解和欣赏非遗文化的独特魅力和文化价值。

从整个教学过程来看,学生对非遗文化产生了浓厚的兴趣,并对其历史内涵及传承现状有了较为深入的了解。在课后的实践活动中,学生也能积极选择非遗文化进行深入研究,并提供相关的宣传设计方案,展示出了较强的学习动力和自主探究能力。通过学习和项目化探索,学生意识到非遗文化不仅是一种传统遗产,更是与世界文化相互交融、共同发展的重要组成部分。正如一名学生在作业中写道:"我们现在所研究的一切都是'遗产'。遗产,也就是说,它属于过去,它的诞生属于过去,它的发展属于过去,它的辉煌也属于过去。然而真的如此吗?孟子曾经慨叹过:'王者之迹熄而《诗》亡,《诗》亡然后《春秋》作。'意思是说,上古的传奇人物都在今朝不可复现了,像《诗经》这样的文字于是也落寞了,所以现在才会出现《春秋》。事实上,我们都知道,诗不但没有沦亡,甚至以另一种形式活了两千年,从四言诗变为五言、七言,又在两千年后的今天,以现代诗的方式继续活下去。因为这是一种情怀,一种浪漫,它几无价值,但意义非凡。那么,这笔非物质文化遗产,又有谁说,它不可能流传,它必定消亡呢?"通过对非遗文化的观察和思考,学生能够更深刻地理解和珍视自己的文化传统,同时开阔国际视野,加深对世界文化多样性的理解和尊重。

在必修课程和选择性必修课程中,由于课时受限,学生往往只能深入研究历史中的某段内容,这导致他们有可能忽略历史的复杂性和综合性,能力提升和学科核心素养培养的空间因此较为有限。课外主题活动可以有效补充课堂教学内容,激发学生进行深度学习。2018 年,历史教研组举办了主题为"技术文明与全球史"的"博学杯"高中生历史素养展示活动,旨在鼓励学生运用课堂所学知识和方法解决新情境下的问题。该活动探讨了人类历史发展过程中技术文明的不断进步如何影响历史的演变,帮助学生理解:农业的产生和进步养活了更多的人口,使文明的产生成为可能;铁器的使用使生产力获得巨大的进步,东西方多个地区出现了"轴心时代"的文明成果;活字印刷术推动了人文主义和新教思想的传播;造船技术的进步和指南针的应用使人类敢于远离大陆,走向海洋;火药武器把骑士阶层炸得粉碎,使资产阶级推翻封建统治成为可能。工业革命后,科学技术在历史发展中扮演着越来越重要的角色。第一次工业革命中,蒸汽机的发明和运用将人类带入蒸汽时代,火车和轮船的发明缩短了世界各地的距离。第二次工业革命中,电话和无线电的发明加强了世界各地的联系,飞机的发明让人类翱翔蓝天的梦想成为现实……然而,技术文明的进步在给人类带来福利的同时,也带来了一些负面问题。例如:第一次工业革命后煤炭的大量使用,使伦敦成为"雾都";第二次工业革命中无烟火药的发明很快被运用于战争,加大了战争的伤亡;第三次科技革命中原子能的开发和利用更是将人类推向核战争的边缘。可以说,人类发展的历史就是技术文明进步的历史,每一时期技术文明的进步和传播如何直接影响历史的发展,对当时或后世的历史都有深远的影响。

为了更好地探索这一主题,学生需要调动已有的知识储备和技能,以应对解决复杂问题时的挑战。要了解技术革命对人类社会发展的推动作用,以及技术与文明之间的关系,学生需要具备良好的阅读和写作能力,这都是课堂上重点培养和训练的内容。通过阅读相关文献和资料,学生可以深入了解技术革命的历史背景、发展过程及影响,进而认识到其在人类社会发展中的重要作用。同时,通过书写、总结和表达,学生能将所学知识和个人思考整合成系统的观点和论述,以加深对技术与文明关系的理解,并将其应用到实际问题的解决中。

例如,有学生选择以初中重点学习的一场技术革命——第一次工业革命为切入点,探究工业革命如何推动历史发展。作为历史上的一次重大转折,工业革命不仅彻底改变了生产方式和生活方式,还深刻地影响了政治、经济、社会等多个领域。通过深入研究工业革命及其影响,学生梳理并了解技术对历史进程的深刻影响,以及技术与文明之间的互动关系,从而形成论文的中心论点:历史的各种因素催生了工业革命,工业革命又反过来推动了历史发展,促进了国家和社会的现代化进程。还有学生在阅读推荐书目《新全球史》后,对西属拉美殖民地的白银生产产生了浓厚的兴趣。在查阅《白银资本》《白银帝国》等专著后,该学生决定以白银生产背景及冶炼技术为切入点,研究 16—18 世纪白银生产对世界的影响和发展。她发现,从西属拉美殖民地的生产到西欧的流通,再到世界各地的交易,白银的流动连接起不同地区、不同文明,促进了文化交流和经济繁荣。由此可见,白银不仅是货币,更是象征着历史、文化和经济联系的重要文化符号,它被作为资本流转,既是西欧社会发展的产物,又推动了西欧乃至世界的全面发展。

在解决问题的过程中,学生不仅要运用已学的历史知识和技能,还需要进一步提升跨学科思维能力和综合分析能力,以便更全面地理解问题,作出更有历史逻辑的判断,提出更有说服力的历史解释。例如,一名学生将研究对象设定为我国化学工程专家侯德榜 1943 年创立的侯氏制碱法,分析其发展沿革以及对近代和现代中国化学工业的意义,从而探究以化学工业为代表的科技对救国的重要价值。该学生首先运用历史学科的研究方法对侯德榜先生的生平进行深入研究,总结归纳出他在化工技术上的三大贡献:揭开了索尔维制碱法的秘密,创立了中国人自己的制碱工艺——侯氏制碱法,为发展小化肥工业作出了努力。在涉及侯氏制碱法的具体内容时,该学生运用化学知识探究其原理和技术细节,分析其与传统索尔维制碱法的区别及优势。通过对化学反应、催化剂、工艺流程等进行研究,该学生能够更好地理解侯氏制碱法在生产过程中的作用机制和效果,并探究其对中国化学工业转型和发展所起到的关键作用。这名学生写道:"实际上,从侯氏制碱法与索尔维制碱法的对比中,我们在一定程度上可以看到循环利用反应物的绿色化学的原理。绿色化学的理念在今天化学水平空前发达的背景下正越来越向着实现人类与环境的和谐迈进,这也将是我们能够为自己和地球所作的最大的贡献。解决人类前行过程中遭遇的问题,固然要坚信科技进步,但人文也要跨步向前。科学不仅给予我们方法,更能给予我们精神和规范。从这个意义上来说,科学与人文应当比翼双飞,我在历史研习、化学学习中感受到这样的力量,我们在成长过程中也应该文理兼修、学研结合,这样方能实现梦想。"这名学生的感言深刻地体现了跨学科综合分析的重要性。在跨学科学习中,历史和化学是相互交织、相互影响的。这种综合性的学习方法培养了学生的综合思维能力和创新意识,使他们有望成为能够面对未知挑战并提出解决方案的全面型人才。

综上所述,知识结构越完善,越有利于培养学生各方面的能力,使其在学习和成长过程中实现全面发展。对学生而言,这种综合性学习不仅能够加深他们对学科的理解,还能让他们在实践中应用所学知识,更好地应对复杂的现实挑战。他们在此过程中所习得的能力、所获得的智慧,将成为他们未来应对各种场景的关键能力与必备品格,为他们未来的学习和职业生涯打下坚实的基础,使他们能够更好地应对日益复杂的社会挑战和国际竞争。

对教师而言,在教学过程中,他们不仅能考查学生的历史知识水平、学科语言的掌握和组织能力,还能促进学生的批判性思维、创造性解决问题的能力以及跨学科的综合运用能力。这种跨学科的教学方法既带来了挑战,也提供了机遇。教师需要不断拓展自己的教学理念和方法,有针对性地设计课程,提供跨学科的学习机会,以更好地满足学生的综合性学习需求,并促进他们在不同学科领域之间建立联系。同时,教师的角色不仅限于传授知识,他们更应该成为学生学习旅程中的引导者和激励者,以身作则,激发学生的学习兴趣,并引导他们主动探索知识的边界。

Ⅳ 从融合到跨越:关注学习过程

在社会生活中践行跨学科学习,不仅拓宽了课程的视野,还为基础教育阶段所倡导的知识、能力、方法、情感、态度与价值观等各方面素质的综合与融合提供了实施路径。这些素质在应对和解决现实社会生活的问题中得到体现,有效地促成了学生品行、人格等的跨越。课程观念和实践的创新,一方面再次证明了历史作为一门综合性学科的价值与意义,另一方面也为从中学历史课程到跨学科社会课程所承载的教育功能提供了更广阔、深远的发展空间。甚至可以说,立足教学相长的基本原则,教师的课程意识、教学本领、专业素养等在这一过程中必将实现跨越乃至飞跃。

💡 思维能力的生成与进阶如何在过程性评价中体现?

跨学科思维能力正受到越来越多的关注。随着新世代的来临,教育者们开始持续关注如何培养学生运用跨学科工具综合解决现实问题的能力,并进行了大量的教学实践探索,其中涌现出许多运用跨学科工具进行课堂教学的优秀案例。然而,教育的目的在于育,即生成,教学过程中采用的各种良方最终指向的是具体能力的培养。通过之前的分析,我们认识到虽然跨学科学习已成为普遍共识,并被纳入国家级课程标准,但由于其特殊属性,在具体操作层面仍缺乏详尽的规范与标准,各学科在如何运用跨学科方面各有主张,对于跨什么学科、如何跨也各有探索,甚至在学科内部尚未形成统一。尽管如此,我们依然认可并期待跨学科学习能够为学生带来成长和收获,因为我们期待通过跨学科学习帮助学生实现更高阶思维能力的生成,这与传统单项学科的思维能力评判标准不同,跨学科为不同学科思维能力的提升创造了新的突破点。既然我们关注的是跨学科学习背后思维能力的生成与进阶,那么这也可以成为我们设计跨学科教学时除了课堂实践以外需要关注的核心,过程性评价就是一种相当合适的手段与路径。当然,过程性评价并非新鲜事物,尤其在历史学科中早已有相关探索与成熟运用,而它之所以适用于跨学科思维能力的考查,主要和它自身的几个特点有关。

一是思维能力的多样表达。运用跨学科工具进行综合学习,除了对本位学科的思维能力有要求,还需要运用其他学科的思维能力,但这并非简单地叠加,而是要精心选择与本位学科紧密联系的部分,以免在有限的教学时间内顾此失彼、颠倒主次。要考查这种综合思维能力,过程性评价是关键,它能帮助学生理清自己习得的多种能力。也就是说,通过过程性评价,学生可以获得更为清晰的反馈,了解自己在探究过程中调用了哪些学科的哪些方法,以及如何生成解决问题的能力。

二是概念生成过程的阶段呈现。学习是一个渐进的过程,是从对未知的实践走向对新知的理解。在跨学科学习的不同阶段,由于涉及的学科和任务目标不同,所形成的思维深度亦有不同,逻辑关联也会因问题探究的不同而有所差别。过程性评价使学生能够及时体验发现问题、分析问题、解决问题等不同阶段的探究范式,掌握举一反三的能力。这不仅有助于学生运用不同学科知识解决当前阶段的问题,还能促使他们从宏观、长远的角度思考,形成更高阶的思维能力。

三是个体差异的评价需求。长期以来,结果性评价因标准统一、方式固定、唯结果论而在操作上具有便捷性,能在一定程度上反映学生习得的思维能力,但这种标准答案的弊端在于很多时候难以划分评价的层级,容易陷入"非黑即白"的评价误区,正确答案的背后可能是阴差阳错、歪打正着,错误答案的背后可能是粗心大意、理解偏差。学生之间存在个体差异,思维能力掌握的效率和程度也会有所不同,尤其在跨学科学习中,其他学科学习能力和探究路径的差异也会影响探究结果。过程性评价则能够构建横向与纵向并行的立体评价结构,分层分段细化评价指标,以任务式引领降低获得标准答案的难度,让学生一路"打怪升级",通过一个个强或弱的指标构建自己思维能力的"六边形模型",从而实现对思维能力的可视化评估。

过程性评价的这些特点不仅能够很好地体现学生思维能力的生成与进阶,还能让学生真切地理解自己掌握的思维能力水平。因此,历史学科的跨学科学习同样可以通过过程性评价来展现以历史思维为核心的跨学科探究能力培养水平。结合过程性评价的特点,我们可以重点关注以下几个方面。

首先,应关注历史探究过程中方法的科学性。历史学科强调论从史出、史由证来,作为一门揭示人类社会发展规律的学科,它具有天然的跨学科属性。我们需要借助跨学科知识和方法来充分解构不同类型史料背后的信息,从而形成严谨、可证的结论。因此,在进行过程性评价时,应注重考查学生所使用的跨学科工具是否能够提供有助于研究的信息,不同信息之间是否能够补白、互证或证伪,以及对史料的认识是否深入,从而反映学生的思维品质。例如,在研究古代历史事件的具体纪年时,运用文献记载中的天文现象往往是一种很好的印证方式,因为某些天文现象具有强周期性。但由于古代记录手段的局限性,有可能存在误判或错认的情况,这时就需要利用不同来源的记载或不同类型的材料(如绘画、祭祀遗址等)进行互相印证。过程性评价要求对所有环节的探究信息进行彻底的榨取,所以即便是证伪的材料也并非毫无价值。比如,假设关于天文现象的记录内容有出入,但只要时空等信息能够对应,依旧具有一定的印证价值。此外,切换研究的主题视角后,我们能从同一材料中得出不同的结论。天文现象反映的不仅是时空维度,通过思考为什么古代会记载天文现象,我们可以得到更深层的信息。运用社会存在决定社会意识等唯物史观进行解读,我们可以理解中国古代人民"天人感应"背后的底层逻辑与文化形成特征,如此有效的信息榨取只有通过过程性评价才能实现。

其次,应关注历史探究过程中思维的逻辑链。在探索发展规律的过程中,发现问题、提出问题、分析问题、解决问题的逻辑推进是指向最终科学结论的关键。科学的跨学科研究手段可以应用于各个环节,而过程性评价需要引导学生经历完整的思维探究过程。同样的信息能够提出哪些不同的问题,继而传达哪些不同的历史信息,得出哪些不同的历史结论,这些都能很好地反映出学生的思维品质,其中跨学科的运用可以进一步拓展思维的深度与广度。例如,在研究中国大运河的开凿原因时,从政治、经济视角不难理解大运河开凿的社会价值。政治学、经济学、社会学等学科工具可以帮助我们理解大运河的开凿如何加强君主专制中央集权、促进南北经济文化交流、推动科学技术进步,不同的学科视角天然提供了研究的切入口,引导学生从"为什么"出发,分析"是什么",最后理解"怎么样"。对各个环节过程的细致评估有利于学生打开探究思路,从更多维的视野理解问题。当然,运用的跨学科工具越多,获得的认知往往也更充分。除了从政治、经济等相对功用的视角理解开凿大运河的主观需要,我们还可以从地理的视角切入,中国地势西高东低,缺乏南北流向的大型自然河道,加之地形复杂多样,难以建设高效连通的陆上交通网络,这些因素指出了大运河开凿的客观环境,从而丰富了学生思考问题的视野。

最后,应关注历史探究过程中评价的宽容度。过程性评价的最大优势在于能够提供更丰富多元的个性化评价,使学生对自己的思维能力有更直观细致的认知。因此,基于跨学科的自由度和过程性评价的开放性,教师设计评价维度时要给予充分的宽容度,除了设置不同的评价层级,还要注意成长性评价。许多过程性评价因过度关注各环节的学习成果,事实上变成了结果性评价的简单叠加,没有充分发挥自身的优势。过程性评价的宽容度体现在关注学生的成长所得,即认可学生思维能力从无到有、从低阶到高阶的发展过程。学生的能力不是天然习得的,必定要经历生成和进阶的过程,因此我们既要认可学生自主思考的成果,也要肯定学生通过引导能够举一反三的能力。比如上文提到的两个例子。探究天象时,学生也许会本能地从天文地理学科角度出发,未必能结合时代文化和社会现实需要,忽略了古代历史阶段特征对其产生的影响。而探究大运河时,学生能够自如地从政治、经济、文化等视角展开分析,但不一定能想到地理学科的跨学科应用。如果只是简单地贴上"跨学科视角优先"的评价标签,并不能促进学生更好地发展。相反,教师应当通过举例引导,再提出新的问题或研究方向,鼓励学生进行模仿迁移,并进行二次评价,使他们感受到自身思维能力的成长。教育的目的是习得、发展和成长,过程性评价可以为学生提供成长的时空。学生要获得的不是标准答案,而是解决方案。

关于跨学科学习的评估,高中阶段的学习侧重深度。在这一阶段,跨学科学习的评估不再仅满足于表面的知识理解和技能掌握,而是追求学生在不同学科之间建立深层次联系的能力,以及运用多学科知识解决复杂问题的能力。因此,在评估跨学科学习时,我们要注重考查学生对知识的深入理解和应用能力,以及他们在解决问题时展现出的创新思维和批判性思考。这种评估方式能够更全面地反映学生在跨学科学习中的实际表现,激励他们不断探索和拓宽自己的知识边界,提升综合素养。

在"现代都市中非遗文化的传承与传播"课程实施过程中,我们设计了多维度评价量规。例如,教师制定了非遗文化宣传方案展示评价量规。该量规详细地列出了文化宣传方案的主题、内容、制作水平、汇报表现等方面的评价标准,为方案制作提供了方向。完成作品后,学生通过自我评价、同伴互评以及教师评价等多种反馈渠道,及时获取关于学习成效的信息。通过这些评价反馈,学生不仅能够识别出自己在学习过程中哪些方面表现出色,值得继续保持,还能够精准定位哪些环节存在不足,需要着重改进。基于这些反思,我们邀请学生填写课后问卷,写下对调整和优化方案的思考。这种评价方式不仅有助于改进教学,还能极大地促进学生的学习动力和自我提升能力。

如何真正从标准答案走向解决方案?

在评价过程中,标准答案更多地指向是何,无论是习得的知识、认知的方法还是形成的观点,往往都有确定的答案。值得注意的是,这些答案并非不具备价值,它们同样可以用来评估学生探究的结果,反馈学生的思维能力品质。但正如前文所述,这些答案反映的只能是众多阶段过程中的最后一个侧面,甚至当存在多个标准答案时,有可能对学生的评估形成误判。历史学科的探究学习中往往存在平行的标准答案,特别是在历史跨学科学习中借助不同学科工具之后。而解决方案更多地指向"如何",即关注通过怎样的探究过程来抵达标准答案,评价的重心转向探究过程的科学性、全面性、创新性等方面。传统教学中的结果性评价导致教师即便进行引导教学,也常常是包办式引导,有过多明确的预设,学生只需要配合教师的演出,给出呼之欲出的标准答案,形成所谓的探究过程。而解决方案,特别是在跨学科学习中,必须具有更高的自由度和更纯粹的思维方法上的引导,避免学生的思维过程被太多先入为主的观点限制,从"只能这样解决"转变为"还能这样解决"。当然,并不是说这样的思维能力一定不具备范式,优秀的思维能力同样有其自身标准答案式的特征指向。我们要实现的正是让学生通过试错、探究、验证,自主认识到这些思维能力品质背后的范式,实现由"标准答案是何"到"如何生成我的答案"的转变,最终达成"为何这样解决问题"的认知,真正从标准答案走向解决方案。

当然,我们也要意识到"标准"不是洪水猛兽,关键要看应用的场合。虽然我们不主张只通过结论性的标准答案来衡量评价,但探究过程的标准范式和方式手段是具有操作价值的。因此,在设计解决方案时要有一定的标准答案。如何设计学习过程,如何设计各过程阶段的目标,如何对这些目标进行分层,并形成一定的范式与规律,这些问题成为我们引导和评估学生解决方案的核心。

在历史跨学科教学中,设计跨学科的学习探究过程并不会削弱历史学科的教学特点。教师应当发挥历史学科自带的跨学科特点,并在此基础上关注跨学科教学所带来的新知识、新能力,形成一条基于学科核心素养培养,发现问题、分析问题、解决问题并形成认识与经验的探究路径。发现问题的过程无外乎"有未知"或"有矛盾",对学生发现问题、提出问题的水平进行评价和引导,有利于打开学生的认知视野和发散思维,为深入探究作好铺垫。然后,根据不同问题属性设计探究路径,从"如何知"与"如何证"等方向出发,运用不同学科工具,搜集不同史料,对所探究的问题进行分解、推演、逐个击破,通过评价其解构问题的针对性、运用工具的多样性、逻辑推理的充分性等来构建指向解决的桥梁。再结合这些经细化推进的子问题和指向的跨学科工具进行建构、证实或证伪,找到相应问题的答案,并在答案的基础上形成认识、总结经验,通过对认知层次的评价,最终呈现出学生整个探究学习过程的思维能力。例如,在春秋战国时期,铁制农具与牛耕技术的出现大大推动了生产力的发展,从而推动社会实现经济大变革。对于这一历史现象,我们可以从化学角度思考工具材料为何会影响生产水平,从政治角度思考技术发展推动生产力的同时为何带来生产关系的变化,继而推动社会的变革,从军事角度思考为何富国可以强兵。通过对生产工具和技术的疑问来推进对社会变革的深度理解,不同学科给予了有效的解答,最终生成的是对唯物史观中"生产力决定生产关系,经济基础决定上层建筑"的深度理解。好的历史探究少不了科学、严谨的探究过程设计,关注各个环节的逻辑衔接,重视跨学科对各环节推进思路的进一步延伸,是学生掌握宏观视角、构建解决方案的框架。

当框架构建完毕,我们就要细化各过程阶段的具体目标,通过目标指向的评价来反馈学生习得的思维能力。目标设计既要在学科核心素养的映射内,也要体现综合跨学科思维能力,并通过不同层级的设计来分层评价。发现问题的基础是对信息提取的掌握程度,从史料中提取关键信息时,不仅要提炼表层信息与深层信息,还要进一步评价是否能够结合尽可能多的跨学科视角提取更具广度与深度的信息,据此所提的议题是否聚焦、新颖、具有现实价值。因此,设计反馈内容时,既要对获得哪些表层信息、总结哪些深层信息进行评价,也要对其分别借助了哪些跨学科视野进行梳理。例如,在研究古代天文现象时,我们常常会使用经典的"今日雨"卜辞,除了表层的方位、气象等信息,还可以结合地理、数学等学科分析背后的社会生产、时代观念等深层信息,从而提出议题"古代何以如此关注气象",并从文化与生产的角度进行探索。发现问题之后,分析问题的核心在于能否构建关键的问题链进行探究推演,这也是过程性评价关注的重点之一。与问题链形成的探究线索相对应的解决方法,则是能具体体现学生思维能力品质的关键参照。发现问题是史实指向问题,分析问题是用问题去引导所需史实,问题链的逻辑性、操作性以及对其他学科的参照则可以进行分层设计评价。依据问题链,逐个解决的问题结论组成了最后的结论,解决问题的思考过程形成了对历史的认识与经验,问题链与对应解决方法的设计也就成了解决方案的核心。例如,中国古代各王朝加强君主专制中央集权的不同手段势必从影响专制集权的要素出发,即强化有利因素、抑制不利因素,可以运用不同学科,从制度、经济、文化、地缘等角度来分析上述因素,并结合当时的时代背景,理解何以有利、何以不利,有利中是否暗含不利、不利中是否存在还未实现的有利,最终联系当时的史实进行分析,指出具体利弊。运用跨学科工具与思维助力信息提取和问题链构建,使解决方案具备抓手,在此基础上根据实际问题进一步优化。

在历史跨学科学习过程中,我们虽然不以结论的标准答案为评价标准,但仍需在过程性评价设计中给出一定的范式,也就是说,解决方案也要有一定的标准。这便带来一个需要商榷与思考的问题:我们是否要为学生提供参考答案?如果提供过于明确的参考答案,学生的自主思考能力会下降,创造性容易被扼杀,特别是以往的学习经验使他们更习惯于信赖和照抄老师的方案,那样学生就不是自己提出解决方案,无法真正提升思维能力。但如果没有相应的引导,或者说引导过程连贯性不强,学生也会因为无从下手而陷入迷茫,继而探究积极性受到打击;特别是作为深度学习的历史跨学科探究,本身就对学生提出了跨学科的要求,学生的学习基础需要达到一定的水平。另外,由于每个学生基础不同,研究节奏上的差异会使进程暂时落后的学生失去信心。所以,是否提供参考答案是我们需要关注的问题。从现实情况来看,我们还是需要给予一定的示范,使学生可以模仿和迁移,但可以在引导与评估的过程中融入一些技巧。"探究加油包"就是一种可以借鉴的方式。教师可以预先准备不同提示程度的材料案例,包含的跨学科层次由浅到深,给予的方法与环节引导由粗到细,学生视自己的学习能力不断叠加"探究加油包",并根据获得"加油"的层级调整评价层级,其间依旧保持着探究的相对独立性。在课堂教学中,我们同样可以变形使用这种方式。

在选择、处理、应用"探究加油包"中的材料时,教师需要注意以下几点。对于文献史料,一是注意篇幅上的调整,除了有效信息,还要尽可能地保留原汁原味的文本容量,若遇到有一定解读难度的文献,如古文,可以适当裁剪并补充相应的注释,或对关键字句给予特别标识;二是注意提供超越文本的信息,如作者的身份和创作背景,或观点之间有矛盾、冲突的"戏剧性"材料,帮助学生关注材料背后的信息及其对史料本身价值的影响;三是注意提供有效的引导,依据问题设计的难度,特别是使用跨学科工具解读时,是否应给予必要的提醒,这将影响学生对史料研读难度的认识。对于实物史料,由于其信息呈现方式与文献史料有很大差别,部分关键信息藏于细节中,因此除了上述文献史料需要关注的几点外,还要特别注意有效的引导,避免过于关注非核心信息。应当引导学生关注实物史料的时空、出处、用途、特征等,特别是运用跨学科工具获取更多的信息,学生能够观察到的广度与深度都是进行评价的重要指标。以从辽、宋、夏、金货币一窥当时多民族政权的经济来往与文化交流为例,可以通过观察少数民族政权货币上的年号汉字、大小性质、制作材料等来判断货币所属的政权、存在的时空、汉化的程度等,特别是对铜的使用等内容,进而补充材料并延伸思考当时两宋与少数民族政权在特定时期对铁、铜、马匹等物品严加管控甚至断绝官方交易的原因。

当然,在实际教学中,教师也会遇到另一种学习情形:学生不是没有想法或不主动积极,而是思考过于发散,甚至钻牛角尖,探究与学习主题关联度不高且过细过难的问题,从而难以在有限的学习时间内有效提升思维能力。所以,在历史跨学科学习中,要通过过程性评价的设计引导、限定探究过程的范围,不能过度自由。学生应当在此过程中习得把握重点的能力,也就是在跨学科视野下提取足量信息后验证主题相关性的能力。例如,学生开始习惯于在历史探究过程中结合地理学科,从自然因素或地缘角度对历史现象进行深度思考,但不应该默认所有的历史问题都要与地理相关因素产生紧密联系,这会导致学生形成思维惰性,进而影响学习效率。较为有效的做法是教师引导学生提出假设,并在第一时间判断无关或关联度不高后进行取舍。以研究书法艺术与社会意识

表达之间的关联为例,地理环境是否也会影响书法艺术形式的变化? 或许地理
环境和书写工具等确实存在一定的关联,但这与大主题的逻辑关系相差甚远,
研究价值远远比不上直接从书写工具的特征来分析其物理特性。所以,提出解
决方案的过程是梳理逻辑、推进研究的过程,切不可陷入"化简为繁"的形式主
义盲区。

历史跨学科的教与学对学生的思维能力和思维品质要求较高,这也是为
什么许多实践案例会采取小组合作的形式来提高学生的探究实效。在组建
小组的过程中,教师要尊重学生的意愿,让他们根据自己的兴趣和能力成立
学习小组。例如,开展古桥文化跨学科学习研究时,学生们被分为调研分析
组、实地考察组和创意实践组,每个组负责的任务各有侧重,共同组成一个研
究共同体。调研分析组主要负责设计和实施前测性问卷调查,搜集与整理文
献资源,为整个项目提供资料支持。实地考察组主要负责组织和执行实地考
察活动,收集和整理古桥的现场资料和调查访谈资料,并形成实地考察报告。
创意实践组负责传承与保护古桥文化的行动创意的搜集整理、具体实施以及
作品的成果展示。最终,在各组的共同努力下,古桥文化节得以成功举办,达
成了目标要求。

当然,在从标准答案走向解决方案的过程中,为了提升团队合力和激发个
人探究兴趣,减少人人都要给出最后的标准答案的情况,减少解决方案形成过
程中个别学生浑水摸鱼、滥竽充数的现象,过程性评价的对象也应包含对学生
个人探究过程的评价。特别是学习分工,不应该是探究环节的纵向分工,即有
人只负责收集和整理材料,有人只负责设计问题链框架,有人只负责撰写结论
与反思,因为不经历完整的探究过程,很难在中间环节进行衔接,最后我们会发
现只有小部分成员参与了全程的探究,有些人只是形式上的参与。较为有效的
做法是分工时可以采取横向的拆分与组合,即每个环节所有人都参与,但探究
的视角或采取的方法应避免重复,以期获得更多可参考的材料。如此一来,学
生便可以收集不同学科与历史学科的交叉知识,提出更多学科视角下的相关问
题与问题链,尝试不同学科的研究方法在历史探究中的应用,再将各自所得进
行整合与总结。简言之,我们要真正激发每个孩子的学习动力,关注每个孩子
的学业成长。

⚙ 从融合到跨越，教师需做哪些准备？

从多学科融合到跨学科探究进一步丰富了历史学习的深度与广度。但作为更高阶的学习方式，它也对教师提出了更高的能力要求。不同于教师全盘掌控的传统课堂教学，历史跨学科学习要求教师做更多的教学准备，掌握更多的延伸知识，扮演不同的角色，承担不同的责任。

第一，教师要成为百科全书式的博学者。

相比传统学习方式，历史跨学科学习最大的不同在于要求凸显多学科知识与方法在历史探究中的综合应用，这一方面需要教师和学生对各学科都有一定的基础知识储备，另一方面要围绕历史探究的需要串联起各学科之间的应用逻辑。教师作为引导者，自然要先掌握跨学科探究的思维品质。因此，教师应当梳理学科关系网，并结合历史学科的外延特点，整理各学科在历史跨学科学习中的具体应用，使之条理化、抽象化，以便引导学生掌握。

前文提及，历史学科自带跨学科属性，人类社会发展的背后是多因多果、分众合力的结果，历史和现实问题不仅需要历史思维的推演、分析、判断，还需要不同学科知识结构的辅助。在教学设计过程中，教师自己要先在脑海中形成各学科与历史学科之间的逻辑关联，这样才能适时引导和判断学生的探究及思维生长点。目前，跨学科教学往往在基础学科与应用学科之间予以实践。就历史学科而言，联系最为紧密的基础学科是政治和地理，但当涉及技术文明史和生产力发展等知识领域时，也可以与物理、化学、生物、数学等学科联手；当探索经济和文化等现象时，更可以与经济学、心理学、文学、艺术学等应用学科牵手。我们可以通过结构化的梳理手段构建学科联系星图，概括各学科与历史学科的常用关联点。例如，政治学科与历史学科都强调唯物史观的认知、理解与运用，地理学科强调地缘政治及自然环境对经济的影响，语文学科强调在诗文鉴史中发现社会文化变迁背后的原因和结果。这些学科的共鸣之处都能成为跨学科教学的切入点。运用多学科知识实现跨学科教学，需要教师有开阔的视野、跨学科意识和整合相关学科的敏锐性。

虽然教师不必也无法对其他学科进行深入研究，但对其他学科了解的深度与广度可以提升"跨"的品质。所以,教师不仅要知道哪些学科可以"跨",还要不断精进"跨"的技能。教师要有意识地积累其他学科的重要知识和学习方法,在日常教学中通过"跨"的教学艺术提升学生的学习兴趣。例如,天干地支纪年是中国常见的纪年方式,除了辛亥革命、戊戌变法等以天干地支纪年来表述的历史事件,还有"六十一甲子"等文化表述。运用数学方法进一步了解天干地支周期的运算方式,有助于学生理解古代文化中周期性的特点。还可以将其用于探究过程中的史料实证,激发学生的兴趣,帮助他们打开思路。

教师是学生最好的学习榜样与模仿对象。教师在学生面前展现的综合解决问题的能力,在很大程度上会影响学生的学习态度和对学科的看法。这并不是说教师要炫技,刻意展现自己的博学,而是要在恰当的时刻抛出一些学生习以为常却未曾深思的问题,引发他们的兴趣和好奇心,同时运用跨学科工具进行多维度剖析,充分展现学科探究的魅力。例如,在解释 1929—1933 年世界经济危机为何最先发生在金融行业,以及现代资本主义社会一旦陷入经济危机为何往往是金融行业最先"暴雷"时,教师可以先抛出第一个问题:"何为金融?"学生虽然对"金融"这个词并不陌生,但不一定知道其具体定义。教师鼓励学生根据生活中的认识自我解读,并在此基础上进行补充。在学生基本了解金融行业对经济发展的意义和必要性后,教师可以结合史实抛出案例,解读做空做多、非法抛空等恶意金融手段,并运用金融学相关知识,通过数学理想模型,引导学生理解金融工具是一把双刃剑。通过对资本与劳动、供给与需求等关系进行举例说明,如分析"为何宁愿把牛奶倾倒入河也不低价抛售或赠送""为何增发新钞可以刺激经济复苏"等问题,教师能够帮助学生理解金融行业崩盘导致的资金流动下降将影响市场供需,进而影响人们的社会生活,引发系统性经济危机。这样做看似偏离了历史学科的轨道,但实际上是在引导学生理解问题的本质。在此过程中,学生形成了面对未来类似问题的准确认知,激发了探索欲望,开始寻找规避问题的路径与方法。更重要的是,这一过程潜移默化地引导学生形成了正确的价值观和职业观,实现了学科的德育价值。尽管这对教师的综合知识储备提出了一定的要求,但"欲人文他人,必先人文自己",教师自身的人文修养是教育他人的前提。

第二,教师要扮演身份多元的陪伴者。

教师即便掌握再多的知识与方法,终究是学生学习的脚手架。教师需要在不同的教学环节和学习场合扮演不同的角色,以不同的视野引导与陪伴学生。

最基础的是教师的大局视野,无论是跨学科学习还是过程性评价,教师都需要全局把握,整体设计,既包括各环节逻辑演进的宏观构想,也涉及各环节具体展开的微观设计。虽然我们已经了解整体设计的基本范式和从标准答案转向解决方案的要点,但在具体设计时,教师还需要预设情境,考虑到提供的材料可能会引发哪些问题,这些问题可能会带来哪些反馈,探究推进不力可能是什么原因又该如何解决,问题解决不了时应该如何引导或示范。教师是带领学生探究的"统帅",应当具备一定的战略眼光,既不可成为事事亲力亲为的学习"保姆",也不可只空画大饼而不提供工具。

在师生协作规划研究流程的过程中,教师的信任与指导对学生的自主学习和创新能力至关重要。以"'桥'见历史——家乡古桥文化的探索与传承"为例,学生设计了研究流程:第一步,观看古桥视频,动手搭建简易木桥模型,引入课题;第二步,分组探究不同类型的桥;第三步,通过实地考察和文献查阅,研究古桥的修建技术、材质、装饰、碑记、传说故事、习俗等;第四步,探究古桥蕴含的文化、经济、技术、信仰等内容;第五步,制作成果微视频。从表面看,这一研究流程较为完整,包含研究对象、研究方法、研究内容、研究成果形式等。然而,在实际探究中,学生可能会遇到小组任务不明确、研究任务表面化、成果形式单一等问题。这时教师需要进一步引导学生深入思考,分析教材中的桥梁资源,立足时空观念理解古桥文化的意义,使文化理解更多元,学习成果形式更多样。师生共同完善的研究流程,不仅能够提高研究的效率和质量,还能培养学生的创新思维和团队协作能力。

在教学设计过程中,教师也要充分考虑到学生的实际需要与现实状况,站在学生的立场换位思考。教师丰富的知识储备和长期以来形成的思维能力,导致他们在判断时可能会不自觉地陷入固定模式,难以发现学生理解上的难点。学生的困境不仅在于学科知识的欠缺,还包括思维方式和实践经验的不足,这些都限制了他们思维的深度和广度。同时值得注意的是,学生在传统学习过程中因受到一定程度的规训,容易产生畏难情绪,很多时候他们并非没有思考或不会思考,而是担心犯错所以不敢思考。因此,教师要从学生本位出发,一方面帮助学生补充探究过程中所需的基础知识与方法,并提供不同层次的自主学习指导,另一方面通过优化过程性评价内容,主要采取鼓励和肯定的评价方式,指出学生已取得的受到认可的阶段性成果,并提出可改进的方向,用不足代替错误,培养学生积极向上的学习观。

第三,教师要成为重组资源的协调者。

与传统课堂教学相比,跨学科学习确实需要投入更多的精力去准备和参与,无论教师还是学生都面临着更大思维量的挑战,并且需要解决更多的问题。在此过程中,若仅仅将任务简单地分配给教师来完成,这不仅难以实现,也不利于学生即时反馈,所以教师需要协调和调动所有教育教学资源,以更有效地推进跨学科探究。

首先,必须重视学生的力量,因为他们是学习的主体。跨学科探究是一种能够充分调动学生自主学习积极性的学习方式。因此,除了要让学生充分参与和体验探究过程,还可以请学生参与过程性评价环节。一方面,学生的评价能够提供从他们视角获得的真实感受;另一方面,学生在评价他人的同时也在反思自己的探究过程。学生乐于指出他人的不足,而在指出的同时,他们自然也不希望自己出现同样的问题,这有助于推动他们自我完善。教师可以组织中期展示或阶段性成果交流,这样做一方面可以减轻教师,尤其是那些执教学生人数较多的历史教师的评价负担,有利于教学工作的开展,另一方面可以让学生更好地理解过程性评价各个环节的意图,从不同评价者的视角感受探究过程中的思维能力。

例如,在制定"'桥'见历史——家乡古桥文化的探索与传承"实地考察报告评价量规时,学生认为报告要目标明确、结构清晰,融入地理、语文等多个学科,易于理解并吸引读者,展示时要声音洪亮、自信大方。在此基础上,教师进一步引导学生要关注信息获取途径和类型的多样性,体现运用史料说明历史问题的能力,能够形成自己的历史认识,展示时要有现场互动等。具体评价标准见下页表。

表4-2 "'桥'见历史——家乡古桥文化的探索与传承"实地考察报告评价量规

评价维度	评价标准星级描述				
	5星标准	4星标准	3星标准	2星标准	1星标准
内容	1. 考察前完成深入的背景知识储备 2. 考察中通过多样途径获取信息,能深入指出 4 种及以上古桥价值 3. 考察报告结构严谨,逻辑清晰,提供深刻的结论和启示 4. 提出 3 条以上富有洞见的建议	1. 考察前有意识地了解考察对象的相关背景知识 2. 考察中获取信息途径多样,能明确指出 3 种古桥价值 3. 考察报告结构完整,逻辑清晰,提供结论和启示 4. 提出 2—3 条有价值的建议	1. 对考察对象有基本认识 2. 考察中主要依靠参观古镇获取信息,能指出 1—2 种古桥价值 3. 考察报告语句通顺,结构完整,提供基本结论 4. 提出 1—2 条建议	1. 对考察对象仅有基础了解 2. 考察中获取信息有限,主要通过参观 3. 考察报告语句通顺,但缺乏深度和逻辑 4. 仅提出 1 条或无建议	1. 考察前缺乏背景知识储备 2. 考察中获取信息非常有限 3. 考察报告存在明显缺陷,缺乏逻辑和结论 4. 未提出任何建议
表达	表达非常清晰,展示方式十分新颖,能够有效吸引听众的注意力,能够有效地回答现场观众的提问或质疑	表达比较清晰,展示方式比较新颖,能够在一定程度上吸引听众的注意力,能够较好地回答现场观众的提问或质疑	表达基本清晰,偶尔有些混乱,展示方式有一些创意,但效果一般,能够对现场观众有一些回应	表达不够清晰,展示方式比较普通,吸引力较弱,现场互动较少	表达混乱,存在明显错误或遗漏关键信息,展示方式缺乏创意,沟通效果较差

其次,需要借助教师之间的力量,群策群力的效果势必优于单打独斗,在跨学科学习中更是如此。在面对相同或相似的历史探究主题时,每位教师运用的方式方法、联系的跨学科知识、使用的各类型史料都各有特点。通过相互学习和借鉴,我们可以取长补短,不断优化。同时,也要关注与其他学科教师的合

作,有时我们难以解决的跨学科问题在其他学科视野下也许只是基础问题。因此,教师之间的合作不应只是临时的,而应依据课程或探究设计的预设提前准备,聚焦跨学科主题的联合教研也是一种行之有效的手段。无论是本学科的借鉴还是跨学科的交流,教师都应重视成果的整理与汇总。有条件的情况下,应集合力量构建跨学科学习资源库,以便教师们形成教研共同体,共同补充、参考和应用这些资源,从而提升教学效率。

最后,应当积极借助专业力量。基础教育阶段的教师对个别学科的难点问题可能研究得不深,理解得不透,而专业学界或许已有成熟的研究成果。因此,教师也应常常转换角色,回归学生身份。例如,在对古桥建筑知识了解不足的情况下,可以借助相关专家的力量。以"'桥'见历史——家乡古桥文化的探索与传承"为例,教师与《青浦古桥:江南古桥之萃》的作者合作,共同设计和实施教学活动。专家负责提供专业知识支持,教师则将这些知识融入教学实践。此外,教师还与作者建立了有效的沟通机制。学生采访专家,记录口述资料,并在专家的带领下实地考察金泽古镇的古桥,邀请专家对古桥微视频、文创产品等成果进行评价。在此过程中,教师需要不断反思教学实践,根据专家的反馈和建议进行调整,以更好地满足学生的发展需求,同时促进自身的专业成长。需要注意的是,由于专业学者不熟悉基础教育情况,对基础教育的手段和理念可能持有不同看法,因此在向专业力量求助时,我们不宜直接提出疑问,而应将其转化为学者或专业人士能够理解的形式,避免因沟通问题错失启发。当然,在与专家沟通过程中遇到的矛盾或概念上的偏差,也值得我们进一步理解与探究。

编外篇:教学设计 5 篇

这 5 篇教学设计选自近四年来上海市中学历史德育实训基地、杨浦区"登峰计划"历史名师研习基地组织的市区中学历史课堂教学展示活动。从中我们不仅能看到上海市中学历史大概念教学和跨学科主题学习的落地,还能看到上海中学历史教师在改变教学方式、完善学生学习方式方面的探索和行动。5 篇教学设计涵盖了不同类型学校、不同学段、不同课程类型，以期从跨学科、跨学段、跨课堂等维度展现大概念引领下的学科实践成效。

教学设计 1

　　这是上海市中学历史德育实训基地聚焦"跨学科视角下大概念教学"的一堂选修课，授课时间是 2023 年 2 月 21 日。肖斐老师基于课程标准中"了解世界历史发展的多样性，理解和尊重世界各国、各民族的文化传统，具有广阔的国际视野，树立正确的文化观"的课程目标，以选择性必修 3 第六单元《文化的传承与保护》为拓展，实施了"现代都市中非遗文化的传承与传播"选修课教学活动。

　　在历时 7 周共 14 课时的教学时长内，肖老师围绕非遗文化的多元议题，循序渐进地设置了一系列学习任务。任务一"了解非遗"：整合教材中有关中华优秀传统文化的资源，理解非遗文化的基本概念、分类、特征及历史内涵。任务二"探究非遗文化"：在真实情境中结合地理、美术等学科知识，以调查访问、文献研究、实地考察等多种方式开展多学科研讨等活动，选择至少一种非遗项目深入研究，观察、理解、分析其技艺特点、传承现状，感悟非遗文化在现代社会中的价值和意义。任务三"呈现非遗文化"：课堂展示中综合运用不同学科知识和方法，以如何让非遗文化活下去或火起来为驱动性问题，制定非遗文化宣传方案，凸显非遗文化的艺术特色与文化内涵。任务四"回望非遗文化"：学生达成"文化与变化"的概念性理解，理解非遗文化作为一种传统遗产，是多种因素相互作用的结果，其在世界舞台上生动多元地诠释着中华文明，更见证着人类历史发展漫长复杂的过程。在具体的教学过程中，学生作为学习主体，深入了解非遗文化的历史渊源、发展脉络和基本走向。通过挖掘和阐发传统文化的时代价值，学生能够进一步增强文化自信，成为传统文化的继承者、弘扬者和创新者。

现代都市中非遗文化的传承与传播

执教者:复旦大学附属中学　肖　斐

【内容主旨】

文化在历时性中发展创新,在共时性中交流互鉴。非物质文化遗产根植于特定的人文和自然环境,随着历史变迁而不断变化和发展,构成一座城市独特的历史记忆、文化基因和精神气质。随着现代都市的快速发展,非物质文化遗产正处于千年未有之大变局,面临着生存和传承的困境,亟待我们提供解决方案。

【教学目标】

准确理解非物质文化遗产的定义、历史渊源及其在中国文化中的地位;运用历史、地理、美术等多学科知识,综合分析非物质文化遗产的地域特色,理解其背后的地理、经济、社会等多元因素;激发对非物质文化遗产的兴趣和热爱,培养对中华优秀传统文化的认同感和自豪感。

【重点难点】

重点:认识非遗文化在现代社会中的价值和意义。

难点:运用多学科知识,综合分析非物质文化遗产的历史与现状。

【教学过程】

导入:出示《中外历史纲要》和《选择性必修3》中有关文化的内容,提出驱动性问题:"什么是非遗文化? 现代都市中非遗文化是否有保护与传承价值?"导入新课。

设计意图:以有针对性的驱动性问题为主导,激发学生的创造力,深化学生的思维,引入本课学习。

环节1:出示广受好评的春晚节目《只此青绿》,请学生思考该节目如何将传统文化元素与现代艺术表现形式相结合。播放中央网信办有关中国非遗文化的宣传片,结合北京冬奥会闭幕式"折柳送别"的仪式及全美广播公司对该节目的报道,请学生进一步思考:现代都市中非遗文化具有何种保护与传承价值?

设计意图:通过具体案例引导学生关注非遗文化的内涵及表现形式,提出开创性问题,引导学生理解非遗文化的历史内涵与现实意义。

环节2:以上海的非遗文化为例,运用历史、地理、美术等多学科知识,借助文献史料、实物史料与图片史料,探讨农耕文化与江南文化对上海非遗的深远影响。结合1917年上海大世界演艺节目表及海派旗袍风格演变等史料,比较分析近代西方文化进入上海后产生的文化交融现象,引导学生探讨非遗文化在与世界其他文明的交流中不断吸收和借鉴,形成了独特的文化特色。

设计意图:引导学生认识到非遗文化既受自身文明多种因素的历史影响,又在全球化背景下继续发展与变迁,培养多学科探究与思考能力。

环节3:结合历史、美术学科的相关内容,介绍上海非遗文化——海派绒绣技艺的艺术特点及其与近代以来上海历史文化、审美观念变迁的关联,分析海派绒绣在现代社会面临的挑战和机遇。

设计意图:在环节2的基础上,进一步引导学生运用跨学科视角,通过详细介绍海派绒绣的历史内涵、艺术特点及发展现状,在真实情境中了解上海非遗文化的发展及现状,为学生在之后的课程中自主选择并深入研究某非遗文化作铺垫。

【教学策略】

本课导入部分基于课前发放的有关非遗文化了解程度的前测问卷而设置,若学生一时无法答出,教师可以出示准备好的相关非遗文化图片进行引导。

【结构板书】

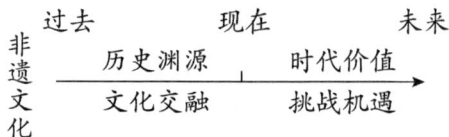

【作业设计】

课后选择自己感兴趣的某非遗文化进行探究,在下节课分享该非遗文化的前世今生。

【资料附录】

略

📖 教学设计 2

　　这是上海市中学历史德育实训基地聚焦"跨学科视角下大概念教学"的一堂选必课，授课时间是 2023 年 11 月 16 日。陆文静老师选取选择性必修 3 第三单元《人口迁徙、文化交融与认同》第 8 课《现代社会的移民和多元文化》中"难民的困境和救助"一目，同时结合区校历史资源，聚焦跨学科大概念"文化"，从碰撞缘由、交融过程与守护传承三个方面架构本课，将学科大概念"社会存在决定社会意识"贯穿始终，让学生对文化认同有了完整的认识。在具体的教学过程中，陆老师将特定的历史时空与地理学科的人口迁移推拉理论、艺术学科的解读作品方法联系起来，以小组合作完成任务单的课堂组织形式，运用跨学科视角引导学生概念性理解人口迁徙、文化交融与认同的关系；以亲历者的经历、文物背后的故事与区域规划的迭代，折射二战时期犹太难民避难虹口这一历史的发生、发展，以小见大，彰显中国传统文化的包容与海派文化的开放，凸显当代对文化的创造性转化与创新性发展，在叙史中涵养家国情怀，传递开放、包容、平等的文化理念；同时将史学思想方法与大概念教学、跨学科思维相结合，从更开阔、立体的视角审视文化，大大提升了本课的内涵与深度。

<h3 style="text-align:center">西来东往，何以为家——人口迁徙、文化交融与认同</h3>

执教者：上海市继光高级中学　陆文静

【内容主旨】

　　20 世纪 30 年代末，犹太难民避难上海虹口，是特定历史时期经济、政治、社会等多重因素交互作用下的选择。中西文化在交往中相互碰撞、交融，形成新的文化认同。传承往事，不仅彰显了开放、包容、平等的文化理念，还为当今多元文化冲突的世界提供了启示。

【教学目标】

运用地理学科的人口迁移推拉理论,结合经济、政治、社会等角度分析 20 世纪 30 年代犹太难民避难上海虹口的历史缘由;基于亲历者口述、人物经历、艺术作品比较分析、文物保护等视角分组探究,理解人口迁徙、文化交融与认同的关系,认可人在其中发挥的主观能动性,体悟中国传统文化的包容与海派文化的开放,认同民间与官方对其文化价值的创造性转化与创新性发展,初步培养文化理解力,认同开放、包容、平等的文化理念,涵养家国情怀,增强文化自信。

【重点难点】

重点:理解人口迁徙、文化交融与认同的关系。

难点:在跨学科视角下概念性理解人口迁徙、文化交融与认同。

【教学过程】

导入:展示巴以冲突中儿童逃离家园的照片,指出发动袭击的以色列与占以色列人口大多数的犹太人成了众矢之的。上海虹口在二战期间曾收留了上万名犹太难民,继光校园内的体兰馆也曾是收留这批难民的兆丰路收容所。播放 92 岁前犹太难民马自达的视频,以"何以他称自己为上海人? 他为何来到上海?"导入本课。

设计意图:联系时事热点与生活场景,创设情境,设疑激趣,引入本课学习。

环节 1:为何迁徙?

提供分组任务单,出示《帝国公民权法第一项补充法案》、《逃亡与拯救——二战中的犹太难民与上海》、《德国联邦统计局〈经济与数据〉》、《上海县城厢租界全图》、《欧洲来沪犹太难民委员会档案(1939.12.31)》、前犹太难民口述等多重史料,引导学生运用地理学科的人口迁移推拉理论,从多角度分析 20 世纪 30 年代犹太难民为何逃离欧洲,为何选择避难上海、定居虹口,过程中将遇到哪些阻碍。

设计意图:借助地理学科的思维模型与多重史料,引导学生从经济、政治、社会等角度分析原因,认识到人口迁徙是特定时空下多重因素交互作用的结果,人口迁徙必然带来文化碰撞。

环节 2：如何适应？

以"面对巨大的环境变化与文化冲击，不同的人作出了不同的选择"为过渡，出示犹太难民画家布鲁赫与中国妻子郑迪秀的结婚证书，推测其中文名"白绿黑"的由来，比较分析白绿黑不同时期的版画作品。结合犹太难民罗生特奔赴前线创作的歌词，推测其投身抗战的动机，分组完成任务单后进行交流。

设计意图：引导学生借助艺术学科解读作品的方法，即内容解读（题材、主题）、形式分析（构图、造型、色彩、空间）、整体感悟（情境、意境），联系中国与世界的战争形势，综合分析艺术作品的史料价值，感受中西文化的交融，认可人在文化交融中发挥的主观能动性，感受中国传统文化的包容与海派文化的开放，认识人口迁徙、文化交融与认同的关系。

环节 3：谁在守护？

以"伴随二战的结束，大批犹太难民选择离开上海，交往就此中断，但有些人却选择以自己的方式守护这段往事"为过渡，讲述犹太难民纪念馆中展品"犹太夫妇的手袋"的来龙去脉，提问："究竟是谁在守护这段历史？守护这段历史中的什么？"

设计意图：通过分析民间、官方与亲历者对这段往事的态度，引导学生从多方视角概念性理解文化交融与认同。总结这段历史的文化价值，勾连上海城市精神与中华优秀传统文化。

环节 4：以何为家？

以"这段往事展现了中国文化的包容与海派文化的开放，内涵丰富，那么政府又是如何规划开发的？"为过渡，展示不同时期虹口区政府对这段历史的规划。出示犹太难民纪念馆—白马咖啡馆—海上方舟旅游路线的照片，联系白绿黑与罗生特的故事，展示本校毕业学生对这段历史的文创设计，再次提问："为何视频中的犹太老人称自己为上海人，认同上海是家乡呢？"

设计意图：通过展示不同时期官方对这段历史的保护宣传措施，结合民间的故事与学生的文创，引导学生认识到社会各界对这段历史物质载体与精神内涵的保护与传承，认同民间与官方对其文化价值的创造性转化与创新性发展，理解以视频中犹太老人为代表的犹太难民对上海的文化认同，体悟上海城市精神与中华优秀传统文化,涵养家国情怀,传递开放、包容、平等的文化理念。

【教学策略】

导入部分联系时事热点,可能会引发学生的即时情绪或主观臆断,教师应给予引导,强调具体问题具体分析。

环节1中的人口迁移推拉理论并非地理学科的核心理论,学生可能会有所遗忘,教师可在此进行补充说明。

【结构板书】

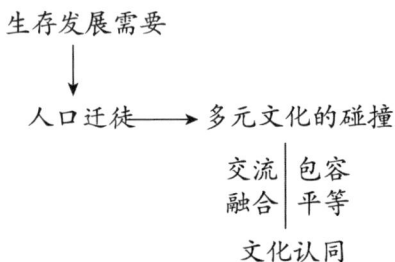

【作业设计】

1. 必做:完成练习册相关习题。

2. 选做:上海"闲"话的前世今生。

上海话的变迁承载着城市的时代回音、文化血脉和不可磨灭的历史记忆。近代以来,随着国内外移民数量的增加,上海话在国内各地方言、英语等多种语言的相互作用下不断创新词汇。尽管上海是一个拥有两千多万常住人口的国际大都市,但网络中关于上海话正在走向衰落的讨论此起彼伏。面对上海话的现状,学界有两种不同的声音:一派主张保护上海话,另一派希望顺其自然。在12月的学科竞赛中,我们将组织一场辩论。请同学们从历史沿革、人口迁移、法律法规(如户籍、语言文字等)、网络媒介等视角搜集相关资料,以论证自己的主张,表现优异者有机会代表学校出赛。

【资料附录】

略

📖 **教学设计 3**

这是上海市中学历史德育实训基地聚焦"跨学科视角下大概念教学"的一堂基础课,授课时间是 2023 年 11 月 30 日。李倩夏老师基于课程标准,以"文化"为跨学科大概念,以"世界是普遍联系和永恒发展的"历史大概念为统摄,实施历史为主、政治为从的主从式跨学科大概念教学,将内容置于"商路、贸易与文化交流"的单元立意下,在"立体交叉的全球之网形成"的时空框架下,综合分析、认识近代文化交流在广度与深度上的扩展,架构起本课的内容主旨。在具体的教学过程中,李老师创设动漫节这一情境,让学生在生活与历史的联结中感受大概念;引导学生梳理、归纳丝绸、茶叶、钟表三类商品背后文化交融流变的逻辑结构,实现大概念从"是什么"到"为什么"的螺旋式进阶;基于本课标题中"近代以来"的时间定位,引导学生从自身视角认识全球之网下的现代世界,最终将大概念提升至"怎么样"的概念性理解层面。

近代以来的世界贸易与文化交流的扩展

执教者:上海市位育中学　李倩夏

【内容主旨】

近代以来,贸易活动从古代区域、平面的东西之"路"逐渐扩展为全面、立体的全球之"网"。随着交流的广度与深度不断扩展,商品的经济属性与文化特色相互交织,推动文化作为一种风尚在普及中彰显时代特征,满足民众和社会的精神文化需求。

【教学目标】

勾勒近代以来国际贸易从古代之"路"走向全球之"网",理解文化交流扩展之"因";基于教材文本,通过文献、图像等不同类型史料的互证,从相同与不同、量变与质变的视角,理解商贸发展、人的追求与文化交流扩展之间的联系;感悟文化交流互鉴与创新发展是人类智慧与行动的结果。

【重点难点】

重点：了解近代以来文化交流的扩展。

难点：理解商品的经济属性与文化特色对文化交流的推动作用。

【教学过程】

环节 1：出示 2023 年中国国际动漫节的丝绸伞铺资料，导入本课。

设计意图：以生活情境导入，激发学生的学习兴趣。

环节 2：出示《新航路开辟前的洲际贸易路线示意图》并提问："古代中西方交流有哪些特征？"

设计意图：通过观察地图，联系旧知，引导学生了解古代商路文化交流的区域性、平面性。

环节 3：出示《15 世纪末至 17 世纪上半叶世界贸易示意图》，观察新航路开辟后贸易范围与贸易商品的种类。出示 1608 年贝扎主教的评论和教材第 57 页相关史料，归纳作为文化载体的丝绸、茶叶在海外传播的共同特征。

设计意图：引导学生理解新航路开辟后贸易范围变化对文化交流产生的影响。

环节 4：出示《世界市场形成图（20 世纪初）》，观察、概括两次工业革命后世界贸易的变化。阅读教材第 58 页服饰部分，出示 1851 年世博会真丝方巾、法国保罗·波烈设计的中国大袍式系列服装"孔子"、中国中山装等材料，思考中西服饰外形与内涵之变。

设计意图：通过解读史料，引导学生认识服饰外形与内涵之变。

环节 5：出示《持表对菊图》，阅读教材第 58 页钟表部分，比较钟表消费人群及购买目的的变化。出示《都市丛谈》中关于马蹄表的记载和近代武汉公共汽车运营调度时刻表，比较钟表流行与丝绸、茶叶、服饰普及原因的异同。

设计意图：从量变与质变的视角，引导学生认识钟表文化普及背后是商品的经济属性与文化特色交织程度的加深。

环节 6：出示《"国风伞铺"受青睐》等新闻报道，解读消费者购买意图之变背后的实质。归纳、总结 21 世纪全球贸易网与文化交流互动的新发展。

设计意图：引导学生理解世界贸易构成立体交叉、虚实结合的全球贸易网，认识文化产业对塑造多元丰富的现代世界精神之意义。

环节 7:出示当今以丝绸为主题的产品,完善结构板书,小结本课。

设计意图:梳理总结近代以来文化交流扩展的整体趋势。

【教学策略】

对于教学中涉及勾连《纲要》与选必内容的部分,不强求学生在课堂上立即作出反应,可由教师引导学生联系旧知,帮助他们温故知新。

至于教材阅读部分,学生可能会笼统概括文本内容,教师可在肯定学生回答的基础上,进一步引导他们进行分层和解析。

【结构板书】

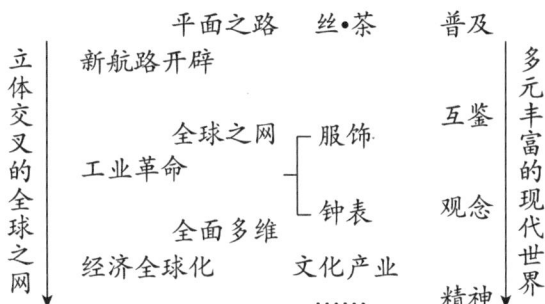

【作业设计】

近期,上海市历史博物馆举办了中西丝织文物展,主要涉及古代至 20 世纪初围绕丝绸展开的中西文化交流,各班级组织前往参观,整理展览内容如下:

展厅文物陈列(部分)	展厅主题
战国的对龙对凤文锦,西晋的无极锦,元朝的织金绫卧兽纹大袖袍,清代的纱、缎、缂丝图……	第一展厅:缫缫一缕丝　成就百种花 古代中国的耕织传统与丝织生活
1851 年世博会真丝方巾 法国贾卡织机(1801 年)……	第二展厅:客从西北来　遗我翠织成 欧洲的丝织工业和丝绸艺术

（续表）

1. 1851 年参加世博会获金奖的辑里湖丝（复制品） 2. 1926 年参加世博会获金奖的巴黎缎提花旗袍	第三展厅：来日绮窗前　寒梅着花未 中国传统丝织业在西学东渐语境下向现代丝织工业的转变

问题 1：策展之取名

学生参观后发现，每个展厅的名字都取自中国唐宋时期的诗句。你觉得策展人选择这些诗句作为展厅名字的依据是什么？

问题 2：展览之延伸

学完本课后，学生觉得展览应延伸出第四展厅，展现 20 世纪初至 21 世纪的丝织业发展及中西文化交流成果。请选择符合展厅内容的文物入展，并设计展厅主题（请从你熟悉的唐宋诗词中选择一句，并说明理由）。

【资料附录】

略

📖 教学设计 4

这是上海市中学历史德育实训基地聚焦"跨学科视角下大概念教学"的一堂选修课，授课时间是 2024 年 5 月 23 日。李瑞芳老师基于课程标准跨学科主题学习活动设计参考示例"在身边发现历史"，依托身边的古桥建筑，实施了"'桥'见历史——家乡古桥文化的探索与传承"教学活动。

李老师在跨学科大概念"文化传承"的统摄下，设置了一系列学习任务。任务一"揭秘古桥文化"：结合教材中的桥梁资源，理解桥梁建设与时代变迁的内在联系。任务二"探访古桥文化"：开展实地考察、调查访问、文献研究、多学科研讨等活动，认识古桥的价值内涵。任务三"表达古桥文化"：运用多种形式，创意表达古桥文化。任务四"推广古桥文化"：制定古桥文化宣传方案。在解决问题的过程中，学生的思维能力逐步提升，达成了对"文化传承"的概念性理解，同时培养了对文化遗产的保护意识和传承能力，增强了文化自信。在具体的教学过程中,学生作为学史主体,展示交流了前期的学习成果,如实地考察报告、创意行动等,培养了沟通表达、创新实践核心素养。此外,对如何平衡城市化进程中文化遗产的保护与开发的讨论充分体现了历史教育对人的关注和对未来的关怀。

"桥"见历史——家乡古桥文化的探索与传承

执教者:上海市青浦区徐泾中学　李瑞芳

【内容主旨】

文化遗产承载着中华民族的历史记忆,是文化自信的源泉。古桥建筑作为文化遗产的重要组成部分,不仅是一种体现古代人民智慧和创造的建筑形式,也是一种连接历史和未来的文化符号。传承与保护古桥文化离不开人的创造。

【教学目标】

整理搜集到的文献、实物、访谈等资料,结合跨学科视角,对古桥在特定时空条件下的功能与价值内涵演化进行深入分析,并提供合理的历史解释;设计合理的呈现方式,多元化地展现实地考察报告、创意实践行动成果,逻辑清晰地表达自己的见解,认识古桥文化活态传承的重要意义;培养在交流与合作中相互欣赏和鼓励的团队精神,学会从历史的角度关注现实问题,提升对本土文化遗产的认同感和保护意识。

【重点难点】

重点:认识古桥文化的多重价值。

难点:理解古桥文化活态传承的意义。

【教学过程】

导入:教师出示《说文解字》中"桥"的原文,指导学生理解"桥"的基本定义和构造,以"除《说文解字》的界定外,桥还有哪些内涵?"导入本课。

设计意图:从"桥"的概念入手,激发学生的学习兴趣,引入本课学习。

环节1:播放学生制作的前期学习活动视频和照片集锦,从"历史大发现""问卷大调查""实地大探险""创意工作坊"四大板块进行师生互动,回顾主要内容,引导学生总结文献研究、统计分析、田野调查等历史研究的基本方法和图书馆、博物馆、历史遗址和遗迹、亲历者口述等获取史料的基本途径。教师提出学习成果展示交流的要求。

设计意图:通过多媒体手段直观展示各大学习板块主要内容,建立积极的学习共同体氛围,引导学生在真实的学习经历中提炼学史过程与方法。

环节2:实地考察组学生代表从考察背景与目标、考察过程、收获与体会等方面汇报实地考察报告,综合历史、语文、地理、艺术等学科知识和方法,分析古桥的位置分布、建筑技术、装饰艺术、楹联、传说故事等证史价值。教师组织组内、组间评价交流,引导学生思考古桥有哪些价值内涵、古桥为什么从单纯的建筑实体变成一种文化等问题,探讨实地考察报告应该具备哪些要素及其原因。

设计意图:教师转换为组织和引导的角色,鼓励学生沟通表达,深化对"文化传承"的概念性理解,体会文化对社会发展的创造力。

环节3:创意行动组学生代表从创意视频、创意文创、文化体验、AI+、科技发展等方面分享创意行动成果,展示将创新思维和现代技术应用于古桥文化传承与保护的理念。教师继续组织组内、组间评价交流,共同探讨如何在现代社会中赋予古桥新的生命力、古桥文化的可持续发展受到哪些因素影响等问题,引导学生理解文化传承的意义。

设计意图:在环节2的基础上,进一步引导学生运用跨学科视角,促进知识交叉融合和实际问题解决,初步理解古桥文化与政治、经济、科技、思想观念等多种因素的关联,深化文化传承的意识。

环节4:教师出示实地考察过程中的采访视频片段(某游客反对主动宣传古桥文化),组织小组讨论是否同意游客的观点。出示一些桥梁的图片(某处坍塌的古桥对比某古镇保存完好的古桥),深入分析如何平衡城市化进程中文化遗产的保护与开发。

设计意图:引导学生从历史的角度关注现实问题,在批判性反思中认识文化传承离不开人的创造。

环节5:教师再次出示《说文解字》中"桥"的原文,组织学生重新定义"桥"的概念。教师在学生交流的基础上,归纳小结本课。

设计意图:首尾呼应,巩固所学,引导学生形成对古桥文化价值内涵和活态传承的全面理解,点明本课内容主旨。

【教学策略】

环节1中,若学生一时无法高度凝练历史研究的基本方法和获取史料的基本途径,教师可以先出示两种方法或途径,并阐述这些学史方法与之前哪些学习经历相关,然后要求学生进行全面总结。

环节2中,若学生无法进行有效评价,教师可以先进行示范,然后组织学生进行评价。

环节4中,教师要密切关注小组讨论的过程。若学生的回答仅基于生活经验,教师可以引导学生首先明确回答问题的视角和立场,然后有理有据地阐明自己的观点和看法,培养学生从历史的角度分析解决问题的能力。

【结构板书】

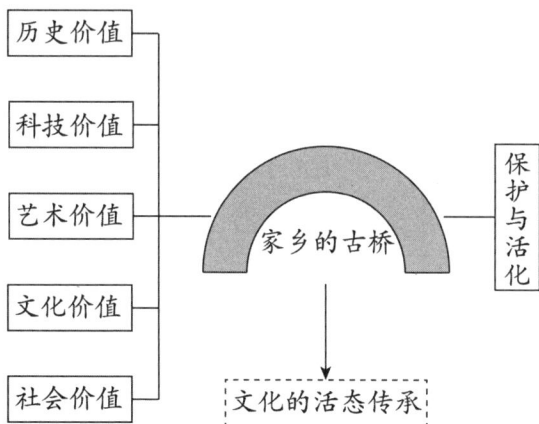

【作业设计】

根据自己的体会,选择一个或几个关键词,或者创作一句简短有力的语句,总结本课的学习收获,并写在自制的拱桥模型台阶上。拱桥模型可在古桥文化推广活动中进行展示。

【资料附录】

略

📖 **教学设计 5**

这是杨浦区"登峰计划"历史名师研习基地聚焦"跨学科视角下历史大概念教学"的一堂选修课,授课时间是 2024 年 4 月 25 日。王康茜老师基于课程标准和教材文本的分析,在"文化的传承与保护"这一单元学习主题下审视本课内容,遵循大概念教学的设计理路,从长城之变(文化现象层面)、长城之辩(文化发展的内在因果层面)与长城之守(文化价值层面)三个方面架构起本课的内容主旨,围绕概念性问题深入探究,进而生成理解、深化认识。在具体的教学过程中,王老师以长城这一文化符号透视中华优秀传统文化"和合文化",运用跨学科的思维与工具分析、解读历史信息,注重将历史叙事和微观刻画相结合,于历史细节的探微中明晰内涵之变,于历史情境的思索中探寻内涵转变之因,于回归现实的交流中体悟中华文化的世界价值。既关注对学生史学思想方法的训练,又从国际视野的高度厚植文化自信、涵养家国情怀,在完善学生历史学习方式的同时,实现了对其核心素养、关键能力与必备品格的培养,体现了历史教学的融通和历史教育的温润。

从历史变迁中的长城看"和合文化"

执教者:同济大学第一附属中学　王康茜

【内容主旨】

历史变迁中,长城逐渐从防御工事演变为民族象征,最终成为如今的国家名片,这一过程体现了从有形建筑到抽象文化符号的转变。长城的文化内涵不断丰富,"以和为贵""和衷共济""合作共赢"等理念展现了中华民族的"和合文化",使其成为中华优秀传统文化的代表。长城功能与内涵的变化是政治形势变动、经济水平变化、思想观念变革等多种因素共同作用的结果。长城中蕴含的"和合文化"是中华儿女在代际传递中形成的文化共识,对中国和世界都具有重要价值。传承与保护长城文化,功在当代,利在千秋。

【教学目标】

运用跨学科的思维和工具,梳理从古至今长城从有形到无形的转变历程,归纳长城功能与内涵的变化,在历时性中认识长城的"和合文化";从政治、经济、思想等不同角度分析长城古往今来功能与内涵不断变化的原因;从不同维度理解近代关于长城的看法出现争论的原因;联系现实理解长城所承载的"和合文化"对中国和世界的重要意义,感悟传承与保护长城文化的价值,树立文化自信,涵养家国情怀。

【重点难点】

重点:认识长城承载的"和合文化"。

难点:理解和认识"和合文化"对中国和世界的意义。

【教学过程】

导入:教师首先以"生活中你发现哪里有长城的标识"引导学生相互交流,继而出示中国居民身份证正面、中国居民护照扉页、《中外历史纲要(上)》封面等有长城标识的图片,以"为何它们都将长城视为中国的名片"导入本课。

设计意图:创设情境,从日常生活出发,激发学生的探究兴趣,引入本课学习。

环节1:出示《中国历代长城全图》,师生互动,引导学生从地图中提取长城的关键信息。教师讲述明代长城张家口三娘子的故事,引导学生结合明代《张家口》《咏三娘子》两首诗歌与《宣大山西三镇图说》分析明代长城发挥的功能,思考古代长城所承载的蒙汉人民的共同追求,从三娘子的故事中归纳"和合文化"的第一层文化内涵。

设计意图:引导学生复习、巩固从地图、诗歌等材料中提取、整理、分析历史信息的基本方法,综合运用语文、地理等学科的思维与工具进行学习探究,理解长城承载着汉族与游牧民族对和平生活与和谐交往的追求,它体现了"以和为贵"的文化内涵。

环节2:出示时政漫画《关山月》(1933)与《乐府古题要解》节选,引导学生结合时代背景推断《东方杂志》刊载《关山月》的原因。出示时政漫画《暴日摧毁不了的中国新长城》,从"长城"到"新长城"这一名称变化分析"和合文化"的第二层文化内涵。

设计意图:引导学生通过对两幅时政漫画的解读,理解近代抗战时期长城被赋予了"和衷共济"的文化内涵,认同这一文化内涵在铸牢中华民族共同体意识方面发挥的作用。

环节3:出示德国总理施密特的著作《与中国为邻》节选,引导学生思考施密特在登上长城后决定"与中国为邻"的原因。出示第四届张家口长城·国际可再生能源论坛(2023)的现场报道,归纳"和合文化"的第三层文化内涵。以《之江新语》中对"和合文化"的解读作为小结,归纳"和合文化"的要义。

设计意图:引导学生通过对文献资料和新闻报道的分析,理解当代长城承载着"合作共赢"的外交理念,认同这一文化内涵在构建人类命运共同体方面发挥的作用。通过归纳概括"和合文化"的内涵,培养学生完整表达的能力。

环节4:出示《"上海拆城之现象"与"万里长城之山海关"》报道(1912年),带领学生进入历史现场,以民国时人的身份就拆长城与不拆长城开展辩论,从政治、经济、思想等不同角度归纳观点并相互交流。

设计意图:通过辩论的方式,引导学生理解政治、经济、思想等因素是推动长城古往今来功能与文化内涵不断变化的原因,深刻理解社会存在与社会意识的辩证关系。引导学生从短时段和长时段等不同维度理解当时出现这场争论的合理性,并能以不同身份、立场思考问题。

环节5:出示《世界遗产公约》对"文化遗产"的定义,组织学生结合材料和所学知识撰写一份长城申请加入《世界遗产名录》的申请书,并相互交流申请理由。教师在点评中归纳长城具备的"突出的普遍价值"及其意义。

设计意图:引导学生综合所学知识,通过撰写申请理由和生生交流,形成对长城承载的中华优秀传统文化的全面理解,从中国和世界两个不同的维度认识以"和合文化"为代表的中华优秀传统文化的重要价值。凸显认识历史的思想方法,点明本课内容主旨。

【教学策略】

环节1中,若学生只能从《中国历代长城全图》中提取出表层信息,教师可引导学生观察图例,认识到长城的长是由时间和空间两个维度构成的,理解修建长城是中国古代汉族与游牧民族共同的选择,它在保障和平方面发挥了巨大的作用。

环节 4 中,若学生在长城之辩中只从单一维度进行讨论,教师可引导学生从政治、经济、思想等不同视角展开思考,同时启发学生从不同身份、立场的角度理解民国初建时出现这场争论的原因,形成对历史的"同情之理解"。

【结构板书】

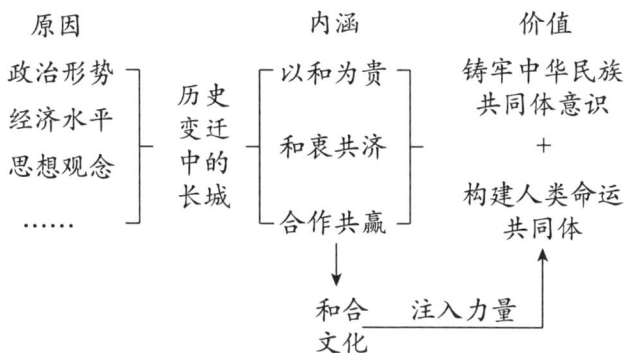

【作业设计】

1. 必做:完成选择性必修 3 第六单元练习册相关习题。

2. 选做:文化的传承依托于多种载体,并留下了各种历史遗迹,构成了全人类的共同财富。然而,这些由各民族历经数千年风雨创造的文化财富,却一直受到严重威胁。标识(logo)是一种源于人们生活实践并象征和表达人们情感和精神内涵的视觉符号。文创产品设计是对文化遗产的一种有效的保护方式。请同学们做一位文化守护者,从世界范围内选择一个文化遗产,为它设计一个标识,并说明设计理由与理念。

【资料附录】

略

图书在版编目（CIP）数据

识史明道：中学历史教学教研的探索与实践 / 吴坚
等著. — 上海：上海教育出版社，2024.11. —（上海教育
丛书）. — ISBN 978-7-5720-3182-3

Ⅰ. G633.512

中国国家版本馆CIP数据核字第2024X9A781号

责任编辑　周琛溢
封面设计　金一哲

上海教育丛书

识史明道——中学历史教学教研的探索与实践
吴　坚　於以传　李　峻　等著

出版发行　上海教育出版社有限公司
官　　网　www.seph.com.cn
地　　址　上海市闵行区号景路159弄C座
邮　　编　201101
印　　刷　浙江临安曙光印务有限公司
开　　本　700×1000　1/16　印张 18.25　插页 3
字　　数　280 千字
版　　次　2025年1月第1版
印　　次　2025年1月第1次印刷
书　　号　ISBN 978-7-5720-3182-3/G·2811
定　　价　52.00 元

如发现质量问题，读者可向本社调换　电话：021-64373213